Nações e Nacionalismos

*Uma história global
do sentimento nacional,
dos extremismos e dos conflitos*

Proibida a reprodução total ou parcial em qualquer mídia
sem a autorização escrita da editora.
Os infratores estão sujeitos às penas da lei.

A Editora não é responsável pelo conteúdo deste livro.
O Autor conhece os fatos narrados, pelos quais é responsável,
assim como se responsabiliza pelos juízos emitidos.

Consulte nosso catálogo completo e últimos lançamentos em **www.editoracontexto.com.br**.

Nações e Nacionalismos

Uma história global do sentimento nacional, dos extremismos e dos conflitos

Florian Bieber

Tradução
Roberto Cataldo

Copyright © Florian Bieber, 2020

Esta tradução de Debating Nationalism, primeira edição,
é publicada por acordo com a Bloomsbury Publishing Plc.

Todos os direitos desta edição reservados
à Editora Contexto (Editora Pinsky Ltda.)

Capa
Thomás Coutinho

Diagramação
Gustavo S. Vilas Boas

Coordenação de textos
Carla Bassanezi Pinsky

Preparação de textos
Lilian Aquino

Revisão
Daniela Marini Iwamoto

Dados Internacionais de Catalogação na Publicação (CIP)

Bieber, Florian
Nações e nacionalismos : uma história global do sentimento
nacional, dos extremismos e dos conflitos / Florian Bieber ;
tradução de Roberto Cataldo. – São Paulo : Contexto, 2023.
288 p.

ISBN 978-65-5541-252-9
Título original:
Debating Nationalism: The Global Spread of Nations

1. Nacionalismo 2. História I. Título II. Cataldo, Roberto

22-7127 CDD 320.54

Angélica Ilacqua – Bibliotecária – CRB-8/7057

Índice para catálogo sistemático:
1. Nacionalismo

2023

EDITORA CONTEXTO
Diretor editorial: *Jaime Pinsky*

Rua Dr. José Elias, 520 – Alto da Lapa
05083-030 – São Paulo – SP
PABX: (11) 3832 5838
contato@editoracontexto.com.br
www.editoracontexto.com.br

Para Marijana e Oskar

Sumário

As nações ainda são necessárias? 9
Jaime Pinsky

Introdução 11

Os primórdios do nacionalismo
e das nações 33

A disseminação do nacionalismo
e dos Estados-nações na europa 51

A disseminação global do nacionalismo
e a descolonização 91

O nacionalismo após o estabelecimento
do Estado-nação 129

Conflito étnico 165

A migração e as políticas da diversidade 201

O novo nacionalismo e o populismo 233

Leituras complementares
e um guia para debates fundamentais 265

Agradecimentos 273

Notas 275

O autor 287

AS NAÇÕES AINDA SÃO NECESSÁRIAS?

Jaime Pinsky

No final do século XX acreditava-se que a instituição da nação estava com os dias contados. A economia, internacionalizada havia muito tempo, ficou mais supranacional com a entrada da China. Para a montagem de um carro as marcas passaram a ter fornecedores de dezenas de países. A globalização avançava. Viagens internacionais, antes um privilégio de poucos, se popularizavam, alcançando até classes menos abastadas de muitos países. O inglês, que já era ensinado nas escolas, adquiriu o status de língua franca internacional. Nas universidades importantes, os pesquisadores passaram a publicar em inglês, com o que estabeleceram diálogo frutífero com congêneres do mundo inteiro. A Europa optou por unificar-se, não sob o tacão de qualquer ideologia, mas por interesse econômico e cultural, já que o próprio sentimento de identidade nacional começou a fraquejar. Cidadãos "do mundo" passaram a substituir brasileiros e americanos, russos e chineses. A identidade nacional e a própria instituição da nação pareciam correr risco de desaparecer.

Mas isso não aconteceu. Se, de um lado, a globalização avançava, de outro começou a se desenvolver uma antiglobalização. Motivos ou pretextos não faltaram para estimular esse sentimento e a consequente prática política: a desindustrialização e seu efeito imediato, o desemprego; a real ou suposta defesa dos valores culturais específicos de uma nacionalidade, sejam eles uma língua, uma forma de fabricar queijo, ou de preparar falafel; a prática de segregação feminina, a pretexto de defesa de uma cultura religiosa particular, considerada merecedora de respeito; a manutenção de governos autoritários e antidemocráticos, justificados como estrutura de resistência a valores internacionais "destinados a acabar com nossa identidade"... Entre desculpas esfarrapadas, mentiras descaradas, alianças políticas e econômicas vantajosas e até raros casos de luta nacional justificável, avançou a antiglobalização, o velho sentimento nacional e até um renascimento tardio da antiga primavera das nações.

Confusos com todo esse movimento, jornalistas, homens de negócio, diplomatas e até intelectuais têm dificuldade em entender o que aconteceu e está acontecendo nesse reflorescimento das nações, no ressurgimento do sentimento nacional, num discurso de liberdade que, muitas vezes, é chauvinista e preconceituoso, na luta territorial que, frequentemente, vai beneficiar apenas uma pequena camada de cidadãos, mas é apresentada como guerra de libertação nacional. Este livro explica o que aconteceu, o que está acontecendo e o que pode ainda acontecer com as nações e o nacionalismo. Vale a pena lê-lo com atenção.

INTRODUÇÃO

Em 1983, concluindo seu seminário sobre nacionalismo, o historiador britânico Eric Hobsbawm observou que "a coruja de Minerva que traz sabedoria, disse Hegel, voa no crepúsculo. É um bom sinal que ela esteja agora circundando as nações e os nacionalismos".[1] A essa avaliação esperançosa, Anthony Smith, um importante estudioso do nacionalismo, respondeu: "ainda é meio-dia em termos nacionalistas, e a coruja de Minerva nem se mexeu".[2] Duas décadas se passaram desde o início do século XXI e o sol não está se pondo para o nacionalismo.

De fato, as nações ainda estão muito presentes. Fala-se em relações inter*nacionais*, *Nações* Unidas, *nação* para descrever um Estado ou sobre a *nacional*idade de alguém. Esses termos, incluindo a antecessora da ONU, a Liga das *Nações*, revelam uma confusão entre Estado e nação. Atualmente, a ONU reúne 193 Estados, mas não abarca todas as nações. Há muitas nações, como os curdos, que carecem de um Estado. Além disso, muitas nações podem transcender fronteiras, como húngaros ou russos, mas os membros da ONU representam apenas Estados e seus cidadãos, sem abranger todos os membros de uma determinada nação. Também há membros da ONU cujos cidadãos não se identificam necessariamente com uma nação específica, considerando-se parte de uma comunidade transnacional maior, como muitos árabes.

Assim sendo, os nomes da ONU e de sua antecessora não são adequados e refletem a confusão entre Estado e nação, assim como muitas pessoas usam a palavra "nação" para descrever um Estado. Isso também se reflete em outras línguas. Em alemão, por exemplo, o direito internacional é conhecido como *Völkerrecht*, literalmente, o direito dos povos. Da mesma forma, os termos "nacionalidade" e "cidadania" costumam ser usados de modo intercambiável, o que gera confusão em Estados multinacionais, onde ter nacionalidade não é o mesmo que ter cidadania.

As muitas maneiras que a palavra "nação" e seus símbolos nos são colocadas cotidianamente (de competições esportivas a notícias, de comidas "étnicas" a propagandas turísticas) destacam a onipresença das nações ao nosso redor. Em função de sua (aparente) inocência, elas em geral contrastam com "surtos de nacionalismo", violência étnica e expressões ameaçadoras do nacionalismo por parte de grupos de extrema direita e outros. Para entender as nações e o nacionalismo, precisamos compreender a variante cotidiana, que pode parecer normal e quase invisível para a maioria, e o tipo violento e ameaçador, que pode levar a conflitos étnicos e ao êxito eleitoral de partidos e candidatos radicais.

NACIONALISMO E PATRIOTISMO

O primeiro grande desafio para quem escreve sobre nacionalismo são as fortes emoções que a palavra evoca, principalmente negativas.

Embora as nações e o nacionalismo sejam onipresentes, são poucas as pessoas que se descreveriam como nacionalistas. Por exemplo, uma pesquisa que pretenda identificar a relevância do nacionalismo em uma determinada sociedade não pode simplesmente pedir aos entrevistados que se identifiquem como nacionalistas. Essa associação negativa não é apenas um desafio na identificação do nacionalismo, mas também representa um dilema para o seu entendimento. Como observou o historiador alemão Peter Alter, o nacionalismo costuma ser visto em termos morais como agressivo e negativo, ao contrário de outros conceitos como "interesse nacional" ou "orgulho nacional".[3] No entanto, essa associação negativa está longe de ser universal. Em lugares onde representa uma força contra um governo colonial ou procura unir vários grupos étnicos sob o mesmo teto, o nacionalismo pode evocar associações positivas.

Com frequência, diferenciam-se nacionalismo e patriotismo como forma de distinguir "bom" e "mau". Nesse caso, o "nacionalismo" adquire conotações negativas e o "patriotismo", conotações positivas. Por exemplo, em 2018, por ocasião do centésimo aniversário do armistício que encerrou a Primeira Guerra Mundial, o presidente francês Emmanuel Macron argumentou que "o patriotismo é o exato oposto do nacionalismo; nacionalismo é traição. Ao dizer 'nossos interesses em primeiro lugar, e não importam os outros!', apagamos o que uma nação tem de mais precioso, o que a torna viva, o que a torna grande, o que é mais importante do que tudo: seus valores morais".[4] A declaração foi vista por muitos como uma crítica quase explícita ao presidente dos Estados Unidos, Donald Trump, e seu lema "América em primeiro lugar". No entanto, a dicotomia entre um "patriotismo positivo", que evoca valores universalistas, e um "nacionalismo egoísta" reflete um mal-entendido comum. Nacionalismo e patriotismo não são opostos e estão intrinsecamente ligados. "O patriotismo é uma forma de nacionalismo. São irmãos ideológicos, e não primos distantes", observou o sociólogo suíço Andreas Wimmer (1962-).[5] Ambos enfatizam a importância do autogoverno e de uma comunidade política compartilhada, e a distinção entre patriotismo, que é "bom", e nacionalismo, "mau", pouco ajuda a compreender as dinâmicas de ambos. Diz-se que o escritor britânico Samuel Johnson teria observado, em 1775, que "o patriotismo é o último refúgio do canalha".[6] Com essa tirada ele quis dizer que as afirmações de patriotismo – ou, nesse caso, de nacionalismo – são uma justificativa fácil para um leque amplo de políticas, incluindo as mal-intencionadas. No entanto, para entender as nações, precisamos ir além dessas categorias.

Além disso, as conotações negativas que as nações e o nacionalismo adquirem na Europa e na América do Norte não são universais. Em muitas sociedades e países, esses termos evocam associações visivelmente menos negativas, até porque as duas guerras mundiais, que contribuíram para atribuir descrédito ao nacionalismo, ainda foram predominantemente europeias, com exceção do leste e do sudeste asiáticos e de episódios esporádicos na África. Por outro lado, no "Sul Global", o nacionalismo costumava ser uma importante força anticolonial que resgatou colônias do domínio europeu.

Alguns estudiosos do nacionalismo, como o cientista político israelense Yael Tamir, afirmam que ele é uma força essencial e potencialmente positiva na sociedade contemporânea:

> O nacionalismo ajuda a fortalecer os Estados que funcionam bem e também pode servir como ferramenta para fomentar a solidariedade nos esforços de governos para enfrentar desafios sociais localizados, combater as desigualdades sociais e econômicas e cuidar dos grupos sociais desfavorecidos. Como tal, é melhor não abandoná-lo, e sim canalizar suas características benéficas a favor do Estado de bem estar social.[7]

Para Tamir e outros, o nacionalismo não é apenas uma questão de exclusão, mas também de transcender outras diferenças dentro de uma comunidade, por exemplo, as de classe.

UNIVERSALISMO
E NACIONALISMO

O nacionalismo enfatiza o pertencimento a um determinado grupo: uma nação. Seu oposto não é o patriotismo, e sim o universalismo.

Enquanto este enfatiza as semelhanças entre toda a humanidade e explora a cooperação entre todos os seres humanos, o nacionalismo destaca a proximidade e a cooperação entre os membros de uma nação, não importando como ela é definida. Essa dicotomia pode ser útil para entender o nacionalismo e suas ligações com outras ideias, principalmente porque ele é capaz de coexistir com ideias políticas que vão do comunismo ao liberalismo e ao conservadorismo.

Em primeiro lugar, é possível dizer que todas as ideologias políticas do período contemporâneo têm expressões nacionalistas e universalistas.[8] O liberalismo, o socialismo e o conservadorismo podem ser direcionados aos limites de uma nação ou a uma comunidade mais ampla. Já houve discussões muito importantes entre socialistas e comunistas sobre adotar uma abordagem universal sobre direitos e empoderamento dos trabalhadores ou se concentrar primeiramente em países específicos e, portanto, em nações.

Em segundo lugar, essa distinção também é visível na forma como grupos e movimentos nacionalistas se opõem a universalistas ou outros acusados de não pertencer à nação. Esse padrão pode ser reconhecido na recente ascensão do populismo nacionalista, que muitas vezes demoniza as "elites globalistas". A discrepância entre a população supostamente autêntica da nação e uma elite (uma população universalista ou não enraizada naquela nação) é característica recorrente nos discursos nacionalistas. No passado, a acusação era dirigida a monarcas, críticos liberais do nacionalismo e minorias, principalmente os judeus, que muitas vezes representaram o "outro" útil para visões nacionalistas radicais que contrastam o "autêntico nacional" e o "híbrido global". No Reich alemão da virada do século XIX para o XX, a expressão "*Vaterlandslose Geselle*" – literalmente, "indivíduo sem pátria" – era usada de forma pejorativa para descrever marxistas e social-democratas. Mais tenebroso foi o antissemitismo da primeira metade do século XX, que considerava os judeus não apenas uma nação diferente, mas uma raça diferente e um inimigo dentro da nação.

Terceiro, o antagonismo entre nacional e universal não significa que a visão de mundo nacionalista exclua a cooperação entre nacionalistas. Principalmente os nacionalistas liberais do século XIX supunham, como discutiremos no capítulo "A disseminação do nacionalismo e dos Estados-nações na Europa", que as novas nações surgidas de impérios e pequenos principados poderiam coexistir pacificamente. Contudo, a ideia de coexistência harmoniosa das nações se revelou ilusória, e a cooperação muitas vezes chegou ao fim quando nacionalistas vizinhos lançaram reivindicações conflitantes sobre terras ou pessoas específicas, dificultando qualquer aliança. Portanto, os nacionalistas podem vislumbrar, ou melhor, supor, que o mundo esteja dividido em nações e, assim, considerá-las como as bases normais para a construção das sociedades contemporâneas, mas a cooperação pode ser complicada na prática, apesar de haver uma visão de mundo compartilhada.

O nacionalismo não é inerentemente direcionado contra o global, desde que o inter*nacionalismo* seja baseado na lógica da nação. Na verdade, muitos dos arquitetos do sistema global após a Primeira e a Segunda Guerras Mundiais, respectivamente na forma da Liga das Nações e da ONU, não eram exatamente globalistas que esperavam superar a nação por meio da cooperação internacional, e sim estadistas convencidos de que as nações e o nacionalismo eram os pilares centrais da ordem internacional.[9]

DEFININDO NAÇÕES E NACIONALISMO

Então, como se constitui uma nação? O mundo de hoje é configurado pelo paradoxo aparente do nacionalismo global: a visão de que o mundo é construído a partir das nações. Se as sociedades do mundo são configuradas por nações, a questão é como essas nações se distinguem das outras. Na verdade, um dos debates importantes sobre nações e nacionalismo é como se define quem é membro de uma delas. Historicamente, têm prevalecido as definições objetivas. Ao ser encarregado por Lenin de escrever um texto programático sobre a questão nacional, em 1913, Joseph Stalin afirmou que "nação é uma comunidade de pessoas historicamente constituída e estável, formada com base em uma língua, um território, uma vida econômica e uma constituição psicológica em comum, manifestados em uma cultura em comum".[10] A premissa subjacente a essa definição era a possibilidade de estabelecer critérios fixos que determinassem quem é membro de uma nação, incluindo língua e cultura. Porém, esses critérios objetivos são questionáveis, pois há muitas nações que não cumprem alguns ou vários deles. Há nações multilíngues, como a suíça, e um mesmo o idioma pode ser falado por várias delas, como por alemães, suíços e austríacos; existem nações espalhadas por um grande território não contíguo, como a grega ou alemã antes da Primeira e Segunda Guerras Mundiais, respectivamente. Além disso, alguns critérios são difíceis de definir, como "cultura compartilhada", e podem até ser comuns a nações vizinhas. Movimentos nacionais afirmam ter uma comunidade compartilhada com uma cultura compartilhada, mas essas afirmações muitas vezes ignoram tanto a heterogeneidade interna quanto possíveis semelhanças culturais com vizinhos que talvez compartilhem o "núcleo" cultural, da música à culinária. Na melhor das hipóteses, os critérios objetivos das nações podem identificar características que são parcialmente compartilhadas pela maioria dos membros da maioria das nações e, assim, oferecer indícios com relação às bases sobre as quais as nações surgem. A dificuldade de identificar uma lista conclusiva de critérios sobre o que constitui uma nação também põe em evidência as limitações das definições objetivas de nação, pois os modos de exclusão e inclusão geralmente são arbitrários e historicamente condicionados. É claro que as nações, ou melhor, os movimentos nacionais, muitas vezes imaginam a si mesmos nesses termos objetivos, incluindo uma referência comum a uma ascendência compartilhada. A partir disso, a ascendência comum é atribuída aos tempos pré-modernos, às vezes até a Antiguidade, como os antigos gregos, macedônios, arianos e outros grupos reais e mitológicos dos quais se alega que a nação atual descenderia. Na realidade, a maior parte dessas referências é formada por mitos com pouca base em fatos históricos.

Em vez de tentar determinar critérios objetivos fixos, a visão acadêmica predominante tem se concentrado em autodefinições subjetivas. O sociólogo alemão Max Weber (1864-1920) observou que "o conceito [de nação] indubitavelmente significa, acima de tudo, que podemos arrancar de certos grupos de homens um sentimento específico de solidariedade frente a outros grupos".[11] Assim, Weber destaca a solidariedade comum como sendo o alicerce para as nações e um marcador de distinção em relação a outras. Em vez de solidariedade, Karl Deutsch (1912-1992), cientista político nascido em Praga, mas radicado nos Estados Unidos, enfatizava a comunicação, sugerindo que "a nacionalidade significa um alinhamento de um grande número de indivíduos das classes média e baixa ligados a centros regionais e exercendo a liderança de grupos sociais por meio de canais de comunicação social e intercâmbio econômico".[12]

Para Weber e Deutsch, bem como outros defensores de definições subjetivas, os marcadores objetivos só têm relevância indireta. Uma língua compartilhada pode facilitar a comunicação, assim como uma religião compartilhada ou um sentido de história comum possibilitam um sentido de solidariedade. Mas nenhum é pré-requisito, e a comunicação é possível em nações multilíngues, já que muitos cidadãos podem ser fluentes em vários idiomas (ou pelo menos as elites que forjaram a nação). Da mesma forma, a solidariedade pode se basear em eventos históricos específicos e nas narrativas que os cercam, independentemente de critérios objetivos compartilhados ou divergentes. A solidariedade compartilhada e a capacidade de perceber os outros como membros da mesma comunidade são fundamentais. Quem governa precisa ser considerado representante da comunidade política mais ampla. Embora a democracia possa ser uma ferramenta óbvia para garantir isso, os governos autocráticos têm conseguido reivindicar a representação da nação. Ao mesmo tempo, às vezes, os regimes democráticos não têm conseguido convencer alguns de seus cidadãos de que a democracia constitui autogoverno. No final das contas, definir nação é um processo profundamente político para determinar a participação em uma comunidade política compartilhada. Em essência, o nacionalismo tem a ver com autogoverno ou, para citar um dos principais estudiosos do tema, o sociólogo britânico-tcheco Ernest Gellner (1924-1995), "o nacionalismo sustenta que um foi destinado ao outro [nações e Estados], que um sem o outro está incompleto e constitui uma tragédia".[13]

A questão fundamental de sabermos quando uma nação é uma nação não é algo dado, e sim uma ficção constituída por acordo mútuo estabelecido entre os membros de uma comunidade sobre pertencer à mesma nação. Esse processo poderia ser chamado de construção de nação. Seu sucesso é facilitado por características que seus membros têm em comum, mas não é garantido. Como observou Andreas Wimmer, a construção de nação pode ter êxito quando existem estruturas anteriores de cooperação, como redes cívicas, e o Estado fornece bens compartilhados. Isso permitiu que a Suíça multilíngue surgisse como nação única, enquanto na Bélgica as diferentes comunidades linguísticas (flamenga, francófona e, em menor grau, um pequeno grupo de falantes de alemão) se identificam como nações separadas.[14]

Sem que os indivíduos escolham pertencer a uma nação e sejam capazes de formar uma comunidade com outros, as nações não podem existir. Marcadores objetivos, como a língua, e critérios aparentemente objetivos, como uma história ou uma ascendência compartilhadas, são características que facilitam o sentimento subjetivo de pertencimento a uma nação, mas não são necessários. O pertencimento nacional, no entanto, não é apenas uma característica sujeita à autoidentificação; ele também costuma ser atribuído por outros, seja reivindicando a inclusão de determinadas pessoas ou as excluindo.

Os movimentos nacionais reivindicam comunidades e indivíduos com base em sua definição de nação. Por exemplo, o nacionalismo turco tradicionalmente afirma que os curdos são turcos, às vezes usando termos depreciativos como "turcos da montanha". Por outro lado, grupos nacionais também podem excluir algumas pessoas que buscam fazer parte da nação. Por exemplo, na primeira metade do século XX, os antissemitas em toda a Europa consideravam os judeus como estrangeiros e os excluíam da nação e, no caso das políticas implementadas pela Alemanha Nacional-Socialista e seus aliados, da cidadania.

Assim sendo, o pertencimento a uma nação se situa na interseção entre a escolha individual e a aceitação coletiva. Os indivíduos têm que se identificar com uma nação, mas, para ser efetiva, essa identificação requer o consentimento da comunidade mais ampla.

Pertencer a uma nação é um dos mais rígidos marcadores de identidade. Embora possa ser mais fácil de mudar do que o gênero, é mais difícil do que a posição social ou a convicção política. Nesse caso, pode-se fazer uma distinção entre nações includentes e excludentes, no sentido da possibilidade de se entrar ou sair delas. As nações includentes costumam ter como base a cidadania, e não a ascendência. Entre os exemplos estão muitas que foram baseadas na imigração em grande escala, como os Estados Unidos, o Canadá ou a Austrália, ou as de origens republicanas, como a França. Quanto mais rigidamente uma nação enfatiza a ascendência como critério, maior a dificuldade de fazer parte dela para quem não tem essa ascendência. É o caso da Alemanha, pelo menos historicamente, e do Japão. A rigidez dos limites de inclusão e exclusão também pode ser institucionalizada. Assim, a etnia ou a raça dos cidadãos esteve ou ainda está escrita nas carteiras de identidade de países tão diversos quanto União Soviética, Afeganistão, Cuba, Cingapura e Ruanda. Em alguns casos, os cidadãos podiam escolher sua identidade e, em outros, ela lhes era atribuída. Em Ruanda, a primeira linha do documento dizia se o titular era hutu, tutsi, tuá ou naturalizado. Esses dados orientaram os *Génocidaires* com relação a quem matar em 1994. Não surpreende que, após o genocídio, qualquer identificação pública com grupos étnicos seja ocultada.

Em suma, pertencer a uma nação pode ser resultado de uma escolha individual ou pode ser imposto de fora, pela sociedade ou pelo Estado. Esse processo de inclusão e exclusão nunca se completa, e está sujeito a mudanças. Os Estados geralmente estão no centro da definição de quem é membro da nação ao determinar a condição de cidadão, que, no caso de Estados-nações autoidentificados, é uma substituta para a de membro. É revelador que a cidadania costume ser chamada de "nacionalidade" tanto em documentos jurídicos quanto na linguagem comum.

Uma consequência das condições de membro de uma nação e cidadão pode ser o que o sociólogo estadunidense Rogers Brubaker (1956-) chamou de "nacionalizar os nacionalismos [que fazem reivindicações] em nome de uma 'nação principal' ou de uma nacionalidade definida em termos etnoculturais e nitidamente diferenciada do conjunto de cidadãos. A nação principal é entendida como a legítima 'dona' do Estado, concebido como Estado da e para essa nação principal."[15] Essas reivindicações de propriedade podem acarretar uma série de diferentes entendimentos includentes ou excludentes sobre a nação e encontrar cidadãos com níveis variados de vontade de "fazer parte" da nação dominante. Indivíduos sem uma identidade nacional forte, que possam ser considerados "indiferentes" em termos dessa identidade nacional (uma expressão que discutiremos mais adiante), podem ser convencidos, cooptados ou coagidos a ser membros da nação. Os que já possuem uma identidade nacional clara e diferenciada são menos propensos a ser incorporados à nação e podem resistir às reivindicações de pertencimento à nação dominante ou nem receber a oferta para participar dela. Nesse sentido, o momento é importante. As nações sempre reivindicam indivíduos que podem não se sentir muito ligados a elas. No entanto, é possível que um movimento nacionalista consiga incorporá-los se eles não tiverem um forte vínculo com outra nação ou se puderem encontrar conexão plausível com a que os reivindica. Essas escolhas coletivas foram feitas à medida que as nações surgiam, no século XIX, mas também foram renovadas quando os indivíduos migravam para lugares novos. Por exemplo, embora a nação alemã não incluísse falantes de turco nem muçulmanos em seu entendimento original de nação, muitos migrantes turcos e seus filhos se tornaram cidadãos alemães, que se identificaram como alemães e como tais foram aceitos, pelo menos pela maioria dos outros alemães. Embora uma pessoa nascida na Turquia possa não ser alemã, seja por escolha própria ou pela aceitação da maioria dos alemães, um cidadão alemão de ascendência turca pode fazer a transição para se tornar alemão. A combinação da capacidade individual de se tornar membro da nação com a aceitação por parte do organismo mais amplo dessa nação é fundamental na constituição da comunidade. Os critérios sobre quem está "dentro" e quem está "fora" não são fixos, mas sim inerentemente mutantes. Portanto, o nacionalismo precisa ser entendido como mutável e focado na identificação de seus membros com ele.

Conforme descrito anteriormente, ao se discutirem as definições de nação, o autogoverno político é um ingrediente essencial. Pode-se definir o nacionalismo como *uma ideologia maleável que valoriza mais a identidade nacional do que outras identidades como gênero, ideologia política, grupo socioeconômico, região. O nacionalismo busca diferenciar uma nação de outras, preservá-la e priorizar a representação política por meio da identidade nacional.*

TIPOLOGIA DO NACIONALISMO

Na contramão da definição antes exposta, alguns estudiosos observaram que o nacionalismo é mais amplo e menos definido do que outras ideologias, descrevendo-o como uma visão de mundo ou um sistema abrangente. No entanto, a premissa subjacente à importância da condição de membro de um grupo e de pertencimento, bem como suas implicações políticas e sociais, fazem dele uma ideologia: um conjunto de crenças e valores normativos. A importância e a centralidade do nacionalismo na vida de uma comunidade e de cada um de seus membros não são fixas, e devem ser alteradas. A melhor descrição dessa variação circunstancial do nacionalismo é a distinção entre "latente" e "virulento". O nacionalismo latente é onipresente e, às vezes, difícil de perceber, pois pode servir tanto para incluir migrantes quanto para excluir minorias, mas é constante e firme, descrito por Michael Billig como "nacionalismo banal", uma condição endêmica que molda a sociedade.[16] Por meio de bandeiras, selos e anúncios publicitários, o mundo que cerca a maioria dos cidadãos normaliza a nação. Esses marcadores nos lembram que é melhor comprar produtos franceses, estadunidenses ou alemães do que os de outras nações, que o clima se limita aos mapas nacionais de previsões meteorológicas, que os heróis cuja memória celebramos são nacionais, que hasteamos, juramos fidelidade ou defendemos uma determinada bandeira. A organização do mundo em Estados geralmente chamados de nações – donde a expressão "Nações Unidas" em vez da mais apropriada "Estados Unidos" – criou a sensação endêmica de que o mundo é e deve ser dividido, antes de tudo, em nações, que, por acaso, também são Estados – ambos, em grande parte, ficções. Esse tipo de nacionalismo costuma ser descrito como patriotismo.

Em contrapartida, o nacionalismo que tem mais presença nas manchetes, muitas vezes descrito como violento, agressivo ou como uma "onda", remete ao seu lado revolucionário. Historicamente, o nacionalismo esteve ligado a revoluções, como a Francesa ou a Americana. No entanto, o nacionalismo virulento pode ser direcionado não apenas contra o *Ancien Régime* (Antigo Regime), mas também contra vizinhos, por meio da guerra e da violência em massa, ou contra governos baseados em outras fontes de legitimidade, como o comunismo ou o liberalismo. O nacionalismo virulento rejeita o *status quo* e busca reafirmar a vontade de uma comunidade imaginada sobre um espaço político ou cultural. É distinto de seu irmão gêmeo mais silencioso, o nacionalismo endêmico, mas se baseia nele.

O nacionalismo excludente virulento não surge do nada, sendo necessário o alinhamento de uma série de fatores. Embora o nacionalismo possa ser uma característica latente de uma determinada sociedade e o nível de exclusão possa variar, isso, por si só, não desencadeia um nacionalismo excludente virulento que domine o discurso político, as eleições e as políticas. Para que o nacionalismo se torne virulento, é necessária uma conjuntura decisiva, ou seja, um momento específico de crise. Assim sendo, o nacionalismo virulento pode ser mais bem entendido como uma resposta a choques internos ou exógenos sofridos por um sistema existente. Esses choques podem ser ideológicos, econômicos, institucionais ou sociais. O colapso do comunismo no final da década de 1980 foi um momento decisivo "perfeito" para o surgimento do nacionalismo virulento, à medida que o sistema comunista enfrentava revoltas econômicas e políticas, as quais desencadearam mudanças institucionais e sociais abrangentes que permitiram sua ascensão.

É claro que o nacionalismo não é uma força da natureza, e sim obra do homem. Até a década de 1990, os estudos se concentravam principalmente nos processos mais amplos que o influenciavam: alfabetização, comunicação, surgimento do Estado contemporâneo e línguas padronizadas. As pesquisas das últimas décadas, no entanto, redirecionaram a atenção para os atores: os "empreendedores étnicos". O nacionalismo não existe no vácuo; ele tem que ser promovido, e seus membros têm que ser convencidos a pertencer ao grupo em questão.[17] Isso requer elites midiáticas, políticas, sociais e culturais, que encontram terreno mais fértil quando estão estabelecidas as estruturas que favorecem o nacionalismo virulento.

É enganoso falar do nacionalismo como um fenômeno único. Dentro de uma determinada comunidade, costuma haver nacionalismos conflitantes, que definem a nação de formas diferentes, além de incorporar outras ideologias, de esquerda ou de direita. Além de sua versatilidade ideológica, os nacionalismos também podem excluir ou incluir membros, por diferentes motivos. A distinção mais importante nesse sentido se dá entre nacionalismo cívico e étnico. Essa categorização foi introduzida por Hans Kohn (1891-1971), historiador nascido em Praga e radicado nos Estados Unidos, em sua influente obra *The Idea of Nationalism*, escrita durante a Segunda Guerra Mundial, na qual ele diferenciava nacionalismo oriental e ocidental. A variante oriental, segundo Kohn, é definida por dinâmicas iliberais e excludentes, enquanto a ocidental seria mais includente e baseada em critérios cívicos. Como judeu nascido na multiétnica Monarquia de Habsburgo e trabalhando como acadêmico nos Estados Unidos, a dicotomia reflete a própria vida do autor e suas experiências na Segunda Guerra Mundial.

Desde então, a associação do nacionalismo cívico ao Ocidente e do nacionalismo étnico ao Oriente tem sido criticada. Certamente, a tipologia de Kohn é muito estática e pressupõe uma hierarquia normativa clara,[18] mas continua sendo útil identificar os "tipos ideais". O nacionalismo cívico é definido pela cidadania, segundo a qual todos os cidadãos são membros da nação. O nacionalismo étnico é definido pela ascendência, em que apenas aqueles que nascem na nação são membros da comunidade, e a cidadania é irrelevante. Essa distinção é exemplificada pelos casos prototípicos da Alemanha e da França.[19] Nesta, a cidadania há muito é um fator decisivo para alguém ser francês. Para a nação alemã, onde o Estado unificado surgiu apenas em 1871 e considerando que os alemães viviam em vários Estados (de impérios multinacionais, como a Monarquia de Habsburgo, a pequenos principados e o Reino da Prússia), ser alemão era definido pela ascendência. Essa diferenciação costuma se refletir no direito como *ius soli* versus *ius sangui*: cidadania definida pela terra onde se nasce em comparação com a cidadania definida pelo sangue, ou seja, a cidadania dos pais.

A concepção cívica de nação é mais includente, dando aos migrantes não apenas um acesso mais fácil à cidadania, mas também a possibilidade de se tornarem membros e de pertencerem à comunidade mais ampla.

Ao desconsiderar a ascendência comum, essa nação pode ser mais heterogênea e incluir históricos mais diversificados em termos de origem, religião e outros marcadores de identidade. Ainda assim, a nação cívica também coopta o Estado, excluindo aqueles que não se identificam com ela, por exemplo, bretões ou corsos na França, que podem não se considerar franceses. O Estado francês parte do pressuposto de que todos os cidadãos também são membros da nação francesa, independentemente de outros fatores, rejeitando quaisquer direitos de minorias, que prejudicariam a ideia de uma nação francesa única, baseada na cidadania. Assim, questões de linguagem e outros marcadores de diversidade são facilmente descartados como irrelevantes. Um caminho alternativo é a abordagem suíça. Às vezes, a nação suíça é descrita como uma só, constituída pela vontade de seus habitantes (em alemão, *Willensnation*), tendo o apoio da comunidade à nação como princípio fundador, e não um Estado forte ou um sentimento de pertencimento étnico.

A nação étnica não reivindica outras nações e, portanto, pode reconhecer as minorias com maior facilidade. Ao mesmo tempo, o mito da ascendência comum exclui todos aqueles que não se enquadram nessa categoria, sem mencionar o pressuposto problemático de que uma nação se baseia em uma ascendência comum – como se houvesse um Adão e uma Eva originais dessa nação – e algum grau de continuidade e pureza. Assim, podem-se acomodar as minorias, mas a definição étnica geralmente impedirá o acesso igualitário aos recursos do Estado para quem não for membro da nação dominante.

Historicamente, algumas nações se basearam em critérios étnicos, em vez de cívicos, geralmente dependendo de sua evolução. As nações francesa e espanhola surgiram de Estados já existentes, enquanto a italiana e a alemã não tinham Estados próprios e rejeitaram aqueles nos quais começaram a se constituir, por serem muito pequenos, muito estrangeiros ou muito grandes para a nação em questão. Seria errado supor que as nações estão permanentemente presas a essa trajetória de nacionalismo "étnico" *versus* "cívico". Todas contêm os dois tipos ideais e oscilam entre eles ao longo do tempo. Até mesmo a França – o suposto "modelo" de nação cívica – teve episódios de exclusão baseados na ascendência, seja o antissemitismo latente que se tornou visível durante o caso Dreyfuss, na virada do século XIX para o XX, ou a mais recente discriminação contra cidadãos franceses de ascendência norte-africana. A Alemanha, por sua vez, sendo o principal caso de nacionalismo étnico, permitiu – com alguma dificuldade – que os migrantes se tornassem cidadãos alemães e, portanto, também membros da nação, mesmo que algumas pessoas da extrema direita continuem contestando isso. Portanto, hoje em dia, existem cidadãos franceses e membros da nação francesa de ascendência norte-africana, assim como existem cidadãos alemães e membros da nação cuja ascendência é turca, os quais vivenciam níveis comparáveis de inclusão e discriminação.

Resumindo, em vez de serem considerados necessariamente ligados a uma ou outra nação, os nacionalismos étnico e cívico são mais bem definidos como visões conflitantes sobre a comunidade. Atualmente, o principal marcador do nacionalismo é seu nível de inclusão e exclusão, que pode se basear no conceito de ascendência, mas também pode ser fundamentado em narrativas sobre ser "nativos" de uma determinada terra ou ter um determinado conjunto de valores compartilhados. O mecanismo de exclusão decorrente desses elementos também pode ser rotulado de nativismo, definido pelo cientista político holandês Cas Mudde (1967-) como a afirmação de que "os Estados devem ser habitados exclusivamente por membros do grupo nativo ('a nação') e que os elementos não nativos (pessoas e ideias) são fundamentalmente ameaçadores para o Estado-nação homogêneo".[20]

Na verdade, nunca há apenas uma nação ou um nacionalismo, seja cívico ou étnico. Em vez disso, cada nação é constituída por nacionalismos concorrentes, isto é, por ideias concorrentes e muitas vezes conflitantes sobre como definir a nação. Em um ensaio fundamental sobre etnicidade, de 1969, o antropólogo norueguês Frederik Barth (1928-2016) observou que é "o limite étnico que define o grupo, e não o material cultural que ele contém".[21] Mesmo assim, os limites não se estabelecem por conta própria, sendo definidos por sociedades, indivíduos e elites. Os limites étnicos geralmente separam pessoas que, na verdade, têm muito em comum — basta pensar nos limites linguísticos em muitos lugares onde os dialetos falados ao longo da fronteira estão mais próximos uns dos outros do que dos idiomas padrão. Definir a nação é essencialmente um exercício de inclusão e exclusão. Nenhuma nação é estática em sua visão de quem pode ser membro dela. Por exemplo, há 50 anos, seria difícil conceber que alguém chamado Cem Özdemir, nascido de pais turcos, pudesse não apenas ser alemão em termos de cidadania, mas também ser considerado parte da nação e ter sucesso como político importante. Da mesma forma, em muitos outros países europeus, os imigrantes são considerados atualmente como membros da nação, mesmo que ainda enfrentem exclusão e discriminação. O padrão também pode ser invertido. Na Alemanha, até 1933, os judeus não eram apenas cidadãos, mas cidadãos alemães. É claro que havia grupos antissemitas desde o século XIX, que negavam a igualdade ou inclusão dos judeus na nação, mas eles foram uma minoria até Adolf Hitler assumir o poder e excluir os judeus dos empregos, da nação e da cidadania, negando-lhes direitos básicos, inclusive à vida.

Na maioria das nações, esses limites não apenas mudam ao longo do tempo, mas também são interpretados de formas diferentes em momentos distintos. Sendo o nacionalismo uma ideologia estreita, que pode se fundir com outras ideologias e ideias, como racismo, conservadorismo ou comunismo, a percepção sobre quem pertence à nação e quem não pertence varia.

Assim, pode-se categorizar o nacionalismo em dois eixos: um, seu nível de inclusão e exclusão, e dois, se é endêmico ou virulento (Tabela 1). Isso nos possibilita fazer uma identificação mais precisa do nacionalismo como força que ameaça o *status quo*, em comparação com um nacionalismo mais estabelecido, que pode apresentar características excludentes, mas não tem a dimensão virulenta e potencialmente violenta. Assim, o nacionalismo latente includente é descrito muitas vezes como "patriotismo", enquanto o nacionalismo virulento excludente é o tipo que ganha as manchetes quando se trata de partidos de extrema direita ou conflitos étnicos. No entanto, ambos representam apenas uma parte da questão mais ampla do nacionalismo.

Um desafio que se enfrenta ao escrever sobre esse tema é o que Andreas Wimmer e Nina Glick Schiller (1945-) chamaram de "nacionalismo metodológico".[22] Eles alertam para um risco comum ao se escreverem Histórias nacionais, nas quais os autores ignoram a importância do nacionalismo e da nação como traço definidor do mundo contemporâneo ou naturalizam a nação, pressupondo que a organização do mundo social segundo parâmetros nacionais é "normal".

Tabela 1 – Conceituando o nacionalismo

Nível de Exclusão	Nível de Intensidade	
	Nacionalismo latente includente	Nacionalismo virulento includente
	Nacionalismo latente excludente	Nacionalismo virulento excludente

O nacionalismo metodológico também pode se manifestar impondo a nação ou a estrutura do Estado-nação como unidade de análise: os livros acadêmicos costumam discutir a história do Estado-nação como se fosse a única unidade de análise historicamente viável. Para dar um exemplo absurdo, mas instrutivo, em 2016, um historiador e um cientista político sérvios, Čedomir Antić e Nenad Kecmanović, respectivamente, publicaram uma "História da Republika Srpska", a entidade predominantemente sérvia da Bósnia. Ela foi estabelecida em 1991/2 e reconhecida no final da guerra da Bósnia, em 1995, como uma das duas regiões do país. No entanto, os autores iniciam sua História no período pré-histórico e depois discutem a história dos sérvios muito detalhadamente, remontando a um milênio antes. Dessa forma, o marco de uma unidade subnacional recém-criada é usado para inventar uma história e naturalizar tanto essa unidade recém-definida quanto a nação que ela deveria representar, ao mesmo tempo em que negligencia deliberadamente o fato de que, antes de sua criação e da limpeza étnica que seus fundadores promoveram, quase metade da população da região não se identificava como sérvia. Embora, nesse exemplo, o suposto Estado-nação (sem Estado) faça parte de um esforço deliberado de construção de nação, formas mais sutis de nacionalismo metodológico são comuns, principalmente ao se escreverem Histórias nacionais. Portanto, quando se escreve sobre nações e nacionalismo, é essencial evitar partir do pressuposto de que esses fenômenos sejam naturais ou inevitáveis.

ORGANIZAÇÃO DO LIVRO

Este livro está organizado principalmente de forma cronológica, começando com a pré-história e as origens do nacionalismo e avançando até os dias atuais. Além disso, os capítulos procuram apresentar as principais teorias do nacionalismo, para que os leitores se familiarizem tanto com sua evolução quanto com os principais autores que escrevem sobre o assunto. Como breve introdução, este livro não pretende apresentar uma discussão abrangente do nacionalismo nem é um estudo das teorias sobre o tema. Embora esteja atento às principais teorias, ele se concentra basicamente nos processos históricos que moldaram as nações e o nacionalismo desde o século XVIII até o presente.

Depois desta "Introdução", o capítulo "Os primórdios do nacionalismo e das nações" examinará o quão antigas são as ideias sobre nações e nacionalismo, considerando as polêmicas sobre a idade e a origem das nações, e como os nacionalismos fazem referência à história e às tradições pré-modernas. Também discutirá os precursores das nações modernas, em uma perspectiva global. Ao fazê-lo, mapeará o debate sobre a idade das nações e do nacionalismo (uma comparação entre modernistas, primordialistas e perenialistas). Especificamente, esse capítulo examinará até que ponto o protonacionalismo pode ser encontrado fora da Europa, tanto em comunidades políticas estabelecidas há muito tempo, como a China, quanto entre comunidades com longas histórias compartilhadas, e descreverá os acontecimentos históricos, como o Estado contemporâneo, que levaram ao surgimento dos nacionalismos contemporâneos.

O capítulo "A disseminação do nacionalismo e dos Estados-nações na Europa" examinará o surgimento do nacionalismo em todo continente durante os séculos XVIII e XIX, e sustentará que o nacionalismo se disseminou de forma desigual, mas rápida pelo continente. Nesse caso, o foco estará nas maneiras como o nacionalismo interagiu com os Estados que já existiam, transformando alguns em Estados-nações ou fragilizando impérios ou comunidades políticas menores, e como ele se disseminou de cima para baixo e se enraizou, às vezes com muito atraso em relação à criação dos Estados-nações. Os principais debates do capítulo são a disseminação do nacionalismo, ou seja, se ele foi um movimento que partiu da Revolução Francesa para a periferia da Europa ou se houve um desenvolvimento mais simultâneo de nacionalismos, bem como as diferentes características do nacionalismo com base em sua evolução. Isso inclui discussões a respeito do nacionalismo cívico (que surgiu em certos Estados) em comparação com o nacionalismo étnico (que surgiu em outros casos, onde tanto grandes impérios quanto Estados menores foram rejeitados). Embora o nacionalismo não tenha sido exclusividade da Europa, a centralidade europeia no sistema global fez com que a ascensão mundial e a disseminação do nacionalismo tivessem sua origem nesse continente.

O capítulo "A disseminação global do nacionalismo e a descolonização" discutirá se o nacionalismo é um conceito europeu que se disseminou pelos impérios coloniais ou se as nações surgiram globalmente, independentes umas das outras. Também examinará como a ascensão do colonialismo, com o comércio e a comunicação globais correspondentes, trouxeram ideias diferentes e concorrentes de nações e nacionalismo para o diálogo e o conflito, bem como as maneiras com que as formas europeias de nacionalismo foram transmitidas através do colonialismo e depois apropriadas e transformadas por meio de movimentos nacionalistas anticoloniais. O capítulo explorará as diferentes formas de nacionalismo que surgiram no mundo, com base em modelos europeus e experiências regionais anteriores, e como elas influenciaram o sistema de Estados pós-colonial. Por fim, examinará o debate sobre o desenho das fronteiras no contexto colonial e como o descaso europeu pelas comunidades políticas e grupos pré-coloniais influenciou o sistema de Estados e as nações pós-coloniais.

O capítulo "O nacionalismo após o estabelecimento do Estado-nação" tratará do fato de o nacionalismo não ter perdido a capacidade de influenciar a sociedade e a política com o estabelecimento do Estado-nação. A criação de Estados-nações apenas mudou a importância do nacionalismo. O capítulo explorará como o nacionalismo cotidiano influencia os Estados-nações contemporâneos por meio de símbolos, tradições e outras práticas. Ao explorar o mecanismo com que as nações são (re)criadas, o capítulo mostrará de que forma o nacionalismo se relaciona com outras identidades importantes, como gênero, religião, *status* socioeconômico e raça.

No capítulo "Conflito étnico", este livro passará da evolução e da disseminação das nações e do nacionalismo para o desafio da diversidade e das causas dos conflitos étnicos, apresentando uma visão crítica sobre como o nacionalismo e a identidade étnica foram instrumentalizados nesses conflitos. Estabelecerá relações entre os debates acerca do nacionalismo e o conhecimento acadêmico sobre conflitos étnicos, explorará as condições sob as quais esses conflitos surgem e identificará os padrões dos conflitos baseados em identidade. Esses debates se concentram no papel da etnicidade ou do nacionalismo em detrimento de outros elementos, como desigualdades econômicas, recursos e outros fatores sociodemográficos. Além disso, refletirá sobre se o conflito étnico é desencadeado por uma mobilização de base ou se ele é um processo de cima para baixo, impulsionado por elites.

Os dois capítulos seguintes examinam os desafios representados pelo nacionalismo nas sociedades contemporâneas. O capítulo "A migração e as políticas da diversidade" abordará a forma como a migração em sociedades de imigração estabelecida, bem como em Estados-nações autodefinidos, influenciou os debates sobre identidade nacional, inclusão e exclusão. Nesse capítulo, a principal discussão se concentrará no contraste entre visões liberais e multiculturais sobre a diversidade e abordagens diferentes em relação a minorias estabelecidas e comunidades imigrantes.

O capítulo "O novo nacionalismo e o populismo" examinará a inter-relação entre o nacionalismo e a ascensão do populismo e do autoritarismo na política atual. Discutirá se houve um ressurgimento global do nacionalismo e do populismo e em que medida essa ascensão está ligada à globalização e a outros fenômenos, como a internet e as mídias sociais. Ao fazê-lo, destacará o debate sobre as causas econômicas e as causas culturais do novo nacionalismo, e explorará se ele pode ser entendido como fenômeno específico de um país ou se tem caráter global.

Por fim, o capítulo "Leituras complementares e um guia para debates fundamentais" irá descrever os principais debates dos capítulos anteriores e identificar as leituras complementares mais importantes na área, além de indicar fontes primárias e repositórios importantes de literatura secundária a ser encontrados na internet.

Este livro procura apresentar uma discussão concisa sobre como as nações e o nacionalismo se tornaram universais e onipresentes. Como qualquer introdução curta, não pode pretender ser abrangente ou inovador. Em vez disso, seu objetivo é descrever o surgimento e a disseminação das nações e do nacionalismo, apresentar uma perspectiva global e destacar alguns dos debates mais importantes.

OS PRIMÓRDIOS DO NACIONALISMO E DAS NAÇÕES

Os nacionalismos geralmente se baseiam em narrativas sobre suas tradições históricas específicas, sua continuidade e sua idade. O cultivo dessas narrativas ou desses mitos é uma de suas características centrais. Muitas vezes, esses mitos têm traços de caráter religioso, que incluem histórias de uma era de ouro, uma espécie de paraíso nacional, histórias de declínio e corrupção e ofertas de redenção. Como observou, há mais de um século, o teólogo francês Ernest Renan (1823-1892), em sua famosa palestra de 1882 *"Qu'est-ce qu'une nation?"*, na Sorbonne, em Paris,

> A nação, assim como o indivíduo, é a culminância de um longo passado de esforços, sacrifício e devoção. De todos os cultos, o dos ancestrais é o mais legítimo, os ancestrais nos fizeram o que somos. Um passado heroico, grandes homens, glória (que entendo como a glória genuína): esse é o capital social sobre o qual se baseia uma ideia nacional.[1]

Este capítulo examinará as reivindicações dos nacionalismos em relação às suas origens e por que elas são basicamente mitos. A seguir, explorará as nações que surgiram no início da modernidade, mesmo que esse mundo emergente de nacionalismos e nações tenha se baseado em protonações e mecanismos de exclusão anteriores, principalmente com base em critérios religiosos.

O PAPEL DOS MITOS HISTÓRICOS

Os mitos e as narrativas nacionais sobre o passado cumprem vários propósitos. Em primeiro lugar, ancoram a nação no passado distante, fazendo-a parecer mais natural e mais antiga do que geralmente é. Assim, a nação parece ser "normal", e não uma invenção de tempos mais recentes. Vejamos a Carta Federal de 1291, assinada entre os três cantões de Uri, Schwyz e Unterwalden, que se tornaria o mito fundador da Suíça. A Carta só passou a ser celebrada como o documento fundador que constituiu a nação no final do século XIX, quando começou o esforço de construção da nação, após a breve guerra civil de 1847. O dia 1º de agosto, suposta data de assinatura da Carta que está intimamente ligada à lenda do juramento histórico dos três representantes dos cantões em um campo próximo ao lago de Lucerna (o *Rütlischwur*), só passou a ser celebrado no final do século XIX e só se tornou a data nacional oficial da Suíça em 1994.

Em segundo lugar, esses mitos permitem que o nacionalismo supere outras formas mais contemporâneas de identidade, como posição social, classe ou gênero. A referência aos ancestrais nacionais situa a nação em uma narrativa mais ampla, difícil de escapar ou ignorar.

Em terceiro, os mitos nacionais muitas vezes competem entre si e, portanto, servem para fortalecer a afirmação de uma nação em detrimento de outras. Essas afirmações podem ser de mais antiguidade, ou seja, quanto mais antiga for a nação, mais legítima ela será. Vejamos o caso da Macedônia. A população eslava foi aos poucos se identificando como macedônia na primeira metade do século XX. No entanto, os vizinhos nacionalistas búlgaros, sérvios e gregos negavam a existência da nação macedônia e a descreviam como algo construído e artificial. Por exemplo, o Ministério das Relações Exteriores da Grécia afirmava, em seu site oficial – antes do acordo entre os dois países em relação aos nomes – que a "Antiga República Iugoslava da Macedônia declarou sua independência em 1991, baseando sua existência como Estado independente na noção artificial e espúria de 'nação macedônia', que foi cultivada sistematicamente através da falsificação da história e da exploração da antiga Macedônia, exclusivamente por razões de conveniência política".[2]

Os mitos históricos também podem servir para reivindicar território, afirmando que uma determinada nação vive em uma determinada terra há mais tempo do que outra. O Ministério das Relações Exteriores da Armênia, por exemplo, reivindica a região de Nagorno-Karabakh, no Azerbaijão (ocupada pela Armênia desde a guerra de 1988), voltando três milênios no tempo: "Artsakh (Karabakh) faz parte da Armênia histórica. Durante a era urartiana (séculos IX-VI a.C.), Artsakh era conhecida como Urtekhe-Urtekhini. Como parte da Armênia, Artsakh é mencionada nas obras de Estrabão, Plínio, o Velho, Cláudio Ptolomeu, Plutarco, Dio Cássio e outros autores antigos".[3] Essa afirmação é contestada pelo Ministério das Relações Exteriores do Azerbaijão, que tem uma reivindicação igualmente antiga sobre a região:

> Garabagh é uma das regiões ancestrais do Azerbaijão. O nome dessa parte inseparável do país consiste em duas palavras diferentes do idioma azerbaijano: *"gara"* (negro) e *"bag"* (jardim). A combinação dessas palavras é tão antiga quanto a nação do Azerbaijão. A associação dessas duas palavras combinadas com o substantivo Azerbaijão no mundo todo é um oráculo. A palavra Karabakh, atribuída pela nação do Azerbaijão a parte de suas terras nativas, foi usada pela primeira vez há 1.300 anos (no século VII).[4]

Embora ambos os países sejam Estados contemporâneos que surgiram após a Revolução Russa de 1917, ainda assim as reivindicações remontam a milênios, muito antes da existência de nações e Estados contemporâneos.

A projeção da nação no passado também implica a invenção de tradições, que evocam esse passado associando o presente a narrativas históricas e nacionais. Muitas tradições nacionais são produto do século XIX ou posteriores.[5] Em 1810, o rei bávaro Ludwig marcou seu casamento com uma celebração que mais tarde seria resgatada na forma da Oktoberfest, para unir a coroa e o povo.[6] A dança grega sirtaki, hoje amplamente considerada como símbolo da Grécia, foi inventada para o filme *Zorba, o Grego*, em 1964. O *dirndl*, a vestimenta "tradicional" da Suíça, da Áustria e do sul da Alemanha, surgiu apenas no final do século XIX, baseado em roupas rurais usadas aos domingos, assim como o kilt escocês foi uma invenção vitoriana. A esse respeito, Renan observou: "o esquecimento, e eu diria que até mesmo o erro histórico, são essenciais na criação de uma nação, razão pela qual o avanço dos estudos históricos muitas vezes constitui um perigo para a nacionalidade".[7] Há uma verdadeira tensão inerente entre as reivindicações míticas do nacionalismo e sua realidade histórica. As reivindicações de antiguidade e continuidade do nacionalismo tornam mais desafiador identificar a modernidade da nação.

AS ORIGENS
DAS NAÇÕES

As nações e seus mitos nacionais não são indicadores confiáveis de sua origem e sua idade. Embora possam considerar as outras como construídas, recentes e, portanto, implícita ou explicitamente "falsas", suas próprias reivindicações muitas vezes remontam à antiguidade e se apropriam de figuras e Estados históricos, sejam eles reais ou imaginados. A maioria dos estudiosos do tema situaria o início das nações e do nacionalismo no final do século XVIII e início do XIX, mas alguns discordam.

A palavra "nação" deriva do latim e, posteriormente, do francês antigo *natio*, referindo-se literalmente a "aquilo que nasceu". Ela substituiu o termo anterior *gens*, que na Roma antiga descrevia famílias ampliadas com ancestralidade comum. Essa palavra pode ser encontrada ainda em termos contemporâneos como genes, genealogia, ou no francês *gens*, que significa "pessoas". Embora descrevessem um grupo diferenciado de pessoas, geralmente com ascendência ou origem comuns, *gens* ou *natio* não constituíam nações. A ideia de que os membros de uma mesma nação, seja qual for a sua definição, devem ser governados por si mesmos e para si mesmos está amplamente associada à modernidade. Os impérios reivindicavam soberania política com base na universalidade e na designação por parte de Deus, enquanto as cidades-Estados baseavam suas reivindicações no fato de serem comunidades urbanas muito unidas.

Alguns estudiosos, geralmente chamados de primordialistas e perenialistas, afirmam que as origens do nacionalismo são pré-modernas. Enquanto os primordialistas afirmam que ele é uma característica da sociedade humana desde o início da humanidade, os perenialistas sustentam que ele caracteriza as sociedades desde bem antes da modernidade e da Revolução Francesa, que é o ponto de partida mais reconhecido pelos estudiosos do nacionalismo.

Na verdade, são poucos os que afirmam que as nações e o nacionalismo são naturais ou fizeram parte do desenvolvimento humano desde suas etapas iniciais. Edward Shils (1910-1995), sociólogo, e Clifford Geertz (1926-2006) contribuíram para cunhar o termo *primordialismo* em relação à identidade, mas não afirmaram que as nações existiam desde a Antiguidade, nem que são inerentes à natureza humana, e sim que acreditar que determinada sociedade tinha origens primordiais contribui para o vigor das nações e de outras comunidades. Esse argumento reforça a importância das reivindicações nacionalistas sobre sua própria natureza primordial, mais do que suas origens reais na Antiguidade.

Adotando aspectos da abordagem primordialista, o sociólogo britânico Anthony Smith (1939-2016) afirmou que, embora sejam modernas, as nações tiveram precursores étnicos baseados em mitos compartilhados de origem, na mesma ascendência e na ideia de uma pátria comum. Essa abordagem também pode ser conhecida como etnossimbolismo.[8] Outros, como o historiador britânico Adrian Hastings (1929-2001), sustentaram que determinados nacionalismos surgiram bem antes da Era Moderna:

> O Estado-nação inglês sobreviveu a 1066, cresceu de forma bastante constante, com base na força de sua consciência nacional ao longo dos séculos XII e XIII, mas emergiu ainda mais veemente com seu renascimento literário vernacular e as pressões da Guerra dos Cem Anos no final do século XIV. [...] Já no século XIV, havia uma espécie de nacionalismo inglês, nas longas guerras com a França, e mais ainda nos séculos XVI e XVII. Na verdade, sem o impacto do nacionalismo inglês, parece ser praticamente impossível entender a história dos vizinhos da Inglaterra.[9]

Hastings, como outros estudiosos, baseou-se em casos particulares para sustentar que surgiram nações antes da modernidade, na Inglaterra, na Armênia, na China e em outros lugares, mas essas afirmações são minoritárias dentro da comunidade acadêmica.

A visão dominante reconhece que houve, realmente, precursores que são importantes para se compreender a ascensão da nação. Desde os primórdios da humanidade, as pessoas viveram em grupos e desenvolveram vínculos com eles. Essas coletividades podem ter se organizado em tribos segundo a ascendência, aldeia ou cidade, em termos de agrupamento geográfico ou religião e idioma, ou outros critérios de semelhança. Todas essas características seriam incorporadas às nações ao longo do tempo. Porém, assim como seria simplista afirmar que as nações são apenas o produto da modernidade sem quaisquer antecedentes, também não é plausível descrever essas comunidades como protonações em estado de espera. Embora essas identidades coletivas certamente existissem antes do surgimento da nação, faltava-lhes o predomínio global que o nacionalismo alcançaria. Além disso, o protonacionalismo étnico ou pré-moderno não reivindicava a soberania nem o autogoverno como fariam as nações contemporâneas. O conhecimento acadêmico dominante sustenta que as nações estão intrinsecamente ligadas à criação do Estado moderno. Não há nada de inevitável no predomínio do Estado-nação no mundo moderno. Durante a maior parte da história da humanidade, incluindo o tempo transcorrido desde que a maioria dos humanos adotou estilos de vida sedentários, outras formas de organização política prevaleceram. O Estado-nação é uma maneira recente de organizar as pessoas. Meio milênio atrás, a gama de Estados variava de cidades-Estados autogovernadas, pequenos principados dinásticos e terras governadas por uma Igreja, ou outras instituições religiosas, e até impérios que (teoricamente) reivindicavam domínio universal. O Estado moderno é mais ambicioso e mais restrito em termos de alcance do que a maioria de seus predecessores. É mais ambicioso na medida em que exerce um alto grau de controle sobre seus cidadãos e é mais autolimitado porque afirma governar apenas uma determinada população, independentemente de como ela é definida.

O Estado moderno costuma ser associado à Paz de Westfália de 1648, que encerrou a Guerra dos Trinta Anos. No entanto, o que levou à sua ascensão foi mais a transformação generalizada da Europa durante o século XVII do que o tratado em si. Esse Estado, ao contrário de seus antecessores, caracterizava-se por limites claros e soberania plena, ou seja, a não intervenção de outros Estados. Em seu território, o governo detém o monopólio do uso legítimo da força. É claro que essas condições do Estado moderno foram muitas vezes violadas por Estados maiores que interferiam em assuntos de Estados menores ou por insurgências que desafiavam o monopólio da força, mas, no geral, ele se tornou o princípio subjacente às relações internacionais, ao direito e ao moderno sistema de Estados.

O sociólogo estadunidense Charles Tilly (1929-2008) afirmou que o Estado moderno surgiu através da guerra, conforme descrito na afirmação aparentemente tautológica de que "a guerra fez o Estado e o Estado fez a guerra".[10] Os Estados modernos que conseguiram estabelecer exércitos permanentes com um sistema capitalista emergente sucederam a outros tipos de Estado, caracterizados por reinos menos definidos, como o Sacro Império Romano, ou cidades-Estados e outros domínios menores. Exércitos e impostos permanentes transformaram a presença do Estado na vida de seus súditos. Enquanto os Estados pré-modernos interagiam com seus habitantes de forma *ad hoc*, principalmente por meio de taxação ocasional e garantias esporádicas de segurança (com algumas exceções importantes, como a China), os modernos conseguiram vincular seus cidadãos a si por meio de exércitos e impostos e, em troca, externalizaram o conflito, pondo fim ao banditismo e estabelecendo o monopólio do uso legítimo da força.

Assim, a chave para entender o nacionalismo e suas origens é a conexão central entre nacionalismo e Estado. A reivindicação de autogoverno por parte do nacionalismo é mais comumente expressada através da demanda por uma condição de Estado, seja transformando um já existente em Estado-nação, juntando unidades menores ou se separando de Estados multinacionais maiores. Os projetos de construção de nação costumam combinar diferentes dimensões, por exemplo, a criação da Itália, que unificou o Grão-Ducado da Toscana, o Estado Pontifício, o Reino das Duas Sicílias e o Reino da Sardenha, conquistou o Reino Lombardo-Vêneto, que fazia parte da multinacional Monarquia de Habsburgo, e os transformou todos em um Estado-nação único.

Essa dinâmica tinha sentido na Europa, onde os Estados geralmente não estavam expostos à intervenção colonial. Fora do continente, porém, como veremos no capítulo "A disseminação global do nacionalismo e a descolonização", as potências coloniais destruíram ou subjugaram a maioria dos Estados das Américas, da Ásia e da África, independentemente de serem fortes ou fracos. No entanto, as estruturas estatais pré-coloniais eram importantes. Como mostra Andreas Wimmer em seu estudo sobre construção de nação, as fortes estruturas estatais em Botswana pré-colonial e o sistema colonial indireto forneceram a base para o Estado pós-colonial e a construção da nação.[11]

O SURGIMENTO DAS NAÇÕES

Um Estado pré-moderno que carecia de educação universal, exército permanente e administração unificada tinha uma interação restrita com seus cidadãos. Além disso, esse tipo de Estado muitas vezes tinha apenas uma vaga compreensão de onde estavam suas fronteiras, e seus habitantes não eram cidadãos, e sim súditos. As diferentes comunidades políticas, impérios, domínios da realeza e cidades-Estados não baseavam suas reivindicações sobre terras e pessoas na ideia de um passado ou um futuro compartilhados. Os impérios eram universais em termos de reivindicações – reais ou imaginárias. Em todo o mundo conhecido, como China ou Roma, ou em domínios da realeza, de pequenos ducados a reinos maiores, os monarcas alegavam ter sido entronizados por Deus, e não pelo povo (na verdade, muitas vezes nem falavam a língua de seus povos e tinham mais em comum com reis e rainhas de outros Estados do que com as vidas e culturas de seus próprios súditos). As cidades-Estados surgiram principalmente como entrepostos comerciais que possibilitavam um grau maior de autogoverno por seus habitantes do que no caso de um governo dinástico.

No Estado pré-moderno, o idioma oficial tinha pouca importância para os habitantes. No Reino da Hungria, dentro da Monarquia de Habsburgo, por exemplo, o latim foi a língua oficial até 1844, embora poucos o entendessem. Foi somente quando os Estados contemporâneos começaram a usar as línguas para ensinar, organizar o exército, comunicar-se com os cidadãos ou cobrar impostos que o idioma se tornou uma característica muito visível do Estado, que incluía uns e excluía outros. Dinâmica semelhante também ocorria quando o Estado não procurava assimilar seus súditos, e sim impunha um idioma dominante para fins pragmáticos. Por exemplo, ao começar a usar o alemão na maior parte de seus domínios, a Monarquia de Habsburgo alarmou aqueles que não o falavam, embora não procurasse impor uma identidade nacional alemã.

Esse exemplo mostra que a mera existência de um Estado não se traduzia no surgimento de uma nação à altura dele. A transformação da França, de um Estado governado por um monarca absolutista sob o lema atribuído ao rei Luís XIV, "*L'état, c'est moi*" ("O Estado sou eu") em um Estado-nação, ocorreu após a Revolução Francesa. A Monarquia de Habsburgo, por outro lado, absolutista como a da França, marginalizou a aristocracia, que estava entre o governo direto do monarca e seus súditos, mas não tentou construir uma nação. Como discutiremos no próximo capítulo, ela era, antes de tudo, o conjunto de territórios que a dinastia dos Habsburgo conquistou por meio de casamentos e guerras, que vão desde a Espanha até a Holanda e a Hungria, tendo seu núcleo nos territórios de língua alemã e tcheca na atual Áustria, no sul da Alemanha e na República Tcheca, embora já tivesse uma estrutura de Estado contemporânea no início do século XIX, com um exército e um sistema educacional. Considerando a diversidade linguística, religiosa e socioeconômica do Império, criar uma nação austríaca teria demandado um grande esforço, e não se fez nenhuma tentativa de estabelecer uma nação baseada na língua alemã dominante, como fez o Império Russo, nem uma nação multilíngue, como fez a vizinha Suíça. Isso mostra que o

Estado ajudou a proporcionar a infraestrutura para o surgimento das nações, mas, por si só, não foi suficiente para que elas surgissem. Em alguns momentos, foi um facilitador do surgimento de nações de maneiras inesperadas, por exemplo, algumas delas surgiram contra o Estado. Na verdade, muitas nações foram consequência de nacionalismos direcionados contra Estados existentes. Como já se observou, isso aconteceu quando os Estados centralizaram e impuseram uma língua administrativa e um sistema educacional universal, dos quais parcelas da população se sentiam excluídas, fazendo da criação do Estado moderno um importante impulso para a formação de identidades e movimentos protonacionalistas. Isso ocorreu, por exemplo, na Bélgica, com a imposição do francês como língua nacional dominante após a independência, em 1830, apesar de pouco mais de metade da população ser flamenga.

Documento: Emmanuel-Joseph Sieyès,
O que é o Terceiro Estado? (1789)[12]

Emmanuel-Joseph Sieyès (1748-1836) foi um revolucionário francês
e membro do Terceiro Estado na Assembleia Nacional em 1789.

O que é uma nação? Um corpo de pessoas associadas, vivendo sob leis comuns e representadas pela mesma assembleia legislativa etc. Não é óbvio que a nobreza possui privilégios e isenções que descaradamente chama de seus direitos, e que se distinguem dos direitos do grande corpo de cidadãos? Por causa desses direitos especiais, a nobreza não pertence à ordem comum nem está sujeita às leis comuns. Assim, seus direitos privados fazem dela um povo à parte na grande nação. É realmente *imperium in imperio*. Quanto aos seus direitos políticos, ela também os exerce separadamente da nação. Tem seus próprios representantes sem mandato concedido pelo Povo. Seus deputados se sentam separadamente e, mesmo que se sentassem no mesmo salão dos deputados que representam os cidadãos comuns, constituiriam uma representação diferente e separada. São estranhos à nação, em primeiro lugar por causa de sua origem, já que não devem seus poderes ao Povo, e, em segundo, pelo seu objetivo, que consiste em defender não o interesse geral, mas o privado.

Para além do uso da língua por uma administração estatal moderna, a criação de línguas seculares e padronizadas também está intimamente ligada ao surgimento de nações por outros caminhos. As línguas não apenas ajudaram a influenciar as autopercepções nacionais por meio da inclusão/exclusão; o inverso também é verdadeiro. Como argumentou de forma convincente Benedict Anderson (1936-2015), o surgimento de nações promoveu a padronização das línguas seculares.[13] Antes, uma pequena elite tinha condições de ler principalmente textos religiosos em latim ou grego. Com a padronização do idioma, no entanto, novas publicações tinham que ser escritas em inglês, holandês, alemão ou francês para serem acessíveis às pessoas comuns. A alfabetização, a impressão e a padronização da língua passaram a ser processos interligados, que promoveram a ascensão do nacionalismo.

Uma linguagem compartilhada, disseminada por educação, livros e jornais, também promovia um espaço comum de comunicação e poderia promover uma identidade compartilhada. No final da Idade Média, menos de 10% dos homens europeus sabiam ler e escrever. Nos séculos que se seguiram, o número de homens e mulheres alfabetizados aumentou, inicialmente entre os economicamente mais abastados. Os Países Baixos (hoje Holanda, Bélgica e Luxemburgo), a Inglaterra, a França e a Alemanha viram a alfabetização aumentar mais cedo do que o sul e o leste do continente europeu. Fundamental para esse aumento foi, sobretudo, a invenção da prensa de tipos móveis, que reduziu em muito o custo da impressão, não apenas de livros, mas também de panfletos e jornais. Durante a Guerra dos Trinta Anos, a propaganda impressa tornou-se uma parte importante do conflito, com cada lado divulgando suas próprias versões dos eventos.

O idioma é a ferramenta para imaginar uma nação em comum. Essa comunidade imaginada, para usar o termo cunhado por Benedict Anderson, é uma nação limitada a membros que têm mais em comum entre si do que com outros, incluindo um passado compartilhado e um destino futuro. Esse conceito de continuidade histórica compartilhada projetava o presente no passado e reinterpretava a história através das lentes da nação.

A ascensão do Estado moderno, a alfabetização e, com ela, a comunicação foram importantes pré-condições para a disseminação das ideias nacionalistas. Como destacam exemplos posteriores, Estados fracos e sociedades frágeis, com altos níveis de analfabetismo, também experimentariam a ascensão do nacionalismo, mas aqueles fatores foram indispensáveis para que essa ascensão tivesse início. Outra característica subjacente é a secularização da vida pública. O Estado e o idioma haviam sido dominados por justificativas religiosas: o governo dinástico era legitimado por um direito de governar concedido por Deus, enquanto as línguas se limitavam a comunicar mensagens religiosas – não seculares –, e padres, rabinos e imãs geralmente monopolizavam essa comunicação, fazendo com que os fiéis comuns não precisassem ler nem escrever. A ascensão das nações também tinha correlação com o declínio da religião e suas instituições como atores políticos e sociais. Na Europa Ocidental, esse declínio foi, em grande parte, produto da divisão do cristianismo entre catolicismo e protestantismo, que fragmentou a Igreja e politizou o antagonismo religioso. Além disso, a competição resultante não apenas debilitou as diferentes vertentes do cristianismo, mas também introduziu práticas inovadoras, como a ênfase protestante em tornar a Bíblia acessível aos fiéis sem a intermediação da Igreja, resultando em traduções para línguas vernáculas e a promoção da alfabetização.

O período pré-moderno não foi desprovido de ideias sobre identidade nacional, mas essa consciência não era o princípio estruturante da época. Como observaram alguns estudiosos, as identidades coletivas há muito eram uma parte intrínseca da sociedade humana, e a transferência de identidade de famílias ampliadas e tribos ou aldeias para grupos maiores precede as nações. No entanto, essas identidades pré-modernas muitas vezes enfatizavam outras características além da nação, como religião ou lugar. Governantes e comunidades praticavam a exclusão, a expulsão e até o assassinato em massa de quem fosse diferente. Dos guetos à expulsão de protestantes, católicos, judeus ou muçulmanos, a exclusão religiosa foi uma característica definidora da política de Estado desde a Antiguidade até o início do Estado moderno. Nesses casos, a justificativa para incluir ou excluir era a religião, que tem alguns aspectos em comum com as nações, mas é distinta.

Os primeiros Estados europeus modernos realizaram atos de exclusão de "outros" por meio de conversão forçada, expulsão e assassinatos. Da expulsão dos judeus da Espanha em 1492 ao massacre do Dia de São Bartolomeu, em 1572, na França, quando multidões católicas mataram protestantes, as minorias religiosas foram alvo de discriminação, exclusão e violência frequentes. A Guerra dos Trinta Anos, entre 1618 e 1648, teve um forte elemento excludente, pois protestantes e católicos lutavam pela supremacia no Sacro Império Romano. A maioria dos Estados europeus impôs a religião que seus súditos adotariam e excluiu aqueles que não se encaixassem, como refletido no princípio *cuius regio, eius religio* ("de quem é o reino, dele é a religião") consagrado na Paz de Augsburgo de 1555, que buscava acabar com as guerras religiosas e deu poder aos governantes para escolher e impor sua preferência religiosa em seus domínios. A exclusão religiosa e o nacionalismo têm determinados traços em comum. Em alguns casos, as nações são definidas em termos religiosos. Nos conflitos ocorridos na Irlanda do Norte e na Bósnia, por exemplo, a religião tornou-se um substituto para a condição de membro de uma nação. Na verdade, expulsar e excluir judeus, muçulmanos, protestantes e católicos eram formas de vincular as maiorias ao Estado e homogeneizar a população. Essas características são semelhantes ao nacionalismo. Ao mesmo tempo, a homogeneidade religiosa não se traduzia automaticamente em uma construção de nação mais precoce ou mais bem-sucedida. A Espanha passou pelo processo de exclusão mais abrangente através da Inquisição, a conversão forçada de judeus e muçulmanos e sua posterior expulsão. No entanto, o país continuou sendo um Estado-nação consideravelmente mais fraco do que outros que se transformaram em Estados-nações no início do período moderno: França e Inglaterra. Além disso, o império colonial da Espanha terminou mais de um século antes do britânico, mas o fato não facilitou a criação de uma forte identidade nacional espanhola. Isso indica que, embora o Estado moderno, em seus primórdios, tenha desenvolvido ferramentas de exclusão baseadas em motivos religiosos, que mais tarde seriam utilizadas contra minorias nacionais, essa dinâmica não necessariamente se traduziu no surgimento das primeiras nações modernas.

Paralelamente aos modos de exclusão e discriminação, os estereótipos têm origens pré-modernas. Antes do surgimento das nações modernas, também existiam estereótipos sobre o Outro. Por exemplo, o *Völkertafel*, ou painel de nações, elaborado na primeira metade do século XVIII na Monarquia de Habsburgo, lista as nações europeias, desde espanhóis até russos, gregos e turcos, e atribui a cada uma aparência, caráter e vestuário específicos, bem como preferências, religiosidade, defeitos e qualidades. Em suma, é uma lista de estereótipos nacionais do período contemporâneo, segundo os quais os ingleses são efeminados, os espanhóis, viris e os franceses, infantis, os italianos gostam de conversar, os alemães bebem e os russos dormem. Embora alguns desses estereótipos possam ser reconhecíveis hoje em dia, outros parecem estranhos, como a confusão entre gregos e turcos. Essas descrições sugerem que, mesmo antes do século XIX, categorias como italianos, poloneses, húngaros e suecos existiam e eram difundidas, mesmo que essas nações ou Estados-nações ainda não existissem. Essas categorias surgiram durante o período contemporâneo para diferenciar populações e lhes atribuir diferentes identidades. É claro que os estereótipos combinavam o óbvio, como os russos vestindo peles, com o viés do observador, cultivando principalmente estereótipos negativos em relação aos "orientais". Quanto mais distante, no leste e no sudeste, fosse o lugar de onde vinham, mais traiçoeiros eles se tornavam. Assim, as categorias nacionais não decorrem apenas da autoidentificação, mas também da atribuição de traços de caráter a pessoas de fora. Esse processo inicial de estabelecimento de limites teria eco quando essas distinções imaginárias entre os diferentes grupos fossem associadas a projetos políticos emergentes.

Estados com fortes capacidades administrativas, que buscavam homogeneizar a população, como a China ou a Espanha, poderiam ser vistos como protoestados. Mais do que a Espanha, a China exibia características iniciais de um protoestado-nação. Enquanto na Europa e no Oriente Médio houve uma nítida ruptura na condição de Estado entre a Antiguidade e o período medieval, essa ruptura clara não existiu na China, onde o Estado persistiu ininterruptamente. É claro que houve mudanças de dinastia e invasões que romperam a estrutura do Estado, principalmente as invasões mongóis no século XIII, mas o Império Chinês poderia ostentar sua continuidade histórica desde as dinastias Qin e Han, começando em 221 a.e.c. Vários estudiosos argumentaram que, já entre os séculos IX e XI, surgira uma nação chinesa pré-moderna específica, com base em uma visão compartilhada sobre a etnia han, um território chinês e um reino comum durante o governo da dinastia Song, entre 960 e 1279. No entanto, essas características estão intimamente ligadas às elites, enquanto seu eco mais amplo entre a população é difícil de determinar, e improvável. A dinastia Song incorporou ao exército ou ao serviço da dinastia menos pessoas "de fora", como tibetanos, japoneses, coreanos ou membros de tribos turcas, do que sua precursora, a dinastia Tang (618-907), geralmente associada ao ponto alto da civilização chinesa medieval. Durante a dinastia Song, principalmente no período Song tardio, no sul, a palavra "han" passou a ser usada para designar o grupo étnico predominante.[14] Ao mesmo tempo, a dinastia estabeleceu limitações para seu domínio, criando as fronteiras de que os Estados precisavam e que são essenciais no processo de definição de limites de Estados e nações modernos.

Se interpretada como o surgimento de um Estado-nação primitivo, a ascensão de uma nação chinesa precederia o surgimento das europeias em meio milênio. A distinção entre um império pré-moderno sem identidade nacional e um Estado moderno com uma nação é um conceito especificamente europeu, que não se aplica à China.

No entanto, a China se baseava em um governo dinástico centralizado, e não nas ideias de inclusão dos membros da nação, como se tornaria uma reivindicação central dos movimentos nacionais a partir das Revoluções Francesa e Americana. Mais importante, as protonações anteriores, incluindo a China, não faziam parte de um sistema global de nações, nem em termos de unidades políticas nem em relação às ideias que as embasavam. A China, como um império com características de protoestado-nação, era uma exceção em um mundo organizado em impérios ilimitados, microestados baseados no poder dinástico, cidades autogovernadas e Estados religiosos. Na verdade, os governantes da China pré-moderna, como outros impérios antigos, consideravam-se o centro do mundo, em vez de conceber um mundo dividido em nações concorrentes. O nacionalismo contemporâneo, que surgiu como força política central no final do século XVIII, não apenas procurava transformar os Estados em Estados-nações ou impérios nacionais, mas também via o mundo organizado em nações. Quando surgiu como Estado centralizado, que unia sua população com um roteiro compartilhado em diferentes línguas, a China ainda era um império universalista, governado por uma dinastia que considerava estar no centro do mundo conhecido. Muitos séculos depois, quando a ideia de nação se estabeleceu, dividindo o mundo em muitas delas, a China tinha as condições para se tornar um Estado-nação, mas a fragilidade do Estado e a ascensão do colonialismo europeu retardariam a formação de um Estado-nação chinês no sistema global.

Portanto, para compreender a ascensão das nações, não basta identificar casos específicos de nacionalismo precoce, sejam eles a Inglaterra ou a China. Deve-se levar em consideração a ascensão do nacionalismo como uma força global que começou a moldar Estados e sociedades no final do século XVIII. Uma reflexão sobre os séculos anteriores mostra que as nações não surgiram com um ímpeto revolucionário em julho de 1789, e sim que a mudança para um mundo baseado em nações e Estados-nações começou bem antes dessa data e continuaria por mais de um século. As nações surgiram de forma constante e gradual durante um longo período, e não em um ou vários momentos revolucionários.

A DISSEMINAÇÃO DO NACIONALISMO E DOS ESTADOS-NAÇÕES NA EUROPA

O nacionalismo surgiu com um estrondo e com um gemido. As Revoluções Americana e Francesa deram o tiro de largada para a ascensão das nações no mundo. Ao mesmo tempo, outras foram aparecendo mais silenciosamente, aos poucos. Algumas nações, como a inglesa, desenvolveram-se em etapas e sem muito fervor revolucionário. Mesmo aqueles países que vivenciaram revoluções contra monarcas e domínio estrangeiro, como França, Estados Unidos e alguns latino-americanos, não se tornaram Estados-nações da noite para o dia. Essa transformação de monarquias, impérios e ex-colônias levaria um século ou mais e, sem dúvida, permanece incompleta até hoje. Este capítulo irá traçar o surgimento do nacionalismo contemporâneo na Europa na época da Revolução Francesa, em termos de dinâmicas de proliferação e causas. Abordará a forma como diferentes Estados do continente responderam ao nacionalismo e como ele ameaçou impérios e foi cooptado por eles. O êxito dos Estados-nações, principalmente após a Primeira Guerra Mundial, foi desafiado por minorias importantes que não foram incorporadas voluntariamente a esses novos Estados. Visões mais excludentes de nação e o endurecimento das linhas divisórias entre as nações acabaram por dar origem a um nacionalismo excludente virulento, culminando no antissemitismo biológico da Alemanha nazista e em outros movimentos que compartilhavam sua visão hierárquica, totalitária e excludente em relação a nações e raças.

A disseminação do nacionalismo não foi um processo linear, que emanou da França após a Revolução ou se espalhou da Europa para o restante do mundo. Conforme discutido no capítulo anterior, ideias de nação já existiam anteriormente, em outras partes do mundo, mas a Revolução Francesa foi importante porque combinou a noção de nação com a do direito do povo a se governar. Essa combinação era ainda mais potente por se basear no Estado moderno que surgira nos séculos anteriores à Revolução. Com efeito, a nação é uma resposta à questão levantada pela Revolução Francesa sobre quem deve governar. Se quisessem garantir lealdade, tributação e serviço militar, como observado no capítulo anterior, os governantes não poderiam mais alegar que governavam pela graça de Deus ou com base em conquista ou casamento. A ideia de autogoverno (ou seja, de que os governantes deveriam refletir a vontade do povo) sugeria a noção de que eles deveriam ser escolhidos *por* aqueles a quem governavam. Também determinava *quem* era o povo. Na França, a Revolução foi direcionada contra o rei porque ele não atendia às demandas dos cidadãos. Nas Américas, o fervor revolucionário não visava tanto a um governante específico, e sim a governantes distantes, em capitais longínquas, que os habitantes do Novo Mundo não consideravam seus. Discutiremos isso em mais detalhe no próximo capítulo. As revoluções não eram apenas uma reação a maus governos, mas também a governos "estrangeiros".

Na Europa, a Revolução Francesa e as Guerras Napoleônicas subsequentes serviram de inspiração para os movimentos nacionais em geral e de catalisadoras para movimentos nacionais específicos que se mobilizaram contra a dominação francesa de grande parte do continente. Ao relegar à história muitos Estados medievais e modernos, como a República Veneziana, o Sacro Império Romano e várias cidades-Estados, o exército de Napoleão trouxe o Estado contemporâneo que constituiria a base para a ascensão das nações.

Na península itálica e nos Estados do Sacro Império Romano, os nacionalismos italiano e alemão surgiram não tanto por emular a nação francesa, mas por rejeitar o que intelectuais e políticos consideravam como hegemonia da França. A batalha que levou à derrota decisiva de Napoleão, em 1813, perto de Leipzig, ficou conhecida como Batalha das Nações. O nome resume a forma como a ideia de nação se disseminou ao longo das duas décadas das Guerras Napoleônicas, mas, apenas duas décadas antes, em 1792, na Batalha de Valmy, quando os soldados franceses exclamaram *"Vive la nation!"*, as forças prussianas ficaram confusas, pois ainda não estavam familiarizadas com a ideia de lutar por uma nação, e não por um rei.

> ### Documento: Johann Gottlieb Fichte, Discursos à Nação Alemã[1]
>
> *Palestras proferidas pelo filósofo alemão Johann Gottlieb Fichte em Berlim, durante o domínio da cidade pela França de Napoleão em 1812.*
>
> Para começar, e antes de mais nada: os limites iniciais, originais e verdadeiramente naturais dos Estados são, sem dúvida, seus limites internos. Os que falam a mesma língua estão ligados entre si por uma infinidade de laços invisíveis, pela própria natureza, muito antes de qualquer atividade humana começar; eles se entendem e têm o poder de continuar a se fazer entender cada vez mais claramente; seu lugar é juntos, e eles são, por natureza, um todo inseparável. Esse todo, se desejar absorver e misturar em si qualquer outro povo de ascendência e língua diferentes, não pode fazê-lo sem se confundir, pelo menos no início, e perturbar violentamente o progresso constante de sua cultura. A partir desse limite interno, que é traçado pela natureza espiritual do próprio homem, resulta como consequência a marcação do limite externo pelo local de moradia; e na visão natural das coisas, não é por habitarem entre certas montanhas e rios que os homens são um povo, mas, ao contrário, os homens vivem juntos – e, se a sorte assim os dispuser, são protegidos por rios e montanhas – porque já eram um povo, segundo uma lei da natureza que é muito superior.
>
> Assim foi situada a nação alemã – suficientemente unificada por uma língua e um modo de pensar comuns, e separada o bastante dos outros povos – no meio da Europa, como um muro a dividir raças não afins.

Em Leipzig, as tropas francesas foram derrotadas pelas tropas da Rússia, da Prússia, de Habsburgo e da Suécia, que começavam a incorporar a lógica da nação e a aumentar a resistência nacional na Confederação do Reno, alemã. Muitos ex-soldados alemães criaram as *Burschenschaften* – fraternidades nacionalistas que se tornaram fortes promotoras da unidade e do nacionalismo alemães nas décadas seguintes.[2] Em 1817, elas se reuniram no importante castelo alemão de Wartburg para celebrar a Reforma Luterana, que havia começado ali 300 anos antes, e o quarto aniversário da Batalha das Nações. Os participantes pediram a unidade alemã e o fim da restauração pós-napoleônica

A disseminação do nacionalismo e dos Estados-nações na Europa

imposta no Congresso de Viena, após a derrota de Napoleão. Seus sucessores no século XX se tornariam defensores do nacionalismo excludente radical e do antissemitismo na Alemanha e na Áustria.

As rebeliões contra o desgoverno não eram novas, já que as revoltas camponesas eram comuns em todo o continente, principalmente durante o século XVI, mas foram se transformando, aos poucos, em movimentos que baseavam suas reivindicações não na melhoria de condições materiais ou posições sociais, e sim na conquista do autogoverno nacional. Ao assumir o controle da cidade otomana de Janina (no atual norte da Grécia) no final do século XVIII, Ali, paxá de Janina, criou uma região autogovernada que durou décadas, forjando alianças internacionais e promovendo a autonomia local, inclusive com uma rica vida cultural, mas isso nunca se tornou um projeto de nação. Por outro lado, a revolta de 1804 na região otomana de Smederevo, ao norte da região de Ali Paxá, também teve como alvo inicial o mau governo local, mas aos poucos foi assumindo reivindicações nacionais, fazendo demandas em nome da população sérvia, como faria a revolta grega em 1821. Assim sendo, os levantes e as rebeliões não eram novidade, o que mudou foi a justificativa e seu eco entre os afetados. Embora pudessem resolver ou reprimir revoltas anteriores, os impérios e as monarquias agora precisavam lidar com reivindicações mais estruturais por autogoverno, que não podiam ser solucionadas facilmente. Essas revoltas e revoluções do início do século XIX ainda estavam longe das revoluções nacionais populares que viriam mais tarde, mas geralmente eram impulsionadas pelas elites e, em termos de participação da população em geral, eram motivadas por preocupações específicas.

As demandas revolucionárias contra os impérios multinacionais eram apenas uma das vertentes dos movimentos nacionais emergentes do início do século XIX. Enquanto Estados-nações como a França se concretizaram através de revoluções, outras nações surgiram gradualmente, como Inglaterra e Espanha, e não foram congruentes com o Estado. Em ambos os casos, algumas regiões resistiram à absorção por novas nações – Catalunha,

55

na Espanha, e Escócia e Irlanda, na Grã-Bretanha. Como tal, "os Estados-nações emergentes" não eram apenas potências imperiais no exterior, mas também impérios nacionalizadores. De qualquer forma, a passagem de monarquias absolutistas, no todo ou em parte, para Estados-nações foi um processo gradual e prolongado, possibilitado por vários fatores, incluindo a alfabetização e o surgimento de línguas seculares. Ernest Gellner, estudioso tcheco do nacionalismo radicado na Grã-Bretanha, argumentou que o nacionalismo se tornou uma necessidade nos Estados contemporâneos e, portanto, "é [ele] que engendra as nações, e não o contrário".[3] O nacionalismo não apenas transforma e modifica o alicerce cultural em que se baseia, mas também, de acordo com Gellner, surge no contexto das sociedades contemporâneas quando a industrialização e a homogeneização cultural criam as pré-condições para uma nação compartilhada em uma determinada comunidade política.

O SURGIMENTO DE NOVOS ESTADOS

Os impérios e os Estados-nações dominaram o século XIX. A dupla pode parecer diametralmente oposta, mas, de fato, no século XIX, nações e impérios começaram a convergir. É verdade que os impérios haviam existido por séculos e foram historicamente hostis, ou pelo menos ambivalentes, em relação às nações dentro de suas fronteiras, enquanto, para os Estados-nações, a nação é um marcador fundamental. Nos impérios, o governante justificava seu governo com base em Deus e na aquisição dinástica de terras, enquanto os Estados-nações exigiam uma identidade compartilhada pelo governante e seus súditos. No entanto, os impérios deixaram de ser projetos universalistas que podiam governar todo o "mundo conhecido" e se tornaram limitados.[4] Eles também criaram estruturas administrativas unificadas, não muito diferentes das dos Estados-nações. Com a criação de exércitos permanentes, administrações e sistemas escolares (uma característica comum a impérios e Estados-nações), a relação entre governantes e cidadãos tornou-se mais direta. Mesmo nos séculos XVII e XVIII, a ascensão do absolutismo fez com que os governantes gradualmente rompessem o poder da nobreza e governassem diretamente. Esse governo direto exigia novas formas de legitimidade e, ao mesmo tempo, aumentava o contato entre Estado e cidadão, conforme discutido anteriormente. Agora a identidade ganhava importância na política. Conforme os impérios descobriam a importância da identidade nacional e podiam optar por se converter, transformavam-se em impérios mononacionais ou cultivavam a diversidade. Nesse aspecto, os impérios não eram mononacionais nem multinacionais desde o início, e foram se tornando uma coisa ou outra à medida que as identidades nacionais surgiam e passavam a ser sua característica estruturante.

A maioria das outras formas de Estado, além de Estados-nações e impérios, desapareceu quando Napoleão reorganizou o sistema europeu. As últimas cidades-Estados e as repúblicas mais antigas da Europa, a República de Veneza e a República de Ragusa, foram todas abolidas sem cerimônia pela nova República, a França. O Sacro Império Romano, a confederação pouco rígida de Estados predominantemente alemães sob o domínio dos Habsburgo, também foi abolido. Em seu rastro, ficaram pequenos Estados alemães e italianos, incluindo os Estados papais, que se juntariam aos novos Estados-nações durante as décadas de 1860 e 1870, voluntariamente ou pela força.

Novos Estados surgiram em toda a Europa na forma de Estados-nações, da Grécia, no sudeste, à Bélgica, na Europa Ocidental, e à Noruega, na Escandinávia. A transformação mais significativa do mapa da Europa ocorreu nas duas décadas entre a unificação da Itália, que começou para valer em 1859, e o Congresso de Berlim, em 1878. Durante esses 20 anos, Alemanha, Itália, Romênia, Sérvia e Montenegro, assim como a Bulgária, surgiram como novos países, todos se definindo como Estados-nações.

Estudiosos e estadistas do século XIX compartilhavam um pressuposto geral de que as nações precisavam ter um determinado tamanho para existir. A lógica da época sustentava que os Estados tinham que ser relativamente grandes para se defender e construir uma economia viável. Para que o Estado e a nação estivessem em sintonia, ela teria que seguir a lógica militar e econômica dele. Assim, pequenas comunidades não podiam esperar sobreviver como nações. Além disso, os ativistas nacionalistas tendiam a se considerar modernizadores e descartavam identidades pequenas e regionais como atrasadas. Em nenhum lugar isso é mais bem descrito do que no clássico tratado de John Stuart Mill (1806-1873) sobre governo representativo, no qual ele afirmou que

> Não há quem seja capaz de supor que não é mais benéfico para um bretão, ou basco da Navarra Francesa, entrar em contato com a corrente de ideias e sentimentos de um povo altamente civilizado e culto – ser membro da nacionalidade francesa, admitido em termos iguais a todos os privilégios da cidadania francesa, partilhando das vantagens da proteção francesa e da dignidade e prestígio do poderio francês – do que ficar emburrado sobre os próprios rochedos, relíquia meio selvagem do passado, movendo na própria orbitazinha mental, sem participação ou interesse no movimento geral do mundo.[5]

Essa visão contrastava com a realidade de muitos Estados-nações pequenos que surgiam no sudeste da Europa, dos quais o menor era Montenegro, com cerca de 200 mil habitantes na época da independência, em 1878. Dito isso, as aspirações irredentistas de muitos deles sugeriam Estados-nações potencialmente muito maiores.

NAÇÕES E MOVIMENTOS PAN-NACIONAIS

Assim como se esperava que os novos movimentos nacionais absorvessem identidades regionais menores, os limites entre movimentos regionais, nacionais e pan-nacionais nem sempre foram claros. Os movimentos nacionalistas muitas vezes se consideravam pertencentes a grupos maiores. Por exemplo, havia um movimento pan-eslavo forte no século XIX, pois os eslavos fora da Rússia não tinham Estado próprio e eram governados pela Prússia, pelos Habsburgo ou pelos otomanos. Apesar de compartilhar a identidade eslava com poloneses e outros, o próprio Império Russo era opressivo em seu domínio sobre outros eslavos. A difusão das ideias pan-eslavas não era contraditória com os movimentos nacionalistas emergentes, e sim os complementava. Muitas vezes, também não estava bem definido se um movimento era pan-eslavo ou nacional. Por exemplo, o movimento ilírio nas terras dos eslavos meridionais incorporava eslovenos, croatas e sérvios, mas oscilava entre ser um movimento nacional iugoslavo e croata.

Esse fenômeno foi especialmente forte entre os eslavos que compartilhavam uma semelhança linguística e não tinham autogoverno, mas essas ambiguidades também existiam em outros lugares. Para o movimento nacional alemão, não estava claro qual seria a abrangência de um Estado alemão. A Monarquia de Habsburgo havia dominado historicamente as terras de língua alemã, mas sua orientação conservadora e sua feroz oposição ao nacionalismo representavam obstáculos concretos à criação de um Estado-nação alemão. Nos debates entre representantes de visão democrática durante o ano revolucionário de 1848, na Paulskirche, a Igreja de São Paulo de Frankfurt, cristalizaram-se duas visões sobre o Estado alemão. Uma solução da "Grande Alemanha" incluiria a Monarquia de Habsburgo, a fim de integrar todas as áreas de língua alemã. A opção predominante – a solução da "Pequena Alemanha" – excluía essa Monarquia e se concentrava em criar o país a partir da Prússia, da Baviera e dos principados e cidades menores. Como já observado, as práticas repressivas dos Habsburgo, e em particular sua oposição ao nacionalismo alemão, tornavam menos atrativa a opção da Grande Alemanha. Além disso, os Habsburgo não conseguiriam se tornar facilmente o núcleo desse Estado-nação porque os falantes de alemão representavam apenas uma minoria da população, que também incluía falantes de línguas eslavas, húngaros, italianos e vários outros grupos que viviam no território do Império.

A Guerra Austro-Prussiana de 1866 também mostrou que os dois maiores Estados de língua alemã não trabalhariam juntos na formação de uma Alemanha unida. A configuração específica que surgiu após a Guerra Franco-Prussiana de 1871 foi, portanto, o resultado de muitos fatores que impediram um Estado alemão maior. Além disso, a ideia de unidade alemã foi alinhada com o Estado militarista e conservador da Prússia, que não era algo dado, de forma alguma, algumas décadas antes.

A FORMAÇÃO DAS NAÇÕES

A criação de Estados-nações em toda a Europa variou desde a transformação de Estados que já existiam, como França e Grã-Bretanha, passando pela unificação de unidades menores em outras, maiores, como a Itália, até o surgimento gradual de Estados-nações em expansão, como Grécia ou Sérvia. Em nenhum dos casos, entretanto, essa criação encerrou o processo de construção de nação. De fato, em muitos casos, foi necessário criar o Estado-nação para depois iniciar a construção da nação. Em suas memórias, Massimo d'Azeglio (1798-1866), político e romancista do Piemonte, produziu a melhor expressão da preocupação desses construtores da nação: "Criamos a Itália. Agora temos que criar italianos". É verdade que, na época de sua morte, a Itália mal estava unificada, e muitos de seus cidadãos não se identificavam como italianos.[6] Mesmo aquelas nações que surgiram em Estados preexistentes e evoluíram ao longo de um período muito mais longo, como a francesa ou a britânica, estavam longe de se consolidarem no século XIX. Até a França, protótipo da nação europeia e modelo para outros movimentos nacionais no continente, levou um século para se concretizar. Como observou Graham Robb, na época da Revolução Francesa, para atravessar a França em qualquer direção, era preciso três semanas. A maioria de seus cidadãos vivia dentro de um pequeno raio ao redor de sua aldeia.[7]

O principal marco de referência era a região, ou *pays*, em vez do Estado ou da nação. A falta de mobilidade não só contribuiu para uma identidade mais localizada, mas também limitou o alcance da língua francesa. Um século depois da Revolução, apenas um quinto da população se sentia à vontade para falar francês – principalmente aqueles que viviam no entorno de Paris, no norte. Outros falavam línguas diferentes, incluindo bretão, corso e basco, que pouco tinham em comum com o francês. A maior parte do sul falava occitano, uma língua românica distinta do francês. Em outros lugares, dialetos regionais e locais conhecidos como patoás eram falados amplamente, a maioria dos quais era incompreensível entre si e para os falantes do francês padronizado. Em 1851, o economista francês Adolphe Blanqui (1798-1854) observou que os habitantes eram "dois povos separados vivendo na mesma terra, com vidas tão diferentes que pareciam estranhas entre si".[8] Sendo assim, foi necessário um imenso esforço de Estado para transformar cidadãos em franceses e francesas. Ao longo de mais de um século, a nação se impôs como o principal marco identitário por meio de ferramentas do Estado contemporâneo, como a educação, a comunicação, as forças armadas e a administração. Em seu fundamental estudo sobre a criação do Estado-nação francês, Eugen Weber (1925-2007) observou que "o famoso hexágono pode ser visto, em si mesmo, como um império colonial moldado ao longo de séculos".[9] Essa afirmação não é tão exagerada como pode parecer à primeira vista, já que o Estado e a elite parisiense muitas vezes viam os franceses rurais como "selvagens" e a visão oficial sobre seus cidadãos não diferia muito de suas opiniões sobre os súditos coloniais. De fato, há semelhanças marcantes entre o domínio colonial na África e a criação do Estado-nação dentro da França. Aos olhos do Estado, em ambos os casos, os franceses e os súditos coloniais precisavam aprender sobre valores, costumes, língua, país e a nação.

A única distinção, e não desprezível, é que, embora o centro considerasse os franceses da periferia rural como atrasados e primitivos, eles poderiam se tornar franceses através da assimilação. Os súditos do governo colonial, por sua vez, não podiam adquirir cidadania francesa e, assim, tornar-se franceses, ou só a conseguiriam com muita dificuldade. Um passo importante na construção da nação francesa foi dado por Jules Ferry (1832-1893), ministro da Educação Pública e das Belas Artes, que introduziu o ensino básico secular obrigatório em 1881/2. O objetivo era reduzir a influência da Igreja e das línguas regionais, que não apenas foram eliminadas dos currículos escolares, mas também expressamente proibidas no recinto escolar (algumas escolas adotavam a seguinte orientação: "É proibido cuspir no chão e falar patoá"). Foi também Ferry quem promoveu a expansão colonial da França na África e na Indochina, com o objetivo de levar a cabo uma "missão civilizadora".

O padrão francês não foi, de forma alguma, único, mesmo que a diversidade linguística na França fosse maior do que em outros lugares. O esforço de um século para converter o Estado-nação supostamente francês em uma nação unificada destaca que foi o nacionalismo que criou a nação, e não o contrário.

Se o modelo francês de construção de nação se baseava na imposição da língua e da cultura francesas sobre os dialetos e idiomas regionais, a abordagem suíça, por sua vez, incorporou as diferentes línguas em uma nação compartilhada. O conjunto pouco rígido de cantões urbanos e rurais que forjaram uma estrutura confederada para resistir à dominação externa não estava, de forma alguma, predestinado a se tornar um Estado-nação. Era religiosamente diverso, seus habitantes falavam alemão, francês e italiano, bem como a língua românica do romanche, e as diferenças entre os centros rurais e urbanos eram gritantes. Com três grandes movimentos nacionais que atravessavam as fronteiras da França e dos Estados alemão e italiano reivindicando as três comunidades linguísticas suíças, seria de esperar que o Estado suíço desaparecesse como outras estruturas estatais modernas que não conseguiram lidar com a ascensão do Estado-nação de forma eficaz. No entanto, o surgimento de uma sociedade civil que vai além de limites linguísticos e religiosos promoveu um nível de coesão que sobreviveu às tentativas napoleônicas de centralização, bem como à breve guerra civil de 1848, que resultou em um Estado federal. O emergente nacionalismo suíço incluía falantes de francês, italiano e romanche, apesar de eles representarem apenas cerca de um terço da população total. O exemplo suíço destaca que, embora possa facilitar o surgimento de uma nação comum, ter uma língua em comum não é um pré-requisito.

É claro que, como demonstrou Andreas Wimmer, construir uma nação unificada a partir de uma população multilíngue nem sempre deu certo. A Bélgica seguiu o modelo francês de imposição da língua francesa à população, embora pouco mais da metade falasse flamengo. O prestígio do francês, combinado com uma elite flamenga francófona, impulsionou sua predominância. A exclusão dos flamengos não levou à sua marginalização, e sim à resistência e à ascensão de um movimento nacionalista flamengo. A consequência foi a erosão da identidade nacional belga no século XX, resultando em um Estado definido por dois nacionalismos concorrentes.[10]

A Iugoslávia e a Tchecoslováquia foram outros Estados que buscaram forjar uma nação compartilhada a partir de uma população multilíngue e multirreligiosa. No entanto, a ideia de uma nação iugoslava ou tchecoslovaca partiu do Estado, de cima para baixo, sem muito eco na sociedade. Mais importante, antes da criação do Estado comum, surgiram distintas identidades nacionais tchecas (e, em menor grau, eslovacas), bem como croatas, sérvias e eslovenas. Quem se identificava com essas nações relutava em abrir mão de sua identidade nacional por uma nova identidade maior. Políticas de Estado antagônicas consolidaram identidades nacionais subestatais. O fracasso mostra que, uma vez que a população aceita uma determinada identidade nacional, a mudança se torna difícil.

A identidade nacional é pegajosa, ou seja, uma vez adotada, não é facilmente descartada ou alterada. Embora as trocas de identidade individuais sejam comuns, são raras as grandes mudanças entre categorias nacionais estabelecidas e consolidadas em algum nível. As identidades pré-nacionais, sejam elas linguísticas ou religiosas, podem ser incluídas e assimiladas em uma nação, mas se essas identidades evoluíram e incluíram as características de uma nação, é provável que persistam e dificultem os esforços para criar nações abrangentes.

O conceito de "indiferença nacional" capta melhor a atitude da maioria dos europeus durante o século XIX, e não apenas na França. Embora o nacionalismo tenha se tornado um assunto importante para estudiosos e elites políticas, a importância de se pertencer a uma determinada nação não era algo dado, e a maioria dos cidadãos e súditos dos Estados europeus se sentia indiferente ao conceito de nação. Isso não significa que fossem indiferentes a outras categorias de identidade, pois muitas vezes se identificavam como católicos, como trabalhadores ou agricultores, como habitantes de um determinado povoado. Embora tenha declinado no decorrer do século XIX, a indiferença nacional não desapareceu, nem deve ser entendida como uma relíquia pré-moderna. Em vez disso, muitas vezes foi uma resposta à moderna política de massas, que impunha a identidade nacional aos cidadãos dos Estados-nações recém-criados.[11] Isso se aplica até mesmo aos séculos XX e XXI, quando muitos cidadãos podem estar cientes da nação à qual pertencem (ou "deveriam" pertencer), mas o fato tem pouca relevância na vida cotidiana.

Os nacionalistas supunham que convenceriam ou coagiriam aqueles concidadãos que permaneciam indiferentes à nação a se identificarem com ela. Segundo a lógica, fosse ela baseada na ascendência ou na cidadania, todos deveriam pertencer a uma nação. Em muitos aspectos, a indiferença é a maior ameaça à nação. Nas palavras de Ernest Renan, o nacionalismo é o "desejo claramente expresso de continuar uma vida em comum. A existência de uma nação é, com o perdão da metáfora, um plebiscito cotidiano".[12] Assim, se os cidadãos não expressarem esse desejo, se não "votarem pela" nação, ela deixa de existir. Portanto, era essencial convencer os indecisos. Além disso, se não se conseguisse convencê-los a ser membros de sua própria nação, eles poderiam ser persuadidos a se juntar a outra. Vejamos a competição entre quatro Estados-nações dos Bálcãs pelos habitantes de uma das últimas possessões otomanas na Europa, no final do século XIX. Os vilaietes – regiões administrativas do Império Otomano – de Monastir (atual Bitola, Macedônia do Norte) e Salônica (atual Tessalônica, Grécia) eram povoados por eslavos, albaneses, judeus, gregos e valáquios (uma pequena comunidade balcânica de fala romanche), bem como turcos otomanos e outros. Sérvia, Bulgária, Grécia e, em menor grau, Romênia reivindicavam a região conhecida como Macedônia e sua população. Para reforçar essas reivindicações, todos os quatro Estados abriram centenas de escolas na região para educar crianças em seus idiomas. Além disso, enviaram seus representantes para contar a população e criar estatísticas que proporcionassem uma base (amplamente pseudocientífica) para suas reivindicações. Muitas vezes, os dados populacionais e os mapas etnográficos eram duvidosos, mas forneciam justificativas cruciais para as reivindicações sobre a terra e a conquista do controle sobre ela na primeira Guerra dos Bálcãs.

A transformação de uma população em sua maioria indiferente às noções de nacionalismo em nacionalistas convictos levou décadas. Esse processo ocorreu em etapas, que o historiador tcheco Miroslav Hroch descreveu com relação a pequenas nações da Europa Central.[13] Quando os Estados não podiam ser a força motriz da construção de nação, outros atores se tornavam essenciais. Podiam ser instituições já existentes, como igrejas ou outras estruturas pré-modernas. Por exemplo, o Reino da Croácia fazia parte da Monarquia de Habsburgo, que mantinha sua própria assembleia, o *sabor*, integrada principalmente por membros da nobreza. Esse protoparlamento evoluiria para uma instituição com reivindicações nacionais no século XIX, embora tivesse existido por séculos como uma assembleia de nobres, sem que fossem tão dedicados à construção da nação.

Os intelectuais, com frequência escritores e estudiosos, desempenharam um papel fundamental na promoção da ideia de nação. Muitos intelectuais nacionalistas emergentes na Europa Central foram guiados pela experiência alemã, incluindo figuras como Johann Gottfried Herder (1744-1803), Johann Gottlieb Fichte (1762-1814) e os irmãos Grimm, Jacob Ludwig Karl (1785-1863) e Wilhelm Karl (1786-1859). Embebidos no clima do período romântico, eles muitas vezes se imaginavam redescobrindo a nação, e buscavam influenciá-la ativamente através de seu trabalho. A coleção de contos de fadas dos irmãos Grimm não serviu apenas para contar histórias infantis, mas também para dar voz à nação, pois esses contos deveriam refletir a nação negligenciada e esquecida pelas elites. Da mesma forma, Herder publicou uma compilação de contos populares, mais tarde conhecidos como a *Voz dos povos em suas canções*, apresentando não apenas contos alemães, mas também espanhóis, lituanos, italianos, franceses e eslavos meridionais. Suas compilações, bem como a obra dos irmãos Grimm, inspiraram muitos na Europa Central e Oriental, incluindo o estudioso sérvio Vuk Stefanović Karadžić, a também compilar contos populares. Como as universidades de língua alemã eram centros de aprendizado na Europa continental, essa transferência de ideias não era surpreendente, mas seu eco para além das elites era limitado, já que a maioria das pessoas era analfabeta e, em grande parte, indiferente às ideias de nação. Foi necessária uma disseminação ativa para que elas reverberassem entre a população. Grande parte dessa difusão se deu por meio de novas instituições, como os centros culturais estabelecidos em meados do século XIX, que promoviam as novas línguas e culturas nacionais.

O passo final para o sucesso dos movimentos nacionais ocorreu quando essas instituições e os intelectuais que elas representavam se tornaram movimentos de massa. Isso ocorreu apenas próximo ao final do século XIX, quando a alfabetização e a educação deram às ideias um alcance mais amplo. Mais uma vez, onde os Estados estavam ausentes como portadores de ideias nacionalistas, o vazio foi preenchido por associações, como o movimento Sokol, que surgiu em Praga em 1862 e se espalhou para outras terras eslavas como uma organização de ginástica com finalidade nacionalista.

Contudo, essa trajetória de movimentos nacionalistas sem respaldo do Estado só foi possível quando o próprio Estado permitiu que esses grupos surgissem. A Monarquia de Habsburgo endossou o surgimento de elites nacionais, desde que a aceitassem. Como um domínio dinástico com muitos idiomas e identidades, reconhecia diferentes línguas, nações e religiões, enquanto o Império Romanov e o Estado prussiano (e depois, o alemão) só permitiam a mobilização das nações dominantes russa e alemã. As diferentes políticas e o seu impacto tornaram-se particularmente visíveis na Polônia. No final do século XVIII, a moderna Comunidade Polaco-Lituana havia sido dividida entre esses três impérios. Na Prússia, a identidade polonesa foi amplamente reprimida, enquanto, na Rússia, apenas a "Polônia do Congresso" estabelecida no Congresso de Viena e abolida em 1831, de curta duração, oferecia alguma autonomia. No reino dos Habsburgo, por outro lado, o polonês era uma língua reconhecida e as elites polonesas podiam participar da vida política. Assim, os intelectuais conseguiam contribuir para o surgimento de movimentos nacionais com maior facilidade na Monarquia de Habsburgo do que em qualquer uma de suas duas vizinhas do norte. Lá, a rebelião explícita e as organizações clandestinas se tornaram os únicos canais para promover a identidade nacional polonesa.

NACIONALISMOS NOS IMPÉRIOS DA EUROPA

O nacionalismo desafiou os Estados existentes em toda a Europa. Alguns eram monarquias absolutistas, outros eram ducados, principados e cidades-Estados pequenos e fragmentados, e também havia impérios. As monarquias que governavam territórios compactos, como a França ou a Grã-Bretanha, eram mais adequadas para se transformar em Estados-nações. Os outros coexistiam menos facilmente com o nacionalismo. Os movimentos de unificação alemão e italiano direcionaram suas reivindicações territoriais contra a Monarquia de Habsburgo, que governava as populações de língua italiana e alemã, reivindicadas por ambos os movimentos nacionais.

Havia dois tipos de impérios europeus. Os impérios transoceânicos da Grã-Bretanha e da França podiam separar o domínio colonial no exterior da construção do Estado-nação em seus próprios territórios. Como discutiremos no próximo capítulo, essa distância apresentava seus próprios desafios à legitimação de seus governos no exterior. Ao contrário, a ideia de Estados-nações desafiava mais diretamente os impérios da Europa continental. O Império Russo, a Monarquia de Habsburgo e o Império Otomano haviam surgido ao longo dos séculos anteriores como domínios das dinastias governantes e responderam de maneiras diferentes à ascensão do nacionalismo.

O Império Otomano concebia seu governo principalmente em termos religiosos. O sultão também era califa e, portanto, líder supremo do islamismo sunita. O Império tolerava outras religiões abraâmicas – cristianismo e judaísmo – e permitia que essas comunidades religiosas tivessem um elevado grau de autogoverno. Conhecidas como "*millets*", essas comunidades deram a judeus, cristãos ortodoxos e outros grupos não muçulmanos o direito de administrar sua educação e implementar seus próprios códigos jurídicos. Após derrotas militares e declínio econômico no século XIX, o Império Otomano fez várias tentativas de se transformar em um império europeu contemporâneo, mas os tradicionalistas internos e a intervenção de grandes potências impediram essa transformação, ou pelo menos a contiveram. Somente depois de 1908, tentou se reconstruir como Império nacional, depois que o Comitê de Unidade e Progresso, conhecido como os "Jovens Turcos", assumiu. Essa tentativa teve um sucesso limitado e, na época do colapso, uma década depois, ele havia se tornado um império multirreligioso no qual surgiram movimentos nacionais, principalmente entre minorias religiosas.

A DISSEMINAÇÃO DO NACIONALISMO E DOS ESTADOS-NAÇÕES NA EUROPA

A transformação de um Estado multinacional ou multirreligioso, como no caso do Império Russo, em um Estado-nação, era difícil. O Império Otomano carecia de uma nação central claramente definida. A população muçulmana de língua turca havia se tornado maioria com a perda de grande parte das regiões europeias do Império. No entanto, não havia uma identidade nacional turca, e as elites otomanas desprezavam os camponeses turcos da Anatólia. A transformação radical ocorreu apenas no contexto da Primeira Guerra Mundial, quando o governo liderado pelos Jovens Turcos se radicalizou cada vez mais e considerou os não turcos, principalmente os não muçulmanos, como uma ameaça. Isso culminou em uma política de genocídio contra a população armênia, que a liderança dos Jovens Turcos acusava de apoiar o expansionismo russo contra o Estado otomano. Em 1915, o governo ordenou a deportação em massa dos armênios, resultando na morte deliberada de cerca de 1,5 milhão deles devido a ataques de tropas regulares e irregulares, ao calor e às privações que sofreram ao serem forçados a marchar para o exílio pelo deserto sírio. A deportação pretendia matar o maior número de armênios possível no Império Otomano e, portanto, constituiu não apenas a expulsão de uma população potencialmente hostil em tempos de guerra, mas também o assassinato em massa deliberado de um grupo com base em sua identidade, em meio à guerra.

Esse certamente não foi o primeiro genocídio. A administração colonial alemã no Sudoeste Africano Alemão (atual Namíbia) havia cometido genocídio entre 1904 e 1908 contra as populações herero e nama, que se rebelaram contra o governo colonial opressivo. A história oferece vários exemplos de Estados cometendo assassinatos em massa contra grupos populacionais, como as populações nativas nas Américas, os muçulmanos em terras pós-otomanas pelos novos Estados-nações autônomos e independentes no século XIX, e outras campanhas semelhantes. Mas o genocídio armênio se destaca por fazer parte de uma tentativa, em tempos de guerra, de criar um Estado-nação homogêneo a partir dos restos de um império multinacional. A homogeneização do

69

Estado continuou após a guerra, com a expulsão em massa dos gregos e, posteriormente, com a transferência organizada da população entre a Grécia e a Turquia. Como consequência, o Estado-nação turco que surgiu sob a liderança de Mustafa Kemal Atatürk era muito homogêneo em comparação com seu antecessor otomano.

Não muito diferente do Império Otomano, o Império Habsburgo era multilíngue e multirreligioso, e foi se constituindo ao longo dos séculos como o domínio da Dinastia de Habsburgo. Essa monarquia governava terras onde predominava a língua alemã, e a dinastia correspondente pode ter presidido o Sacro Império Romano-Germânico (um nome equivocado, na famosa tirada de Voltaire, segundo o qual ele "não era sacro, nem romano, nem império"),[14] mas certamente não representava a nação alemã. Napoleão pôs fim ao Império como tal em 1806, e a Monarquia de Habsburgo passou a concentrar sua energia em consolidar seu domínio sobre territórios adquiridos por meio de casamentos e conquistas. Esses territórios eram ecléticos, estendendo-se da fronteira suíça à russa, com uma população que falava alemão, italiano, tcheco, eslovaco, húngaro, romeno, servo e croata, esloveno, polonês, ruteno, ucraniano e muitas outras línguas e dialetos. Impor uma identidade nacional única era algo fora da realidade. É claro que, como mostra o caso da Suíça, é possível surgir uma identidade nacional única em um ambiente multilíngue, mas a vastidão territorial do Império, a variedade de sua população em termos de desenvolvimento socioeconômico e as diferenças religiosas tornavam improvável que esse empreendimento tivesse êxito. Unidos apenas por uma monarquia, também era difícil identificar uma estrutura comum que pudesse unificar todas as línguas, religiões e, cada vez mais, nações. Nunca houve um plano para transformar a monarquia em Estado-nação. Em vez disso, os planos se concentravam na criação de um Estado federal mais coerente a partir do conjunto eclético de possessões monárquicas, como o plano de Aurel Popovici, de 1906, para "os Estados Unidos da Grande Áustria". Isso não significa que,

A DISSEMINAÇÃO DO NACIONALISMO E DOS ESTADOS-NAÇÕES NA EUROPA

independentemente da identidade em nível de império, não possam surgir identidades multinacionais ou multilíngues localmente. Na Dalmácia, o prefeito de Split, Antonio Bajamonti, comparou os dálmatas aos suíços, com línguas diferentes faladas por pessoas diferentes que compartilhavam um lugar e que, "vivendo na mesma terra, em vez de voltarem a seus países de origem, acreditavam que lhes seria mais oportuno viver na mesma família, à qual os séculos e os infortúnios [...] deram o direito de se considerar uma nação".[15] Esses esforços acabaram fracassando quando nacionalistas italianos, croatas e sérvios convenceram os dálmatas de que eles eram italianos, croatas e sérvios.

Dentro da Monarquia de Habsburgo, os falantes de alemão eram o maior grupo, mas ainda representavam apenas um quarto da população. Porém, em vez de impor uma identidade única, a monarquia procurou, em termos gerais, acomodar as reivindicações nacionalistas, principalmente depois que uma postura mais repressiva – adotada no Congresso de Viena – havia fracassado em meados do século XIX. Para atender às demandas nacionais húngaras, a monarquia se dividiu em duas em 1867. A metade oriental incluía as terras da Coroa húngara, incorporando as atuais Eslováquia, Hungria, Transilvânia (noroeste da Romênia), Voivodina (norte da Sérvia) e Croácia. As elites húngaras se dedicaram a transformar seu domínio em um Estado-nação dentro do Império, com exceção da Croácia e da Eslavônia, que mantiveram seu autogoverno. Na Cisleitânia, como era conhecida informalmente a metade austríaca, a política central procurava acomodar as demandas nacionais conflitantes. Movimentos nacionais competiam pelo controle local e direitos linguísticos em áreas disputadas, como em Cili/Celje, na atual Eslovênia, ou na Boêmia e na Morávia, que tinham populações falantes de alemão e tcheco. No geral, a política do Estado era a de reconhecer e resolver essas disputas por meio de direitos coletivos e linguísticos, principalmente o famoso acordo morávio de 1905, que dividiu a dieta (parlamento) regional e protegeu os direitos dos falantes de tcheco e alemão. Foi desse legado que os influentes austro-marxistas tiraram suas ideias para enfrentar a questão nacional. Otto Bauer e Karl Renner, figuras de destaque entre os social-democratas austríacos, buscaram uma solução para evitar conflitos entre trabalhadores de diferentes nações dentro do Império. Bauer entendeu que a questão nacional não desapareceria sem uma acomodação e rejeitou a forte ligação entre nações e território que os marxistas russos haviam proposto. Nas diversificadas cidades e terras da monarquia, as soluções territoriais eram perigosas ou, no mínimo, inviáveis. Em vez disso, Bauer propôs separar reivindicações territoriais e nacionais promovendo a autonomia cultural não territorial. Assim, em vez de Estados-nações, Bauer apoiou a existência continuada do Estado como um império multinacional do Danúbio, "uma esfera jurídica de poder, por meio da autonomia nacional, para cada nação", com o objetivo de "pôr fim à luta pelo poder entre as nações; se o pedido de socorro das nações austríacas não for mais ouvido no exterior, o imperialismo estrangeiro perderá seu meio mais eficaz de obter o apoio das massas em suas respectivas nações para sua política de conquista".[16]

No final, o Império se dissolveu após os quatro anos da Primeira Guerra Mundial, durante os quais as fragilidades militares e políticas do Estado ficaram evidentes, ao mesmo tempo em que suas políticas repressivas o tornavam menos atrativo para muitos cidadãos. As elites nacionais não alemás e não húngaras começaram a defender um futuro fora da monarquia.

O Império Russo adotou uma estratégia diferente das adotadas pelos impérios Habsburgo e Otomano, transformando-se em um império nacional, dominado pela emergente nação russa. Sua população era igualmente diversificada, incluindo poloneses, finlandeses, populações bálticas, judeus, alemães, ucranianos e bielorrussos no oeste, armênios, georgianos, azeris, chechenos e outros no Cáucaso, e populações turcas na Ásia Central. Até o início do século XIX, o Império Romanov era governado como um império convencional. Se os poloneses ou outros grupos se rebelassem, ele os subjugaria; se a população e suas elites fossem leais, ele pouco interferiria. No entanto, à medida que as rebeliões foram assumindo um tom cada vez mais nacionalista, o mesmo acontecia com a repressão, e o Império Russo foi aos poucos impondo um sistema de governo russo centralizado em seu vasto território. A revolução de 1830 na Polônia resultou na repressão russa e na eliminação, na prática, dos últimos vestígios de autonomia daquele país desde o Congresso de Viena. A repressão não foi apenas militar, mas também religiosa, favorecendo a Igreja Ortodoxa em detrimento da Católica, em um exemplo clássico do uso da religião para impor a nação dominante. Ao longo das próximas décadas, foram abolidas as estruturas administrativas formais separadas, e o uso da língua polonesa foi proibido. Os esforços no sentido da assimilação foram mais lentos no Báltico e na Finlândia, mas também ali o Império Russo foi aos poucos enfraquecendo a autonomia local. A russificação era a política predominante em relação aos cristãos ortodoxos no Império, da Ucrânia ao Cáucaso. Os muçulmanos da Ásia Central e do Cáucaso, no entanto, estavam sujeitos ao controle imperial, mas não à assimilação.[17] Em suma, enquanto a Monarquia de Habsburgo agia cada vez mais para acomodar seus diferentes movimentos nacionais, o Império Russo avançava na direção oposta, aumentando a repressão.

AUTODETERMINAÇÃO
E O ÊXITO DO ESTADO-NAÇÃO

Nenhum conflito representa melhor do que as Guerras dos Bálcãs a mudança de um confronto que se dava entre nações e impérios e passou a opor Estados-nações. A Primeira Guerra dos Bálcãs foi travada no final de 1912 e no início de 1913, entre a Liga Balcânica, composta por Sérvia, Montenegro, Grécia, Bulgária e Romênia, e o Império Otomano. A liga saiu vencedora e o Império perdeu quase todo o seu território europeu, exceto uma pequena área ao redor da capital, Istambul. A Segunda Guerra dos Bálcãs eclodiu apenas alguns meses depois, quando a Bulgária, insatisfeita com a distribuição dos territórios conquistados durante a guerra, atacou a Sérvia e a Grécia. Esse conflito reuniu todos os antigos beligerantes, incluindo o Império Otomano, para lutar contra a Bulgária e derrotá-la, no verão de 1913. Em vez de provocar a derrota do Império e a distribuição consensual do território, os Estados-nações estavam profundamente divididos sobre quem ficaria com cada parte das antigas terras otomanas. A Comissão Carnegie, formada por especialistas internacionais, visitou os países e documentou os crimes de guerra cometidos. Seu relatório incluiu um mapa mostrando as reivindicações territoriais conflitantes dos diferentes Estados-nações dos Bálcãs, destacando a forma como elas se sobrepunham e dificultavam um acordo. À medida que os impérios recuavam, a principal linha de confronto mudou para a competição entre os Estados-nações, que demandavam as mesmas populações e/ou terras, cada um apresentando uma série de argumentos em favor de suas reivindicações, desde a história, a língua ou a ascendência até outros marcadores objetivos e subjetivos da identidade nacional.

Da mesma forma, a Primeira Guerra Mundial foi possibilitada pelo nacionalismo e pelo Estado contemporâneo, mas seus beligerantes incluíam três impérios, que se dissolveriam a partir de dentro no final da guerra. Os Impérios Russo, Otomano e Habsburgo entraram em colapso como resultado de revoluções e turbulências internas. Ninguém sabe se, na era do nacionalismo, os impérios multinacionais poderiam ter encontrado uma maneira de se transformar, mas a Grande Guerra foi o catalisador que levou à sua desagregação.

No final da Primeira Guerra Mundial, com o colapso dos impérios, surgiu a questão de qual princípio deveria nortear o desenho do novo mapa da Europa. Embora a guerra tenha representado uma vitória para os movimentos nacionais, existiam ideias diferentes sobre como as novas fronteiras deveriam ser desenhadas. Como

A DISSEMINAÇÃO DO NACIONALISMO E DOS ESTADOS-NAÇÕES NA EUROPA

haviam mostrado os conflitos anteriores dentro dos impérios, bem como entre os Estados-nações emergentes, as fronteiras entre as nações eram contestadas e, portanto, difíceis de determinar. As potências europeias haviam previsto recompensas convencionais para os vencedores, desconsiderando a vontade daqueles que se encontravam morando em países diferentes. Das reivindicações francesas sobre a Alsácia-Lorena às alemãs sobre o leste, passando pelas italianas sobre o Adriático Oriental, as demandas nacionais serviam, na melhor das hipóteses, para sustentar um argumento oportunista. As ideias conflitantes que fragilizariam esse conceito vieram das potências globais emergentes – Estados Unidos e União Soviética –, que buscavam desafiar a política convencional baseada nas grandes potências, a qual prestava pouca atenção às vontades daqueles cuja terra estava sendo negociada. O presidente dos Estados Unidos, Woodrow Wilson (1856-1924), formulou a ideia de autodeterminação, ou seja, de que as pessoas escolhessem seu próprio governo e de que essa ideia guiasse a (re)construção de Estados na Europa Central e Oriental, orientasse o desmembramento dos grandes impérios e fosse considerada ao se fazerem ajustes nas fronteiras. Alguns desses conceitos foram incluídos nos famosos 14 pontos que ele apresentou em seu discurso ao Congresso, em janeiro de 1918, definindo os princípios de seu país para a paz do pós-guerra.

A noção de autodeterminação não era nem um pouco consensual. Os vencedores da Primeira Guerra Mundial, principalmente a França e o Reino Unido, relutavam em permitir que a ideia de autodeterminação nacional afetasse suas possessões coloniais, que esperavam expandir. Além dos territórios coloniais, ambos reivindicavam territórios na Europa, contra a vontade clara dos habitantes. A França queria a Alsácia-Lorena, que a Alemanha havia conquistado em 1871, e buscava a região do Sarre, apesar de haver ali uma clara maioria de população alemã. O Ministério das Relações Exteriores britânico, por sua vez, fazia a seguinte objeção:

75

> Seria claramente desaconselhável avançar, o mínimo que fosse, no sentido de aceitar a reivindicação dos negros americanos, dos irlandeses do sul, dos flamengos ou dos catalães de apelar para uma Conferência Interestatal sem levar em conta os chefes de seus próprios governos. No entanto, se for concedido um direito de apelação aos macedônios ou aos boêmios alemães, será difícil recusá-lo no caso de outros movimentos nacionalistas.[18]

Esse ceticismo era irônico, pois a Grã-Bretanha havia justificado sua entrada na guerra sob o pretexto de proteger nações menores que haviam sido intimidadas pelas potências centrais, como Bélgica e Sérvia. No entanto, além das preocupações egoístas dos vencedores da guerra, o conceito de autodeterminação era vago e poderia justificar reivindicações revolucionárias conflitantes. O secretário de Estado de Woodrow Wilson, Robert Lansing, era muito cético em relação à ideia, perguntando: "Quando o presidente fala em 'autodeterminação', que unidade ele tem em mente? Ele está falando de uma raça, uma área territorial ou uma comunidade? Sem uma unidade definida, que seja viável, a aplicação desse princípio é perigosa para a paz e a estabilidade".[19]

Até mesmo os países da Europa Central e Oriental, que mais teriam a ganhar com o arranjo do pós-guerra, relutavam em ver suas reivindicações restringidas por afirmações de autodeterminação nacional de outros. Na verdade, levar em conta a vontade dos afetados era a exceção. Houve plebiscitos em Schleswig para determinar a fronteira entre Alemanha e Dinamarca, na Alta Silésia e na Prússia Oriental, entre Alemanha e Polônia, na Caríntia do Sul, entre Áustria e Iugoslávia, e em partes da Burgenlândia, entre Áustria e Hungria. Em outros lugares, comissões de especialistas buscavam estabelecer as novas fronteiras, considerando não apenas a composição nacional e a vontade da população afetada, mas também a possibilidade de defesa das fronteiras. Essa foi uma das razões pelas quais a grande minoria alemã que vivia nas regiões montanhosas da fronteira com a

Tchecoslováquia foi parar naquele país. (Ironicamente, isso acabou sendo uma fonte de instabilidade maior para a Tchecoslováquia do que se a minoria não tivesse sido incluída, pois os alemães dos Sudetos foram usados pela Alemanha nazista em suas reivindicações sobre o território do país, quase 20 anos depois).

Os tratados de paz posteriores à Primeira Guerra Mundial também incluíram, pela primeira vez, amplos direitos para minorias, embora já existissem antes direitos para as minorias nacionais, e alguns tratados de paz, principalmente o Tratado de Berlim de 1878, sobre os Bálcãs, incluíssem cláusulas sobre esses direitos, com pouco efeito. Os tratados sobre minorias, posteriores à Primeira Guerra, foram uma condição imposta pelos Aliados aos países recém-criados da Europa Central. A proteção das minorias foi impulsionada pela desconfiança das grandes potências em relação a seus parceiros da Europa Central e Oriental e, portanto, imposta a governos relutantes, que consideravam a obrigação injusta. Independentemente de seus compromissos, os governos tentaram desconsiderar as disposições, e a recém-criada Liga das Nações foi inundada com demandas de representantes de minorias. No final das contas, o sistema de proteção não conseguiu defender seus direitos e, com os abusos cometidos por Estados irredentistas, as minorias se tornaram uma ameaça imaginária, e por vezes real, aos Estados da Europa no entreguerras.

Essas obrigações internacionais sobre direitos das minorias pareciam entrar em conflito com a visão que a maioria dos Estados europeus tinha de si própria como Estados-nações. A Polônia ressurgiu depois de ter sido dividida por três impérios no final do século XVIII. Tchecoslováquia, Hungria, Áustria, Iugoslávia e Romênia incorporaram territórios da Monarquia de Habsburgo, enquanto os Estados bálticos e a Finlândia conquistaram a independência do Império Russo que, nesse meio-tempo, tornou-se a União Soviética. Além disso, muitos outros Estados-nações efêmeros tiveram uma breve existência em paralelo à Guerra Civil Russa (1918-1921), como Geórgia, Ucrânia,

Armênia e Azerbaijão. A derrota do Império Otomano também criou uma Armênia natimorta e um Estado curdo em terras otomanas, bem como as agitadas regiões árabes sob mandatos da Liga das Nações (na prática, sob domínio colonial britânico e francês).

Após o fim da Guerra Civil Russa e da agitação generalizada na Europa Central e Oriental, e uma vez que a maioria das disputas territoriais havia sido resolvida em 1920/1, os novos Estados se consolidaram, mas a maior parte estava longe de ser um Estado-nação para além do nome. Na Polônia, em 1921, apenas 69,2% da população era polonesa, enquanto os rutenos representavam 15,2%, seguidos por judeus, bielorrussos, alemães e outros. Isso era um pouco diferente da maioria dos outros países da Europa Central. Na Romênia, os romenos representavam 71,9% em 1930, e na Tchecoslováquia, tchecos e eslovacos eram 65,3%. A tensão entre as aspirações de um Estado-nação e a realidade de um Estado multinacional, que muitas vezes incorporava territórios que haviam estado sob diferentes sistemas jurídicos durante décadas, mostrou-se desestabilizadora. Estados irredentistas, como Bulgária, Hungria, Itália e, mais tarde, também a Alemanha, incentivavam as minorias a corroer os Estados-nações, enquanto os novos Estados desconfiavam e muitas vezes excluíam as minorias. As minorias sem Estado próprio, como os judeus, eram as mais vulneráveis, carentes de proteção e sujeitas a discriminação institucionalizada, como restrições ao ingresso nas universidades, bem como exclusão social e hostilidade consideráveis.

A ASCENSÃO DO ANTISSEMITISMO BIOLÓGICO

A posição dos judeus como minoria europeia levantou a questão da integração e dos limites das nações. Os judeus não eram maioria em nenhum lugar e viviam como minorias em todo o continente. Em algumas regiões e cidades, a população judaica era grande, inclusive em Salônica (onde quase metade eram judeus no final do século XIX) e nas fronteiras ocidentais do Império Russo – regiões adquiridas na divisão da Comunidade Polaco-Lituana no final do século XVIII. A maioria dos judeus russos foi forçada por leis discriminatórias a permanecer nessa zona de assentamento (*pale*) e não conseguiu se mudar para outras partes do Império. A segunda metade do século XIX fez surgir a emancipação formal dos judeus à medida que as leis e políticas discriminatórias eram suspensas em vários Estados europeus, mas, ao mesmo tempo, os *pogroms* aumentavam e o antissemitismo secular estava em ascensão. Embora fosse um fenômeno presente em toda a Europa, o antissemitismo foi incentivado pelo Estado russo e resultou em uma série de *pogroms*, particularmente em 1881-1884 e 1903-1906.

Tradicionalmente, a principal alternativa disponível aos judeus nos países europeus era viver em isolamento rural ou urbano. Após a emancipação religiosa, a opção era assimilar-se à respectiva maioria ou manter uma identidade voltada para dentro. O antissemitismo enfrentado por muitos judeus, no entanto, colocava em questão a possibilidade de assimilação. Embora os que se assimilaram tenham conseguido construir uma carreira – pelo menos na Europa Ocidental –, o antissemitismo velado permaneceu forte (como evidenciado, por exemplo, pelo Caso Dreyfus, na França). O antissemitismo religioso anterior foi incorporado aos novos nacionalismos, expressando-se através da discriminação e da exclusão, desde os estereótipos que retratavam os judeus como "orientais" inerentemente estranhos às classes dominantes britânicas até os pogroms já mencionados, nas regiões ocidentais do Império Russo. Os judeus também se tornaram alvo do antissemitismo racial pseudobiológico que surgiu no final do século XIX. Inspirada pelo darwinismo, essa visão pressupunha uma humanidade dividida em raças distintas e hierárquicas. Os defensores dessa ideia, como o aristocrata francês Joseph Arthur de Gobineau (1816-1882), definiam os judeus não como um grupo religioso, mas segundo características pseudobiológicas e pseudorraciais. Essas ideias foram assumidas por Houston Stewart Chamberlain (1855-1927), filósofo britânico que trabalhou na Alemanha e influenciou a visão de mundo de Hitler.

O surgimento do racismo pseudobiológico e do antissemitismo não foi exclusivo da Europa, pois ideias e políticas semelhantes surgiram na África do Sul, levando ao Apartheid, e informaram políticas coloniais em outros lugares. O surgimento do antissemitismo racial pode ser visto como a compreensão mais radical do nacionalismo determinado pela ascendência. Essa visão excluía alguns grupos da nação por definição (neste caso, os judeus) independentemente de suas tentativas de assimilação. Esse antissemitismo virulento inspiraria vários grupos nacionalistas radicais na Europa do início do século XX, sendo que o mais destacado deles foi o Partido Nacional Socialista dos Trabalhadores Alemães (*Nationalsozialistische Deutsche Arbeiterpartei*, NSDAP), liderado por Adolf Hitler.

A ascensão de movimentos radicais, nacionalistas, autoritários e totalitários que poderiam ser descritos como fascistas ou nacional-socialistas não estava exclusivamente ligada ao antissemitismo. O fascismo italiano, por exemplo, tinha poucas características antissemitas e incluía judeus em posições de destaque – pelo menos nas fases iniciais. Sua virada antissemita reflete mais a dependência posterior da Itália em relação à Alemanha nazista do que uma convicção ideológica. O que esses grupos tinham em comum era um culto hierárquico ao líder, fosse Hitler ou Mussolini. O foco na liderança refletia suas visões de mundo antidemocráticas e autoritárias. Esses grupos costumavam ser explicitamente violentos e rejeitavam o parlamentarismo e um Estado baseado no império da lei. Eles alegavam representar a nação como um coletivo, rejeitando o individualismo. Como ideologias e sistemas totalitários, o objetivo era o controle completo da sociedade e do Estado e sua subordinação à visão de mundo fascista.[20]

O nacionalismo que esses movimentos incorporaram era, em grande parte, "orgânico", no sentido de que a nação era entendida como um organismo – donde a subordinação do indivíduo.

80

Documento: A doutrina do fascismo[21]

Escrito por Giovanni Gentile e Benito Mussolini em 1932, para a Enciclopédia Italiana

Para o fascismo, o mundo não é esse mundo material que aparece na superfície, no qual o homem é um indivíduo separado de todos os outros homens, atuando por conta própria e sujeito a uma lei natural que instintivamente o impele a levar uma vida de prazer momentâneo e egoísta. No fascismo, o homem é um indivíduo que é a nação e o país. E ele assim o é de acordo com uma lei moral que aceita e une indivíduos e gerações em uma tradição e uma missão estabelecidas, uma lei moral que suprime o instinto de levar uma vida limitada a um ciclo breve de prazer [...].

O fascismo quer que o homem seja ativo e concentrado na ação com todas as suas energias; quer que ele tenha uma consciência viril [...]. Concebe a vida como uma luta, pensando que é dever do homem conquistar a vida que deve ser realmente digna dele: criar, em primeiro lugar dentro de si, o instrumento (físico, moral, intelectual) com o qual construí-la [...].

Essa personalidade superior é verdadeiramente a nação, na medida em que é o Estado. A nação não engendra o Estado, segundo o decrépito conceito nacionalista que serviu de base aos defensores dos Estados nacionais no século XIX. Pelo contrário, a nação é criada pelo Estado, que dá ao povo, consciente de sua própria unidade moral, a vontade e, portanto, uma existência efetiva.

O direito de uma nação à sua independência deriva não de uma consciência literária e ideal de sua própria existência, muito menos de uma situação dada, mais ou menos inerte e inconsciente, e sim de uma consciência ativa, de uma vontade política ativa, disposta a se manifestar em seu direito; ou seja, um tipo de Estado já em sua altivez.

Posteriormente, as ameaças também foram retratadas usando termos pseudobiológicos, como doenças ou parasitas. Em seu discurso de janeiro de 1943, Joseph Goebbels, ministro nazista da propaganda, afirmou que "os judeus são uma infecção contagiosa".[22] Essa visão foi difundida por meio de filmes propagandísticos e publicações nazistas, e complementava uma visão de mundo conspiratória, que considerava os judeus (e outros inimigos) como parte de uma ameaça maior e coordenada contra a nação.[23] Devido à sua rejeição com relação aos Estados estabelecidos em termos de fronteiras, sistemas políticos e comunidade política (ou seja, quem faz parte da nação), esses grupos rejeitavam radicalmente o *status quo* e, portanto, não eram tradicionalistas, e sim nacionalistas revolucionários cuja visão de mundo nacionalista e racial endossava a violência como característica central da política. Alguns, como Mussolini, conseguiram tomar o poder, mas muitos permaneceram à margem da política em seus países. O sucesso eleitoral era limitado e, muitas vezes, durava pouco. O de Hitler, na Alemanha, foi excepcional, e sua ascensão, rápida. Na década de 1920, o Partido Nazista era um grupo marginal, tendo obtido apenas 2,8% dos votos em 1928. Esse número aumentou para 18,3% dois anos depois e atingiu o pico de 37,4% em julho de 1932, o que estava intimamente ligado à crise econômica e ao esvaziamento gradual da democracia alemã por outros partidos conservadores e antidemocráticos. Em outros lugares, os fascistas incluíam desde a União Britânica de Fascistas de Sir Oswald Mosley até a Legião do Arcanjo Miguel, na Romênia, liderada por Corneliu Codreanu. Nenhum obteve apoio eleitoral suficiente para assumir o poder nem foi capaz de tomá-lo em um golpe, como fizera Mussolini em sua Marcha sobre Roma, em 1922. Quando chegaram ao poder, foi como regimes fantoches durante a ocupação alemã na Segunda Guerra Mundial.

A ASCENSÃO DO SIONISMO

A ascensão do antissemitismo racial também é um importante gatilho para o surgimento do sionismo. Entre os movimentos nacionais que apareceram na Europa durante o final do século XIX e início do século XX, o sionismo ocupa um lugar peculiar, mas também destaca algumas características fundamentais do nacionalismo minoritário.

O movimento sionista reagia ao antissemitismo europeu e à rejeição implícita da noção de que os judeus poderiam se emancipar e se tornar parte das nações emergentes. A resposta foi um projeto nacional próprio: a ideia de criar um Estado-nação na Palestina, embora várias facções sionistas debatessem outros locais em potencial, como Uganda. Na condição de minoria sem a perspectiva de um Estado próprio discernível na Europa, o movimento buscava o autogoverno na histórica pátria judaica, embora os judeus fossem uma pequena minoria na Palestina na época. A migração ganhou ritmo na primeira década do século XX, aumentando depois que a Liga das Nações estabeleceu um mandato britânico na Palestina e se comprometeu a criar um "lar nacional para o povo judeu". Ainda assim, foi o assassinato em massa de 6 milhões de judeus durante o Holocausto que transformou o objetivo do movimento sionista em realidade. O movimento sionista põe em evidência que nem todos os movimentos nacionais são feitos a partir do mesmo molde e não incluem automaticamente todos os membros da comunidade à qual apelam. Inicialmente, o sionismo era um projeto político minoritário entre os judeus europeus. A maioria seguia estratégias diferentes. Muitos buscavam assimilação ou integração, que poderiam significar praticar o judaísmo, mas se considerar membros da nação dominante, ou a conversão. Benjamin Disraeli, cujos pais e irmãos se converteram à Igreja da Inglaterra em 1817, é um exemplo destacado desta última condição: pela primeira vez na história, o primeiro-ministro britânico era alguém de ascendência judaica. Outros, principalmente na Europa Oriental, onde a assimilação ou a integração dificilmente eram possíveis, viviam em *shtetls* ou mesmo em cidades maiores, mas separados da maioria predominantemente hostil. Da mesma forma, o sionismo não era a única resposta possível à discriminação, pois muitos judeus optaram por emigrar para os Estados Unidos, para onde partiram cerca de 2 milhões deles, oriundos da Europa Central e Oriental durante a grande onda migratória que ocorreu entre 1880 e 1924. Assim, o sionismo teve de lidar com diferentes escolhas individuais e opções políticas e sociais.

Como tantos outros movimentos nacionais, também estava dividido internamente entre distintas opções ideológicas, de sionistas socialistas que apoiavam a criação de *kibutzim* a revisionistas, como os grupos liderados por Ze'ev Jabotinsky, com foco em um Estado-nação judaico forte em Israel e defendendo a expulsão dos árabes palestinos. Além disso, os sionistas divergiam na estratégia, discordando sobre construir uma pátria judaica a partir do zero, concentrar-se no *lobby* com grandes potências ou aceitar o autogoverno em um território que não fosse a Palestina, como considerou o fundador do movimento sionista, Theodor Herzl, já próximo ao fim de sua vida. Os judeus viviam em diferentes países, tanto em impérios quanto em Estados-nações, falavam línguas diferentes e diferiam com relação a ser uma nação (ou raça, para usar a terminologia comum na época) distinta ou apenas um grupo religioso. Não surpreende que o projeto nacional fosse contestado e fragmentado. No entanto, não há nada de incomum nesse nível de diversidade. Os movimentos nacionais geralmente enfrentavam a concorrência de projetos políticos alternativos e seu pluralismo interno.

COMUNISMO E NACIONALISMO

Além de Estados-nações e regimes fascistas, outro padrão europeu de construção de Estado e nação no século XX tomou forma na Europa comunista. Após a Revolução Russa, o papel do nacionalismo na política na recém-surgida União Soviética diferia radicalmente de outros modelos europeus. Como observado anteriormente, Lenin e os bolcheviques ofereciam uma abordagem alternativa à autodeterminação após a Grande Guerra. Oficialmente, a União Soviética não era um império multinacional, como a Grã-Bretanha ou a Monarquia de Habsburgo, nem um Estado-nação. A União Soviética era singular, pois mesmo os Estados multinacionais da Iugoslávia ou da Tchecoslováquia durante o período entreguerras concebiam a si próprios como Estados-nações com diferentes subgrupos, mas não como nações distintas. Assim, a língua oficial do Reino dos Sérvios, Croatas e Eslovenos chamava-se servo-croata-esloveno, e prevalecia o entendimento de que os diferentes grupos constituíam uma única nação com nomes diferentes. Da mesma forma, na Tchecoslováquia, a Constituição de 1920 descreveu a nação tchecoslovaca como sendo um núcleo, com minorias nacionais.

A União Soviética foi o único Estado na Europa do entreguerras a se definir explicitamente como multinacional. No centro, estava o conceito de autodeterminação de Lenin, que ecoava o de Wilson, mas diferia em aspectos cruciais. Em um artigo fundamental de 1914 para a revista literária mensal bolchevique *Prosveshcheniye* (Iluminismo), Lenin afirmou que o "repúdio ao direito à autodeterminação ou à secessão significa inevitavelmente, na prática, apoio aos privilégios da nação dominante".[24] Com efeito, ele afirmava que as nações dominantes – no caso da Rússia, a nação russa – eram usadas pela burguesia para oprimir outras e, portanto, a autodeterminação era uma ferramenta para os trabalhadores se emanciparem da opressão. Como resultado, o governo soviético seria construído sobre o princípio da autodeterminação, que incluía a possibilidade (formal) de secessão.

A primeira Constituição soviética de 1924 e a Constituição stalinista de 1936 continham uma disposição que permitia às repúblicas se retirar da União Soviética. Essas repúblicas, por sua vez, haviam sido organizadas segundo critérios nacionais, criando o conceito de nações titulares, que predominaria nas respectivas repúblicas, mesmo que ali vivessem minorias grandes. Combinar o direito à autodeterminação com uma estrutura etnofederal, que dava às nações a possibilidade de se autogovernar, foi uma inovação crucial do modelo soviético, implementada em duas etapas. O passo inicial foi o reconhecimento de diferentes nações. No primeiro censo soviético, de 1926, foram reconhecidas 176 nacionalidades distintas, das quais a menor, os tártaros negros, tinha apenas 12 membros. Os russos perfaziam metade dos 120 milhões de habitantes. No entanto, nem o reconhecimento das nações nem a atribuição do território eram simples. Especificamente, na Ásia Central, as nações contemporâneas ainda não haviam surgido, e a política soviética era menos de reconhecimento e mais de criação. O sistema criou um conjunto complexo com múltiplas camadas (como as bonecas *matryoshka*) de autonomia territorial em nível soviético e republicano, muitas vezes com a nacionalidade que a constituía formalmente sendo minoria em seu território. Na região georgiana da Abecásia, por exemplo, os abecásios eram menos de 30% da população, mas constituíam a nação titular. O exemplo mais absurdo é o *Oblast* Autônomo Judeu, que sobrevive até hoje como região autônoma no extremo leste da Rússia. Criado em 1928 como pátria soviética para judeus, a população judaica dessa região remota e pouco povoada na fronteira com a China nunca representou mais do que 25%.[25]

Essas bizarrices já destacam que a realidade das políticas soviéticas para as nacionalidades era totalmente diferente da teoria. O direito à autodeterminação não era entendido no Estado totalitário como a possibilidade verdadeira de que uma determinada unidade (por exemplo, Ucrânia ou Bielorrússia) deixasse a União Soviética, e sim como uma salvaguarda contra a opressão burguesa e capitalista. Como a União Soviética havia se tornado um Estado socialista, essa secessão não era mais relevante do ponto de vista leninista. Além disso, as repúblicas eram apenas parcialmente protoestados-nações. De início, a política baseada em *korenizatsiya*, literalmente "criar raízes", buscava substituir as elites russas por líderes nativos. O Partido, incluindo Lenin e Stalin, advertia contra o chauvinismo da Grande Rússia e, na prática, a União Soviética havia criado um governo de tipo imperial, principalmente no Cáucaso e na Ásia Central. A nova política promoveu novas elites, institucionalizou as línguas e os alfabetos (o que era inviável na Ásia Central, de pouca tradição escrita) e promoveu língua e cultura na educação. No entanto, na década de 1930, essa política entrou em declínio quando os expurgos de Stalin expulsaram e mataram muitas das novas elites e

A DISSEMINAÇÃO DO NACIONALISMO E DOS ESTADOS-NAÇÕES NA EUROPA

promoveram mais russificação e centralização. Sobretudo durante as décadas de 1930 e 1940, o Estado soviético também promoveu discriminação sistemática contra certos grupos. O maior grupo afetado foram os ucranianos, dos quais milhões foram deliberadamente expostos à inanição na onda de fome generalizada de 1932-3, mas os cazaques e outros também foram desproporcionalmente impactados. Durante a Segunda Guerra Mundial, nações suspeitas de colaboração com a Alemanha também foram visadas; entre os exemplos está a deportação em massa de tártaros da Crimeia e chechenos.

O modelo soviético, assim como sua prática, se tornaria uma referência para fazer política com base em nacionalidade em outros países socialistas, como China, Iugoslávia e toda a Europa Central depois da Segunda Guerra Mundial.

Após o fim da guerra, a União Soviética e os combatentes vitoriosos na Iugoslávia e na Albânia estabeleceram regimes comunistas em toda a Europa Central e Oriental, indo de Tallinn, na Estônia soviética, até a Albânia. Os países bálticos perderam sua independência durante a guerra e foram transformados em repúblicas soviéticas, enquanto os outros mantiveram a independência formal, mas com soberania limitada, sob tutela soviética. A lógica comunista ditava que o nacionalismo era um anacronismo burguês que seria superado pelo novo regime. Ao chegar ao poder, essa distinção com relação ao nacionalismo era mais ideológica do que real. Na Tchecoslováquia, os comunistas participaram do primeiro governo do pós-guerra junto com liberais e social-democratas, sob a liderança do presidente Edvard Beneš. O governo procurou organizar a expulsão da minoria alemã da Tchecoslováquia e a nacionalização de sua propriedade. Muitos alemães já haviam fugido do Exército Vermelho ou sido expulsos, temendo represálias devido ao forte apoio a Hitler e seus abusos, com o objetivo de justificar a anexação dessas regiões e, posteriormente, a ocupação da Tchecoslováquia. O Partido Comunista foi um firme defensor dessas expulsões baseadas em critérios nacionais e coletivos, ignorando responsabilidades individuais.

Da mesma forma, o comitê Lublin, na Polônia, dominado pelos comunistas, expulsou os alemães e assinou um acordo com a União Soviética concordando com a retirada de poloneses de terras que faziam parte da Polônia antes da guerra e antes de elas se tornarem parte da República Soviética da Bielorrússia. Igualmente, os ucranianos da Polônia foram expulsos para a Ucrânia soviética. A criação de Estados-nações homogêneos na prática se tornou o modelo desejável para a Europa Central e Oriental do pós-guerra. Partidos e políticos comunistas e não comunistas consideravam não apenas os alemães, mas também outras minorias, como uma ameaça à estabilidade do Estado.

Uma vez estabelecidos, esses novos regimes foram, no início, fortemente stalinistas, com um compromisso formal com o internacionalismo dominado pelos soviéticos e pouca autonomia nacional. Os primeiros líderes incluíam muitos que haviam passado anos no exílio soviético, e vários pertenciam a comunidades minoritárias e, portanto, eram menos propensos a lançar mão de um forte nacionalismo residual. No entanto, nos últimos anos de Stalin no poder, as correntes antissemitas ganharam força em toda a União Soviética e nos países sob seu controle. Isso se traduziu em julgamentos como o de Rudolf Slánský, secretário-geral do Partido Comunista na Tchecoslováquia, que foi acusado de fazer parte de uma conspiração trotskista-titoísta-sionista e enforcado em 1952. Essa perseguição acabou diminuindo depois da morte de Stalin.

No entanto, após uma mudança geracional entre os líderes comunistas, o nacionalismo foi ganhando mais destaque. O princípio da lealdade incondicional à União Soviética fragilizou a legitimidade do regime comunista aos olhos dos cidadãos, como ficou evidente durante os protestos dos trabalhadores em Berlim Oriental, em 1953, no levante húngaro, em 1956, e na Primavera de Praga, em 1968. Sendo assim, os líderes comunistas buscaram fortalecer sua legitimidade por meio de medidas nacionalistas, fosse demonstrando independência (em sua maioria, fictícia) em relação à União Soviética ou perseguindo minorias. Na Romênia, Nicolae Ceauşescu promoveu mitos nacionalistas dos antigos dácios e implementou políticas repressivas contra a grande minoria húngara. Uma campanha semelhante foi lançada na vizinha Bulgária contra a minoria muçulmana eslava pomak e os turcos. Na verdade, fazia muito tempo que turcos e muçulmanos eram alvo de nacionalistas devido ao longo domínio otomano. Eles tiveram que mudar seus nomes, e os turcos não podiam mais falar turco. Essa campanha acabou levando à emigração de mais de 300 mil turcos do país em 1989 e anunciou o colapso do regime. Até a Alemanha Oriental, que era o membro menos independente e mais dogmático do Bloco Oriental, começou a enfatizar sua identidade nacional alemã ao comemorar o 500º aniversário do nascimento de Martinho Lutero em 1983 e promover uma associação positiva com a Prússia, apesar da identificação desta com o conservadorismo e o militarismo.

A Iugoslávia seguiu um caminho diferente ao ser o único Estado comunista explicitamente multiétnico na Europa, além da União Soviética. O primeiro modelo para a Iugoslávia comunista foi a União Soviética stalinista. Após a Segunda Guerra Mundial, o país tornou-se um Estado federal com base em critérios étnicos, dominado pelo Partido Comunista. Foram reconhecidas diferentes nações, que receberam autogoverno por meio das repúblicas e províncias, como forma de gerenciar a competição entre os nacionalismos e, ao mesmo tempo, fortalecer a identidade nacional (uma política que mais tarde contribuiria para a desagregação do país).

Resumindo, o século XIX foi o período em que o nacionalismo se disseminou gradualmente pelo continente, e seus ativistas convenceram a população a abandonar sua indiferença com relação às nações que reivindicavam. Os Estados-nações eram multinacionais, enquanto os impérios iam se tornando nacionais. A atividade política de massas do nacionalismo possibilitou que as elites europeias lutassem na Primeira Guerra Mundial, o que transformou a Europa em um continente volátil, formado por Estados-nações hostis entre si. A Segunda

Guerra Mundial foi iniciada por um regime totalitário que promovia uma visão de mundo pseudobiológica violenta, voltada a transformar radicalmente a Europa em um continente dominado pelos alemães, ao mesmo tempo em que reconfigurava a nação, e não apenas através do Holocausto e do assassinato em massa de outros grupos populacionais. Também se impôs uma visão hierárquica e totalitária da nação, que foi imitada pelos Aliados. A derrota do nacional-socialismo (nazismo) em 1945 inaugurou não apenas a divisão do continente entre as esferas capitalista e comunista, mas também uma Europa cujos Estados eram mais homogêneos do que nunca. Embora o nacionalismo parecesse desacreditado por sua associação com a Alemanha nazista, os Estados-nações passaram a ser a norma.

A DISSEMINAÇÃO GLOBAL DO NACIONALISMO E A DESCOLONIZAÇÃO

O nacionalismo e o Estado-nação podem ter tido suas origens na Europa, mas rapidamente se espalharam pelo mundo. Essa difusão ocorreu com base no colonialismo e no domínio econômico e político que as potências europeias detinham durante o período de ascensão do nacionalismo. Ainda que Estados centralizados, como a China, e identidades coletivas existissem anteriormente e em outros lugares, essa combinação específica se disseminou a partir da Europa, erigida sobre uma poderosa identidade coletiva de massas e o Estado moderno, bem como sobre a força das potências europeias.

Nessa expansão da nação, havia um arraigado paradoxo. As potências europeias imaginavam o mundo como europeu, com as possessões coloniais como extensões da influência europeia e as populações não europeias sendo consideradas inferiores por motivos culturais, religiosos e raciais. A visão de que o mundo estava dividido em nações partia do pressuposto de que essas nações eram europeias e o governariam. Embora isso enfraquecesse e marginalizasse o restante do mundo, a ideia de nação se disseminou a partir da Europa e dos Estados Unidos, espalhando-se pelas colônias de Espanha e Portugal e, mais tarde, França, Grã-Bretanha, até mesmo nas potências coloniais menores de Holanda, Bélgica, Itália e Alemanha. E teve, ainda, a influência indireta exercida por potências europeias e norte-americanas em outras partes do mundo. Tal disseminação não foi intencional, porque essas potências buscavam manter um domínio global eurocêntrico.

No entanto, as populações colonizadas se apropriaram da ideia de autogoverno por parte de uma comunidade definida territorialmente, e ela passou a ser uma demanda central do nacionalismo anticolonial. Dos primórdios do nacionalismo nas Américas no final do século XVIII e início do século XIX às lutas anticoloniais globais do século XX, os movimentos nacionais não terminavam quando se conquistava a independência. Em vez disso, passavam a enfrentar a transformação de unidades coloniais – impostas a populações e comunidades políticas preexistentes, muitas vezes à força – em Estados. Este capítulo examinará esses processos, desde o surgimento dos movimentos nacionais até os tipos de nações que eles defendiam. Especificamente, explorará a forma como a unidade colonial prevaleceu principalmente sobre Estados-nações maiores, que combinariam várias colônias, ou Estados menores e mais homogêneos, o que romperia as fronteiras coloniais.

Benedict Anderson descreve como a colonização europeia facilitou a disseminação do nacionalismo e como o nacionalismo colonial emulou muitas características dos nacionalismos europeus. Porém, a noção de que o nacionalismo fora da Europa basicamente copiou os modelos europeus foi criticada de uma perspectiva pós-colonial por estudiosos como o cientista político indiano Partha Chatterjee (1947-). Chatterjee contesta a noção de que "nós, no mundo pós-colonial, seremos apenas consumidores perpétuos da modernidade".[1] Sua observação questiona corretamente a percepção de que o nacionalismo fora da Europa é apenas uma cópia não diferenciada dos modelos europeus. Embora o colonialismo e o domínio da Europa e, mais tarde, da América do Norte no sistema mundial global tenham facilitado a disseminação de estruturas e ideias de poder, o nacionalismo fora da Europa não é uma mera cópia. À medida que o nacionalismo se tornou um recurso fundamental, os movimentos anticoloniais basearam suas demandas por autogoverno na nação, distinta daquela dos centros coloniais. No entanto, autores que escrevem a partir da perspectiva da teoria pós-colonial, como Chatterjee, correm o risco de reificar o nacionalismo ao endossar sua dimensão anticolonial e defini-lo como uma força espiritual e positiva que possui características primordiais e essencialistas: "a nação já é soberana, mesmo quando o Estado está nas mãos da potência colonial".[2] Quem dera fosse tão simples e existisse uma nação pré-colonial. A tentativa de vincular a nação a uma visão pré e anticolonial de comunidade é um esforço compreensível, mas falho, para se contrapor à afirmação reducionista de que a ascensão global do nacionalismo constitui a simples emulação de modelos europeus. Em vez disso, a ascensão das nações em todo o mundo é o resultado da interação entre o colonialismo e o domínio militar, político e econômico das potências europeias e norte-americanas. Nesse sentido, os processos globais não são tão diferentes daqueles que ocorrem na Europa. A disseminação da nação – das elites para as populações mais amplas e do centro para a periferia – ocorreu paralelamente dentro da Europa e também da Europa para fora. Esse processo nunca foi unidirecional. Embora aqueles que detinham o poder econômico, político e militar pudessem impor línguas, normas e regras, quem era sujeito desses processos podia aceitá-las, modificá-las e as subverter. A disseminação das nações e do nacionalismo resultou, assim, em uma variedade de nacionalismos no mundo, que evoluíram de forma diferente dos modelos europeus, baseando-se em seus contextos locais, incluindo a rejeição da experiência colonial.

A propagação do nacionalismo fora da Europa não é marcada por uma distinção nítida em relação ao nacionalismo no continente. Como se observou no capítulo anterior, muitas características da expansão da ideia de nação na Europa tinham, na prática, uma dimensão colonial que impunha categorias nacionais a sujeitos relutantes. Em alguns casos, a assimilação funcionou; em outros, surgiu uma longa luta de resistência. De forma semelhante aos movimentos nacionais no contexto colonial, surgiram nacionalismos na Europa, principalmente nas regiões periféricas do norte, do leste e do sul, que careciam das pré-condições econômicas, da educação ou da alfabetização que pareciam caracterizar o início do nacionalismo na Europa Ocidental. O que se tornou uma característica a mais da disseminação global do nacionalismo foi a questão da raça. Como afirmou a estudiosa feminista estadunidense Anne McClintock (1954-), "o imperialismo e a invenção da raça foram aspectos fundamentais da modernidade industrial ocidental".[3] A raça é uma construção social, e só aos poucos se tornou uma noção importante nos emaranhados globais, à medida que as potências europeias buscavam justificar o comércio de escravos e o domínio político e econômico da África. Como discutiremos em mais detalhes no próximo capítulo, as histórias da raça e a do nacionalismo estão intimamente interligadas.

DUAS ONDAS DE COLONIZAÇÃO

Houve duas ondas de colonização, e cada uma influenciou a ascensão do nacionalismo à sua maneira. Em seus primórdios, o colonialismo subjugou as Américas e criou territórios sob domínio das potências europeias, predominantemente Espanha e Portugal na América do Sul e Espanha, Inglaterra e França na América do Norte. Essas colônias conquistaram a independência entre o final do século XVIII e o início do século XIX, com algumas exceções importantes, como o Canadá. Os nacionalismos que buscavam separar-se da metrópole eram movidos menos pela diferença em relação a ela em termos de língua ou origem e mais pela distância. Na América do Norte, os movimentos pelo autogoverno eram controlados com mão firme pelas elites europeias; na América Latina, havia também uma forte corrente de "nacionalismo crioulo", como o chama Benedict Anderson.[4] Esse nacionalismo crioulo foi construído por novas elites estabelecidas a partir de diferentes origens, valendo-se de populações nativas, bem como de descendentes de escravos e colonos europeus. Na prática, no entanto, as novas elites costumavam excluir grupos de ascendência mista, ao mesmo tempo em que procuravam se distanciar de Espanha e Portugal não por suas diferenças com os centros coloniais, mas por um sentimento de estar sendo marginalizadas e negligenciadas.

Os movimentos de libertação também eram apenas parcialmente nacionais em sua natureza ou tinham uma agenda social. Posteriormente, no decorrer do século XIX, surgiriam pouco a pouco movimentos nacionais coerentes. Um processo semelhante se desenrolou nos Estados Unidos, onde a rebelião contra o domínio britânico tinha como alvo a falta de representação. Em 1773, ao despejarem o chá da Companhia das Índias Orientais na baía de Boston, os manifestantes não estavam se rebelando contra os altos preços do produto, e sim contra a "tributação sem representação" e outras queixas mais mundanas. O imposto sobre o chá era visto como uma violação da autonomia das colônias por parte do Parlamento britânico. Inicialmente, o movimento que levaria à Revolução Americana, em 1776, e à criação dos Estados Unidos na década seguinte não era um movimento nacionalista, nem considerava a possibilidade de uma nação americana específica contra o domínio britânico. Os Artigos da Confederação originais, que regiam as ex-colônias britânicas, destacavam a primazia dos 13 estados sobre uma confederação menos rígida. Na verdade, a criação de um governo nacional forte por meio da convenção constitucional não era, de forma alguma, inevitável, e as colônias poderiam ter mantido essa federação menos rígida ou os estados poderiam ter dado origem a países separados, como aconteceu na América Latina. A diferença fundamental era o tamanho relativamente pequeno e a fragilidade econômica das colônias norte-americanas, o que as levou à cooperação e à integração por necessidade, e não por opção. A nova nação americana, como a maioria de suas equivalentes na América Latina, surgiu aos poucos, depois que as novas elites rejeitaram o domínio da metrópole colonial que compartilhava uma língua, costumes e ascendência.

O primeiro país a buscar a independência cuja elite era distinta da metrópole foi o Haiti, que a conquistou em 1804, após uma luta de 13 anos. Um fato irônico, mas também típico de nacionalismos anticoloniais posteriores, é que o movimento de independência haitiano foi inspirado pela Revolução Francesa, mas foi a França revolucionária, principalmente Napoleão, que procurou reprimi-lo com violência. O movimento nacional haitiano foi, antes de tudo, uma revolta de escravos africanos liderada por Toussaint Louverture (1743-1803), ele próprio ex-escravo. Depois de conquistar a independência, o Haiti continuaria sendo, em termos gerais, uma exceção nas Américas, sendo governado por reis e presidentes cuja maioria descendia de africanos, enquanto no restante do continente predominavam as elites de origem europeia, fossem minoria ou maioria.

Na América Latina, as guerras pela independência com relação a Espanha e Portugal, nas primeiras décadas do século XIX, seguiram os contornos das administrações coloniais. As tentativas de Simón Bolívar de unificar a América espanhola e estabelecer um Estado chamado Grande Colômbia, que incluía a maior parte das regiões do norte da América do Sul, como Venezuela, Equador, Colômbia, Panamá e partes do Peru e do Brasil, fracassaram. O país era mais centralizado e visivelmente menos democrático do que os Estados Unidos. E teve também que travar uma guerra permanente contra a

Espanha e rebeldes. Outras tentativas de unificar vários Estados coloniais na América Latina após a independência também fracassaram, incluindo a República Federal da América Central (1823-1841). No início do século XIX, a maior parte do colonialismo nas Américas havia chegado ao fim, resultando em Estados mais fragmentados nas Américas Central e do Sul, apesar das tentativas de criação de Estados federais, e na expansão dos Estados Unidos ao norte. Com algumas exceções, como o Haiti, as elites desses Estados que se opunham ao domínio colonial pelas metrópoles europeias da Espanha, de Portugal e do Reino Unido refletiam as dos centros europeus. A população geral era mais diversificada, com um significativo contingente não europeu, fosse ele formado por indígenas, ex-escravos africanos ou de ascendência mista, mas esses grupos se situavam em grande parte às margens de influências políticas, sociais e econômicas.

O fim da primeira fase colonial estimulou uma nova onda de colonização no século XIX, principalmente na segunda metade, que se estendeu para além das Américas. Essa nova fase transformou entrepostos avançados de comércio costeiro e controle indireto em grandes colônias territoriais, culminando na Conferência de Berlim de 1884/5, que dividiu a África em possessões coloniais. Além da África, o Reino Unido consolidou seu domínio sobre a Índia, a França, sobre a Indochina, e a Holanda, sobre as Índias Orientais Holandesas. Ao mesmo tempo, as potências europeias estabeleceram portos sob seu controle na China. Onde a expansão colonial encontrou Estados preexistentes, a maioria deles não foi capaz de resistir à dominação europeia. Apenas alguns países, como Libéria, Etiópia, Sião, Japão e parte da China, conseguiram resistir. Porém, em termos gerais, a subjugação colonial não desencadeou o nacionalismo a princípio porque, com exceção parcial do Japão e da China, esses Estados eram muito fracos e suas sociedades, muito fraturadas, para que surgisse uma identidade nacional coesa antes do século XX.

TRAÇANDO FRONTEIRAS COLONIAIS

A maior parte das fronteiras coloniais ignorava as unidades políticas anteriores, mas isso não significa que a tradição de Estado não tenha tido consequências. A intensidade do domínio pré-colonial era muito diferente em partes da África, variando de reinos centralizados, como o do Daomé, a estruturas políticas frágeis, com populações organizadas principalmente em pequenas comunidades de aldeia. Onde existiam reinos pré-coloniais que se refletiram nas fronteiras coloniais, como o Império Jalofo, onde hoje são Senegal e Gâmbia, o potencial integrador da unidade colonial foi mais forte do que em regiões sem legados institucionais consistentes, como Congo ou Somália. O tipo de domínio colonial também era importante. Em alguns casos, os governos coloniais exerciam o poder através das elites locais e deixavam muitas instituições intactas, ao passo que, em outros, o domínio colonial extirpou hierarquias e instituições anteriores. Essa continuidade ou ruptura teria repercussões diretas na construção de Estados e nações na era pós-colonial. No século XIX, o controle colonial não se justificava mais apenas pela política com base em poder ou pela competição com outras grandes potências, mesmo que a "corrida pela África" deixasse poucas dúvidas de que a competição e as afirmações de glória nacional impulsionavam a colonização. Particularmente, os dois maiores Estados coloniais, França e Grã-Bretanha, justificavam seus impérios com base no conceito de missões civilizadoras. Eles empregavam essa ideia de modernizar pessoas atrasadas tanto em suas próprias periferias – da Córsega e da Bretanha, na França, à Irlanda e à Escócia, na Grã-Bretanha – quanto no exterior. Estudiosos como o cientista político estadunidense Michael Hechter (1945-) afirmaram que a expansão gradual dos centros para as periferias na Grã-Bretanha e na França representava projetos coloniais.[5] Assim, a civilização se disseminava como uma extensão de processos anteriores e paralelos, ocorridos na metrópole. No entanto, nestes últimos casos, aqueles que estavam sujeitos a essa pressão

A DISSEMINAÇÃO GLOBAL DO NACIONALISMO E A DESCOLONIZAÇÃO

poderiam se tornar cidadãos iguais, o que não era possível dentro das colônias, e não havia expectativa de independência e autogoverno para os não europeus, e não lhes foram oferecidos até ser impossível ignorar a pressão dos movimentos nacionalistas anticoloniais.

Os impérios que eram Estados-nações, como França e Grã-Bretanha, distinguiam claramente entre os membros da nação que podiam participar dos processos políticos e eram cidadãos e aqueles que viviam nas colônias e possuíam acesso diferenciado a cidadania e direitos políticos. Enquanto os colonos de origem europeia geralmente tinham acesso à cidadania, as populações nativas costumavam ser excluídas. Na estrutura descentralizada do Império Britânico, nenhum dos grupos podia votar em eleições para o Parlamento de Westminster, mas os territórios colonizados por europeus podiam gozar de um nível de autogoverno mais alto do que aqueles onde predominavam populações africanas ou asiáticas. Assim, a Grã-Bretanha criou uma hierarquia colonial ao fazer a distinção entre domínios e colônias. Os domínios desfrutavam de um nível mais alto de autogoverno democrático e autonomia. O primeiro foi o Canadá, estabelecido em 1867, seguido por Austrália, em 1901, Nova Zelândia, em 1907, e África do Sul, em 1910. Índia, Paquistão e Ceilão foram domínios apenas por breves períodos, nos anos anteriores à independência.

A França, com sua estrutura colonial mais centralizada, acabou por conceder a cidadania e o direito de eleger parlamentares para as quatro antigas colônias (três nas Américas – Guadalupe, Martinica, Guiana – e Ilha da Reunião, no Oceano Índico), bem como para as quatro comunas coloniais francesas originais do Senegal. Embora alguns não europeus fossem eleitos ocasionalmente, os assentos no Parlamento e o número de cidadãos correspondentes das colônias eram mínimos. Na Argélia, além dos colonos europeus, apenas os judeus argelinos conseguiam obter o direito à cidadania francesa.

Além de não ter a cidadania de seus colonizadores, os súditos coloniais eram separados de seus vizinhos por limites muitas vezes

99

arbitrários. As fronteiras coloniais davam pouca atenção às questões locais, separando comunidades há muito estabelecidas, enquanto reuniam grupos muito diferentes em novas comunidades políticas. Países como Nigéria e Sudão transpunham a linha divisória religiosa, com populações muçulmanas no norte e cristãs ou animistas no sul. Poucos países podiam ser considerados claramente como Estados-nações em gestação. Na época da independência, as únicas opções eram redesenhar todo o mapa da África de antes ou durante a descolonização ou manter as fronteiras existentes. Movimentos pan-africanos, como a importante Conferência de Todos os Povos da África, realizada em Acra, Gana, em 1958, clamavam pelo "ajuste das atuais fronteiras artificiais" e a posterior criação de federações regionais que levassem aos "Estados Unidos da África".[6] E embora os pan-africanos criticassem corretamente as fronteiras coloniais, uma alteração de grande porte nos limites existentes era um desafio que as potências coloniais europeias não estavam dispostas a enfrentar. Além disso, a maioria das elites africanas também não apoiava a manutenção das fronteiras coloniais. Mudanças de fronteiras eram impraticáveis, em parte porque as potências europeias buscavam se retirar rapidamente da África para evitar custos crescentes e, portanto, não tinham apetite para apoiar um empreendimento tão arriscado. Os pan-africanistas que rejeitavam explicitamente qualquer influência colonial eram parceiros improváveis das antigas potências coloniais. Como consequência, a maioria dos Estados africanos que surgiram na década posterior à independência, em 1957, da primeira colônia subsaariana, Gana, herdou suas fronteiras dos tempos coloniais.

A questão central para o nacionalismo fora da Europa era a de fronteiras e Estados. As fronteiras fora do continente, principalmente nas Américas e na África, não foram produto das mudanças de poder entre comunidades políticas locais, e sim de linhas traçadas em chancelarias europeias, a milhares de quilômetros de distância, com pouca consideração com as populações ou a topografia, e muitas vezes apenas

A DISSEMINAÇÃO GLOBAL DO NACIONALISMO E A DESCOLONIZAÇÃO

algumas décadas antes de essas unidades se tornarem Estados independentes. Quando as colônias da Espanha e de Portugal lutaram pela independência na América Latina, o princípio orientador de suas reivindicações territoriais era *uti possidetis*, que significa "de acordo com o que possuis" em latim. Segundo esse princípio do sistema internacional, um Estado pode reivindicar um território por tê-lo controlado no passado, a menos que esse controle seja transferido por meio de um tratado (evitando a *terra nullis*, ou seja, "terra de ninguém").

Em essência, esse princípio impede mudanças rápidas nas fronteiras, pois favorece a continuidade e as reivindicações preexistentes. Estados latino-americanos que haviam conquistado a independência recentemente concordaram com o princípio *uti possidetis* para traçar as fronteiras entre si com base nos limites coloniais anteriores. Ao manter essas fronteiras, os Estados minimizaram potenciais reivindicações territoriais conflitantes – embora ainda houvesse muitas – e evitaram que qualquer território se tornasse terra de ninguém, fora do controle de qualquer um dos novos Estados, a qual poderia ser reivindicada pelas antigas potências coloniais. Estabeleceu-se uma distinção entre controle legal e na prática, mas as disputas territoriais não foram encerradas. Esse princípio é de utilidade discutível, mas continuou sendo o padrão durante o processo de descolonização na África e na Ásia, mais de um século depois (assim como na dissolução da Iugoslávia e da União Soviética na década de 1990), embora tenha gerado dinâmicas políticas bastante divergentes nos diferentes contextos regionais. Na América Latina, por um lado, a maioria das novas fronteiras dividia populações muito semelhantes, que falavam espanhol (com exceção do Brasil) e incluíam uma mistura de colonos descendentes de europeus, ex-escravos africanos e comunidades indígenas. Na África, por outro lado, o número de colonos era praticamente insignificante, e as fronteiras coloniais dividiam e combinavam populações africanas repletas de línguas, religiões e outros marcadores de identidade distintos, que poderiam evoluir para diferentes nações ou grupos étnicos.

As elites das províncias também apoiaram amplamente a preservação das fronteiras coloniais. Embora fosse plausível haver um grande Estado de língua espanhola na América Latina, um Estado francófono na África Ocidental ou um Estado de língua inglesa no sul da África, eles não surgiram porque as elites locais estavam voltadas às províncias onde construíram suas bases de poder, e não para fora. As exceções foram Kwame Nkrumah (1909-1972), o primeiro presidente de Gana independente, e um punhado de outros políticos pan-africanistas comprometidos, enquanto a maioria dos líderes africanos falava em favor do pan-africanismo ao mesmo tempo em que praticava a política dentro da estrutura vigente, com base nas fronteiras coloniais. Mesmo no período que antecedeu a independência, as elites estavam voltadas às províncias coloniais, e não surgiu nenhum projeto político viável para criar Estados maiores.

**Documento: Declaração sobre
a Concessão da Independência aos Países e Povos Coloniais** [7]

*Adotada pela resolução da Assembleia Geral 1514 (XV)
de 14 de dezembro de 1960*

1. A sujeição dos povos a uma subjugação, dominação e exploração constitui uma negação dos direitos humanos fundamentais, é contrária à Carta das Nações Unidas e compromete a causa da paz e da cooperação mundial.

2. Todos os povos têm o direito de livre determinação; em virtude desse direito, determinam livremente sua condição política e perseguem livremente seu desenvolvimento econômico, social e cultural.

3. Carências na ordem política, econômica e social ou educativa não deverão nunca ser pretexto para o atraso da independência.

4. A fim de que os povos dependentes possam exercer de forma pacífica e livremente o seu direito à independência completa, deverá cessar toda ação armada ou toda e qualquer medida repressiva de qualquer índole dirigida contra eles, e deverá respeitar-se a integridade de seu território nacional.

5. Medidas imediatas devem ser tomadas nos territórios, sem condições ou reservas, conforme sua vontade e seus desejos livremente expressados, sem distinção de raça, crença ou cor, para lhes permitir usufruir de liberdade e independência absolutas.

6. Toda tentativa que vise quebrar total ou parcialmente a unidade nacional e a integridade territorial de um país é incompatível com os propósitos e princípios da Carta das Nações Unidas.

7. Todos os Estados devem observar fiel e estreitamente as disposições da Carta das Nações Unidas, da Declaração Universal de Direitos Humanos e da presente declaração sobre a base da igualdade, da não intervenção nos assuntos internos dos demais Estados e do respeito aos direitos soberanos de todos os povos e de sua integridade territorial.

Ao mesmo tempo, houve numerosos movimentos secessionistas em Estados pós-coloniais, mas a maioria fracassou devido ao consenso sobre a inviolabilidade das fronteiras. O *uti possidetis* também rejeitava as mudanças unilaterais de fronteira, e a maioria dos movimentos secessionistas não conseguiu obter reconhecimento. Esses movimentos, diferentemente daqueles que buscavam a independência em relação ao domínio colonial, só poderiam ter êxito se o país do qual procuravam se separar concordasse, o que obviamente só ocorria em circunstâncias excepcionais. Entre eles estão a Eritreia e o Sudão do Sul, que conquistaram a independência da Etiópia e do Sudão em 1991 e 2011, respectivamente, após décadas de lutas. Caso contrário, os movimentos secessionistas podem conquistar um Estado na prática, ou seja, o controle das funções de Estado em um determinado território, mas sem muito reconhecimento internacional. Por exemplo, a Somalilândia estabeleceu a independência na prática após 1991, quando o Estado somali se desintegrou. Desde então, conseguiu manter sua autonomia, principalmente devido à fragilidade das autoridades somalis. O único caso de secessão não consensual no mundo pós-colonial é Bangladesh, que se separou do Paquistão em 1971. Enquanto o Paquistão procurava reprimir o movimento de independência, inclusive por meio de assassinatos em massa, a distância geográfica em relação ao resto do Paquistão e a intervenção da Índia permitiram que Bangladesh se tornasse independente. Porém, as circunstâncias extraordinárias – uma distância de mais de 2 mil quilômetros entre o que era o antigo Paquistão Oriental e o restante do país, com uma Índia grande e hostil no meio – fazem com que aquela secessão dificilmente seja um modelo para outros lugares.

Dois destacados movimentos secessionistas da década de 1960 (um em Katanga, 1960-1963, e outro em Biafra, 1967-1970) demonstraram as chances limitadas de sucesso, mesmo com apoio externo. Katanga buscou a independência do Congo logo após este tê-la conquistado da Bélgica em 1960, enquanto Biafra se separou da Nigéria em 1967. A secessão de Katanga teve pouco a ver com tensões étnicas e mais com motivações econômicas, pois foi incentivada pela mineradora belga Union Minière du Haut Katanga. Katanga não era um caso isolado, como observou Immanuel Wallerstein, pois "toda nação africana, grande ou pequena, federal ou unitária, tem seu Katanga".[8] Biafra obteve algum reconhecimento internacional, mas acabou sendo derrotada pelo exército nigeriano. A secessão foi desencadeada, em grande parte, pela polarização entre os quatro maiores grupos da Nigéria: hausa e fulani, no norte, e iorubá e igbo, no sul. Essas separações foram aprofundadas por uma divisão religiosa entre o norte, predominantemente islâmico, e o sul, cristão. Em 1966, dois golpes promoveram a polarização étnica e levaram a assassinatos em massa de igbos, o que precipitou a secessão.

O fracasso de Katanga e Biafra desestimulou outros movimentos secessionistas na África, mas não impediu conflitos étnicos, embora estes tenham se dado principalmente pelo controle do governo, e não por secessão, na África e em outros lugares. Aprofundaremos essas questões no capítulo "Conflito étnico".

DIFERENTES CAMINHOS DOS MOVIMENTOS NACIONAIS

A experiência anticolonial exerceu uma influência fundamental sobre os movimentos nacionais que surgiram fora da Europa. Seu objetivo principal era a emancipação em relação ao domínio colonial europeu, por exemplo, na Índia, ou a ameaça de colonização, como foi o caso da China. Ao se definir em oposição às potências coloniais, as elites muitas vezes tinham sido formadas e educadas nos centros coloniais e adotavam ideias de nacionalidade fundamentadas nas experiências europeias. Portanto, o nacionalismo dos movimentos anticoloniais tinha como referência o nacionalismo europeu, mas também sua rejeição.

Um dos primeiros movimentos nacionais do mundo colonial surgiu na Índia, com a fundação do Congresso Nacional Indiano, em dezembro de 1885. O Congresso tinha diante de si uma população muito diversificada e fragmentada, com uma infinidade de comunidades religiosas, incluindo hindus, muçulmanos e sikhs, bem como divisões sociais gritantes em termos de castas e diferenças econômicas. Estas não foram, de forma alguma, uma invenção britânica, mas o domínio colonial, em grande parte indireto, partiu das estruturas de poder e linhas de fragmentação já existentes e as reforçou. Por exemplo, a Lei dos Conselhos Indianos, de 1909, criou registros de eleitores separados para os muçulmanos, garantindo que apenas eles votassem para vagas reservadas a essa população. Ao mesmo tempo em que protegia a minoria muçulmana, a medida também reforçava um sistema político fragmentado segundo critérios religiosos, dificultando a ação de uma oposição pan-indiana. O Congresso havia se oposto a reformas que estavam mais alinhadas às demandas da Liga Muçulmana de Toda a Índia, deixando claras as visões conflitantes de país. O Congresso era secular e rejeitava o sectarismo por ser pré-moderno. Para a Liga Muçulmana, a religião era a preocupação fundamental, e os muçulmanos constituíam uma minoria de cerca de um quarto da população. Havia também grupos nacionalistas hindus, como a Grande Assembleia Hindu de toda a Índia, fundada em 1915. Assim, o movimento nacional indiano era dividido em um movimento cívico, que incluía toda a Índia, e dois movimentos separados, definidos em termos religiosos (e todos persistiriam, pois o Partido do Congresso e o Partido Bharatiya Janata (PBJ) ainda disputam o poder no país, enquanto a Liga Muçulmana acabou sendo decisiva na criação do Paquistão). Os movimentos nacionais hindus e muçulmanos não se definiam apenas pela religião, nem eram necessariamente fanáticos religiosos. Eles imaginavam uma nação definida segundo a religião, mas também marcada por uma cultura diferenciada. Nesse sentido, M. S. Golwarker, secretário-geral da organização nacionalista hindu Rashtriya Swayamsevak Sangh (RSS), concebia a nação da seguinte forma:

> Vivendo neste País desde os tempos pré-históricos está a antiga Raça – a Raça Hindu, unida por tradições comuns, por memórias comuns de glória e desastre, por semelhantes experiências históricas, políticas, sociais, religiosas e outras, vivendo e desenvolvendo, sob as mesmas influências, uma cultura comum, uma língua materna comum, costumes comuns, aspirações comuns. Essa grande Raça Hindu professa sua nobre Religião Hindu, a única Religião no mundo digna de ser chamada como tal.[9]

Os grupos hindus atacavam o Partido do Congresso por supostamente favorecer os muçulmanos. A Liga Muçulmana, por sua vez, afirmava principalmente que o secularismo do Congresso disfarçava seu majoritarismo. Muhammad Ali Jinnah, líder da Liga Muçulmana, disse em um discurso no congresso de seu partido em Lahore, em 1940, que "hindus e muçulmanos reunidos sob um sistema democrático imposto às minorias só podem significar um Raj hindu". Assim como M. S. Golwarker, ele rejeitava a ideia de uma nação indiana em comum, acreditando antes que o islamismo e o hinduísmo "não são religiões no sentido estrito da palavra, e sim ordens sociais diferenciadas, e imaginar que hindus e muçulmanos possam desenvolver uma nacionalidade comum não passa de um sonho".[10] Foi nesse congresso que a Liga Muçulmana conclamou à criação de um Estado muçulmano separado, com o nome de Paquistão. O conflito entre diferentes movimentos nacionais dentro da Índia se reproduziu em muitos outros movimentos nacionais anticoloniais, por meio da competição entre aqueles que buscavam construir uma identidade nacional cívica e includente dentro do território colonial como a nova unidade política e quem tinha como foco critérios mais estreitos e se baseava em identidades étnicas, religiosas ou históricas excludentes. Em uma escala mais ampla, essas são as tensões subjacentes a todos os processos de construção de nação, raramente vencidos de forma conclusiva por qualquer um dos lados. A ideia de uma Índia secular prevaleceu, pelo menos inicialmente, apesar da divisão do país e da criação do Paquistão, bem como das expulsões em massa e da violência, que hoje seriam chamadas de limpeza étnica. (Quando Índia e Paquistão foram criados, em agosto de 1947, mais de 14 milhões de pessoas fugiram buscando a suposta segurança de sua respectiva maioria. No período que antecedeu a independência e durante a partição, entre 200 mil e 2 milhões de pessoas morreram. No entanto, mesmo após a divisão, quase 10% da população era de muçulmanos.) O Partido do Congresso dominou a Índia pós-independência, governando até 1989, com apenas um breve período de três anos na oposição. O partido manteve sua visão laica e, assim, construiu uma Índia baseada em nacionalismo cívico.

Ao contrário da Índia, a China nunca enfrentou colonização total, mas as Guerras do Ópio (1839-1842, 1856-1860) ameaçaram o país, bem como o Japão, com as potências ocidentais buscando ampliar influência nos Estados asiáticos enfraquecidos. Os britânicos forçaram a China, sob a dinastia Qing, a se abrir ao comércio, estabelecer portos abertos por tratado e ceder Hong Kong. A Rebelião dos Boxers (1899-1901) destacou a resistência que surgia a essa pressão. Os "Boxers" eram, na verdade, uma sociedade secreta chamada "Sociedade dos Punhos Justos e Harmoniosos", que incorporava práticas espirituais heterodoxas e protonacionalismo.

NAÇÕES E NACIONALISMOS

Documento: Um encontro com o destino, de Jawaharlal Nehru[11]

Discurso de Nehru à Assembleia Constituinte da Índia,
em 14 de agosto de 1947

Há muitos anos, tivemos um encontro com o destino, e agora chegou o momento de cumprirmos nossa promessa, não de forma total ou plena, mas de maneira muito substancial.

Quando der meia-noite e o mundo estiver dormindo, a Índia despertará para a vida e a liberdade. Chega um momento, o que raramente ocorre na história, em que saímos do velho para o novo, quando uma era termina, e a alma de uma nação, há muito reprimida, encontra expressão. Neste momento solene, convém assumirmos o compromisso de dedicação à Índia e seu povo, e à causa ainda maior da humanidade.

No alvorecer da história, a Índia começou sua busca interminável, e incontáveis séculos são preenchidos com seu esforço e a grandeza de seu sucesso e de seus fracassos. Em tempos bons e ruins, ela nunca perdeu de vista essa busca, nem se esqueceu dos ideais que lhe deram força. Encerramos hoje um tempo ruim, e a Índia se descobre novamente.

A conquista que celebramos hoje é apenas um passo, a abertura de uma oportunidade aos triunfos e conquistas maiores que nos esperam. Será que somos suficientemente corajosos e sábios para agarrar esta oportunidade e aceitar o desafio do futuro?

Liberdade e poder trazem responsabilidade. A responsabilidade recai sobre esta Assembleia, um corpo soberano que representa o povo soberano da Índia. Antes do nascimento da liberdade, suportamos todas as dores do parto, e nossos corações estão pesados com a lembrança dessa tristeza. Algumas dessas dores persistem atualmente, mas o passado acabou, e agora é o futuro que nos chama.

[...]

Chegou o dia – o dia marcado pelo destino – e a Índia se ergue novamente, depois de um torpor e uma luta longos; está desperta, cheia de vida, livre e independente. O passado ainda se agarra a nós em certa medida, e temos muito a fazer antes de resgatar as promessas que tantas vezes fizemos. No entanto, o momento da virada já passou, e recomeça para nós a história, a história que viveremos e na qual atuaremos, e sobre a qual outros escreverão.

108

> É um momento decisivo para nós, na Índia, para toda a Ásia e para o mundo. Surge uma nova estrela, a estrela da liberdade no Oriente, surge uma nova esperança, uma visão há muito acalentada se materializa. Que a estrela nunca se ponha e que a esperança nunca seja traída!
>
> Nós nos regozijamos com essa liberdade, embora nuvens nos cerquem, muitos de nosso povo estejam aflitos e problemas difíceis nos envolvam. Mas a liberdade traz responsabilidades e fardos, e temos que enfrentá-los no espírito de um povo livre e disciplinado.
>
> [...]
>
> E à Índia, nossa pátria tão amada, a antiga, eterna e sempre nova, prestamos nossa respeitosa homenagem e nos comprometemos novamente a servi-la. *Jai Hind* [Vitória para a Índia].

Embora apoiasse a dinastia Qing, a Sociedade rejeitava o papel cada vez mais importante dos missionários cristãos e as concessões que a China teve que fazer às potências ocidentais e ao Japão após a derrota na Guerra Sino-Japonesa (1894-1895). O movimento começou a atacar missionários e, após uma luta pelo poder na corte imperial, os Boxers receberam o apoio da imperatriz Dowager Cixi, que assumiu o comando e declarou guerra às potências ocidentais. Como as legações estrangeiras foram sitiadas por rebeldes em Pequim, a Aliança das Oito Nações, composta por Japão, Rússia, França, Áustria-Hungria, Alemanha e Itália, interveio sob pretexto de proteger os cidadãos estrangeiros nas embaixadas. Um acordo de paz conhecido como Protocolo Boxer encerrou a guerra e fragilizou ainda mais o Estado chinês. Nesse contexto, surgiram debates intelectuais sobre o que constituía a nação chinesa. Embora a China já tivesse características de um protoestado-nação séculos antes, esse confronto com a intervenção europeia e japonesa desencadeou esforços para definir a nação. Surgiram duas correntes: alguns diziam que a nação chinesa era definida pela etnia han, o grupo dominante no Império; outros, como o jornalista e estudioso Liang Qichao, afirmavam que ela fora formada "pela mistura de um grande número de nações".[12]

Quando o último imperador foi forçado a abdicar, em 1911, a República e seu primeiro presidente, Sun Yat-sen, que governou de 1912 a 1913, adotaram um programa afirmando que o Estado chinês incluía cinco nações – han, manchu, mongol, hui e tibetana –, fazendo da China não um Estado han monoétnico, mas uma República composta por diferentes regiões e povos. Os princípios fundamentais dessa nova República definida por Sun Yat-sen incluíam o nacionalismo, bem como a democracia e a subsistência do povo. Esse princípio de *Mínzú*, traduzido como "nacionalismo", enfatizava uma nação abrangente que compreendia os diferentes grupos, como refletido na bandeira do início da República, que exibia cinco listras horizontais para representar os hans, os manchus, os mongóis, os huis e os tibetanos.

Ao assumir o controle de Taiwan, em 1895, e de olho na Coreia, na Manchúria e na Mongólia, o poder cada vez maior do Japão ameaçava a periferia da China, forçando-a a se concentrar em seu núcleo han. Devido à condição precária da China em meio a reivindicações territoriais por parte do Japão e de outros países, o enfoque em sua identidade han, na prática, levou a abrir mão da reivindicação em favor de outros grupos e territórios como parte de um Estado chinês.

Os debates intelectuais se concentravam em saber se a nação chinesa surgira por meio de migração e influências externas ou se suas origens estavam na Antiguidade. A suposta linha direta de continuidade com a Antiguidade ecoava debates semelhantes aos da Europa, como os da Itália sobre seu legado romano ou da Grécia sobre a continuidade do Estado helênico ou das cidades-Estados. Ao contrário da Índia, onde o movimento nacional teve continuidade na forma do Partido do Congresso, na China, o movimento republicano deu origem ao Kuomintang, ou Partido Nacionalista, que foi derrotado na guerra civil em 1949 e manteve o poder apenas em Taiwan. O Partido Comunista representava a alternativa principal, mas havia cooperado anteriormente com os nacionalistas e legitimado seu governo por meio de sua resistência nacional à ocupação japonesa – como outros movimentos partidários comunistas que combinavam fontes nacionais e socialistas de legitimidade, por exemplo, na

Iugoslávia. Na verdade, o Partido Comunista foi crucial na disseminação das ideias do nacionalismo durante a Segunda Guerra Mundial e "o camponês começou a ouvir e usar termos como *Han-chien* (traidor chinês), *wei-chün* (falso exército, ou seja, forças marionetes) [...]. [E] a penetração dessas expressões no vocabulário dos camponeses representava a disseminação de uma força que até então prevalecia apenas entre a *intelligentsia* e as pessoas criadas na cidade – a saber, o nacionalismo".[13] Assim, enquanto a competição na Índia se dava entre movimentos nacionais seculares e diferentes movimentos de base religiosa, os principais partidos que reivindicavam o controle do Estado na China usavam elementos includentes e anticoloniais. Os dois divergiam muito em termos de ideologia política.

Documento: Constituição da República Popular da China[14]
Adotada em 1982 e alterada em 1988, 1993, 1999, 2004 e 2018

A China tem uma das histórias mais longas do mundo. Pessoas de todos os grupos étnicos criaram, juntas, uma cultura de grandeza e têm uma gloriosa tradição revolucionária.

Depois de 1840, a China feudal foi sendo transformada em um país semicolonial e semifeudal. O povo chinês travou muitas lutas heroicas sucessivas por independência e libertação nacional e por democracia e liberdade.

Transformações históricas grandiosas e fundamentais ocorreram na China no século XX. A Revolução de 1911, liderada pelo dr. Sun Yat-sen, aboliu a monarquia feudal e deu origem à República da China, mas a missão histórica do povo chinês, de derrubar o imperialismo e o feudalismo, ainda estava incompleta.

Depois de travar lutas prolongadas e árduas, armadas ou não, ao longo de um percurso em ziguezague, chineses de todos os grupos étnicos, liderados pelo Partido Comunista Chinês e com o presidente Mao Tsé-Tung como líder, em 1949, finalmente acabaram com o domínio do imperialismo, do feudalismo e do capitalismo burocrata, conquistaram a grande vitória da Nova Revolução Democrática e fundaram a República Popular da China. Desde então, o povo chinês assumiu o controle do poder de Estado e se tornou senhor do país.

[...]

> Tanto a vitória na Nova Revolução Democrática da China quanto os êxitos de sua causa socialista foram alcançados pelo povo chinês de todos os grupos étnicos, sob a liderança do Partido Comunista Chinês e a orientação do marxismo-leninismo e do pensamento de Mao Tsé-tung, ao defender a verdade, corrigir erros e superar inúmeras dificuldades e obstáculos. A China será o palco fundamental do socialismo por muito tempo. A tarefa básica da nação é concentrar seus esforços na modernização socialista, a caminho da construção do socialismo com características chinesas.
>
> [...]
>
> Taiwan faz parte do território sagrado da República Popular da China. É dever inviolável de todo o povo chinês, incluindo nossos compatriotas em Taiwan, realizar a grandiosa tarefa de reunificar a pátria.
>
> [...]
>
> A República Popular da China é um Estado multiétnico e unitário, criado em conjunto pelos povos de todos os seus grupos étnicos. Foram estabelecidas relações socialistas de igualdade, unidade e ajuda mútua entre os grupos étnicos, e essas relações continuarão sendo fortalecidas. Na luta para salvaguardar a unidade étnica, é necessário combater o chauvinismo das grandes etnias, principalmente os han, e também combater o chauvinismo étnico local. O Estado fará o máximo para promover a prosperidade comum de todas as etnias.

A ascensão do nacionalismo no Japão teve algumas semelhanças com o que aconteceu na China, em parte como resultado do confronto com o imperialismo europeu e estadunidense. No Japão, a abertura forçada devido à "diplomacia das canhoneiras" implementada pelo comodoro estadunidense Matthew Perry, em 1854, teve um efeito transformador na construção da nação: 14 anos depois, a Restauração Meiji foi desencadeada pela percepção das elites de que a estrutura feudal fragmentada do Japão enfraqueceria sua posição diante das potências europeias, e abriu caminho para um Estado mais centralizado. Nas décadas seguintes, as elites japonesas estudariam o modelo europeu de modernização e seus Estados-nações como referência para o Japão. Isso não significa que o nacionalismo japonês tenha se tornado uma simples cópia do europeu, e sim que as elites japonesas adaptaram a experiência europeia ao seu contexto local. O nacionalismo resultante era tão implementado de cima para baixo e capitaneado pelo Estado quanto o da Europa. O papel central dado ao imperador evocava a continuidade histórica, mas, na verdade, era um produto da construção de nação do final do século XIX: "Costuma ser descrito como intimamente ligado ao *Tennō* (o monarca, 'o imperador') e com reivindicações da 'linhagem ininterrupta do imperador, remontando a 2.600 anos', como o núcleo do que supostamente torna a nação japonesa culturalmente única".[15] Note-se que, ao contrário do nacionalismo francês, que era majoritariamente republicano e via no rei um vestígio da França pré-moderna, o nacionalismo japonês imaginava uma nação na qual o imperador teria um papel central. Essa visão em relação ao imperador se assemelhava mais à da Prússia/Alemanha, com a qual também compartilhava o papel central da burocracia e do exército na construção da nação, mas o imperador não era apenas um promotor da nação, como no caso do alemão ou do rei italiano; ele também fazia parte da reivindicação de antiguidade e continuidade histórica. No final do século XIX e durante o XX, estudiosos e intelectuais japoneses debateram amplamente a definição da nação, se deveriam se concentrar em critérios étnicos ou cívicos, e o papel do Estado, baseando-se na literatura europeia e a incorporando a debates e conceituações de sua própria nação.[16] Embora não existisse como Estado nem como nação antes de meados do século XIX, foi no início do século XX que o Japão surgiu como nação coerente e homogênea, que adotou uma política imperialista em relação a seus vizinhos. Não conseguindo incluir uma cláusula sobre igualdade racial na Liga das Nações, em 1919, o país assumiu uma visão crítica do orientalismo europeu e ocidental e das hierarquias raciais, ao mesmo tempo em que estabelecia um Estado imperial baseado na distinção racial.

As experiências de Índia, China e Japão mostram que os diferentes caminhos dos movimentos nacionais tiveram relação direta com a influência exercida pelas potências coloniais, inclusive as respostas que estas deram às manifestações nacionalistas. Portanto, as variações do nacionalismo representavam tanto emulação quanto reação aos modelos ocidentais.

CONSTRUÇÃO DE NAÇÃO APÓS A INDEPENDÊNCIA

Para a maior parte da África e da Ásia, o modelo foi a experiência indiana de governo colonial. Assim como a Índia, a maioria das colônias africanas era muito diversificada, principalmente na África Subsaariana. Nenhuma colônia poderia ser considerada um Estado-nação no sentido de ter uma grande maioria de pessoas que se identificasse com uma nação. Essa diversidade tinha muitas causas. Por um lado, estava ligada à geografia, já que regiões mais fragmentadas, sem transporte fácil, muitas vezes mantêm altos níveis de diversidade. Além disso, como a assimilação e a construção da nação na África não ocorreram sob o domínio colonial, os países eram mais diversos na independência do que as metrópoles europeias. Àquela altura, a importância das identidades e das línguas locais e regionais nos Estados-nações da Europa vinha se reduzindo por um século ou mais.

Sendo assim, a independência possibilitou que as novas elites africanas politizassem ainda mais as divisões étnicas, empregando a estratégia colonial de dividir para conquistar ou construir um Estado unificado, baseado em uma identidade coletiva. Em resumo, havia dois modelos predominantes de construção de nação: um que tentaria criar uma nação cívica ou multiétnica e outro que enfatizaria o nacionalismo subestatal e politizaria a etnicidade. As escolhas e a probabilidade de êxito não se baseavam apenas na preferência das elites,

A DISSEMINAÇÃO GLOBAL DO NACIONALISMO E A DESCOLONIZAÇÃO

mas também em outros fatores, como a tradição de Estado anterior ao domínio colonial, o grau em que os colonizadores haviam politizado a questão étnica, a origem das elites políticas e a força das instituições das colônias no momento da independência. O padrão de luta anticolonial também tinha seu impacto.

O tratamento diferenciado dos grupos fazia parte da estratégia do poder colonial de dividir para conquistar, resultando na criação de elites coloniais, muitas vezes compostas por membros de grupos étnicos que os colonizadores consideravam "racialmente superiores" e mais "avançados" do que outros.[17] A esse respeito, não só a relação muitas vezes antagônica entre grupos étnicos era consequência do colonialismo, mas a própria existência desses grupos também era um subproduto dele. O colonialismo criou administrações e instituições de Estado, muitas vezes de maneira apenas rudimentar e exploratória, e essas estruturas classificaram e categorizaram as populações, estabelecendo um sentimento de "grupo" onde antes ele pouco existia. Em nenhum lugar isso é mais visível do que em Burundi e Ruanda. Ambos foram inicialmente colônias alemãs que ficaram sob administração belga desde o fim da Primeira Guerra Mundial até 1962. Embora a distinção entre tutsis, hutus e o grupo menor tuá existisse antes do domínio colonial, ainda se discute até onde eles equivaliam a grupos étnicos distintos. Muitos estudiosos argumentam que eles eram mais parecidos com grupos socioeconômicos fluidos, em que a posse de gado determinava quem era tutsi e quem era hutu. Antes do domínio colonial, a região era governada por dois reinos com fronteiras em grande parte idênticas aos dois países de hoje, com o domínio dos tutsis, mas havia uma variação considerável em termos de fluidez do limite entre hutus e tutsis.

Tampouco havia diferença de idioma, religião ou cultura entre eles, mas o domínio colonial era indireto e favorecia a hierarquia política e social existente, fortalecendo ainda mais a minoria tutsi. A estratificação tornou-se mais rígida, etnificada e racializada. Na época

115

da independência, os dois países eram sociedades profundamente divididas, caracterizadas por hutus e tutsis como grupos étnicos distintos e antagônicos.[18]

Quer tenham sobrecarregado os países recém-independizados, quer não, essas relações étnicas antagônicas influenciaram a capacidade das elites de promover uma nação abrangente, que englobasse todos os cidadãos, ou uma nação étnica, mais restrita. Posteriormente, os novos Estados tiveram que estabelecer instituições formais e informais para uma construção de nação includente ou excludente, cujo melhor exemplo foram as políticas linguísticas.

Uma questão fundamental no momento da independência era qual idioma adotar como língua nacional. Embora o inglês e o francês tenham continuado associados ao domínio colonial, muitas vezes não havia línguas nacionais disponíveis, de forma que os antigos idiomas coloniais mantiveram sua condição oficial, junto a uma ou várias línguas locais, como aconteceu no Senegal e em Ruanda. Mesmo quando alguns idiomas eram reconhecidos, outros podiam não ser, por exemplo, o curdo em países como Iraque e Síria ou o berbere na Argélia. A língua foi um aspecto crucial da construção das nações, e diferentes movimentos optaram por caminhos distintos.

Um exemplo diferente vem da Indonésia, onde um dialeto do malaio se tornou a língua nacional, conhecida como *bahasa indonesia* (língua indonésia). A escolha óbvia teria sido o javanês, falado por cerca de 45% da população, enquanto o dialeto no qual a nova língua nacional se baseava era inicialmente usado por comerciantes, e apenas 5% da população indonésia o usava como primeira língua. No entanto, foi justamente a sua condição minoritária (e sua simplicidade) que a tornou atraente. Como tal, poderia servir como um idioma unificador que transcendesse diferentes grupos no vasto Estado. Ela se tornou a língua oficial do movimento nacional em 1928, quando o Congresso da Juventude de Toda a Indonésia a adotou como principal elemento de unidade. Os esforços para promover a língua como

A DISSEMINAÇÃO GLOBAL DO NACIONALISMO E A DESCOLONIZAÇÃO

um pilar da construção da nação começaram bem antes de o país conquistar a independência em relação à Holanda, em 1945. A Índia, por sua vez, tomou um caminho visivelmente diferente em termos de linguagem, embora o ponto de partida fosse semelhante. A parcela dos indianos que falavam hindi era semelhante à dos indonésios que falavam javanês, mas a Índia adotou o hindi e o inglês como principais idiomas nacionais. Outras línguas importantes, como o tâmil e o bengali, não obtiveram essa condição, embora estivessem em uso oficial em algumas partes do país (existem 122 idiomas na Índia, 30 dos quais são falados por mais de 1 milhão de pessoas cada). Com o hindi não sendo aceito universalmente como língua franca, o inglês manteve seu *status* de idioma oficial. Apesar de vários prazos estabelecidos para eliminar gradualmente o uso oficial do inglês, ele continua sendo adotado pelo governo.[19] Em outros aspectos da construção da nação, os diferentes caminhos são exemplificados pelos dois Estados vizinhos da África Oriental, o Quênia e a Tanzânia. Nesta, o governo de Julius Nyerere, um dos líderes do movimento pan-africano, promoveu o suaíli para substituir o inglês como idioma nacional, enquanto mais de 100 línguas são faladas no país. Além disso, as escolas promoveram intensamente uma identidade tanzaniana compartilhada. Nas administrações locais, novas estruturas substituíram as que eram associadas aos sistemas coloniais e a fortes conotações tribais.

A situação foi exatamente a oposta no Quênia, onde Jomo Kenyatta e seu sucessor, Daniel Arap Moi, favoreceram seus próprios grupos étnicos e fizeram menos tentativas de construir uma identidade nacional compartilhada. O suaíli continua sendo muito usado, mas o inglês e os idiomas associados a diferentes grupos étnicos, como o quicuio, se mantiveram como as principais línguas oficiais, inclusive nas escolas. Da mesma forma, o currículo deu menos ênfase à história e à identidade compartilhadas. Por fim, o Quênia manteve instituições tribais da era colonial em nível local, dando maior peso às estruturas etnificadas tradicionais.

Embora ambos os países tivessem uma composição étnica e linguística semelhante na época da independência, as diferentes políticas de construção de nação deram frutos em algumas décadas. O Quênia experimentou várias ondas de violência étnica, e a etnicidade continua sendo uma clivagem política importante. Na Tanzânia, a identidade étnica e as línguas não desapareceram, mas perderam muito de sua importância, sendo forte o vínculo com a identidade baseada no Estado.[20]

Minimizar a importância da etnicidade também pode ser a estratégia de uma minoria no poder. Por exemplo, a Frente Patriótica de Ruanda, liderada pelos tutsis, assumiu o poder após o genocídio em 1994 e proibiu referências à questão étnica, e o "divisionismo" tornou-se oficialmente um crime. Considerando a violência em massa cometida em nome da etnicidade, essa proibição é uma opção política óbvia – que serviu para reprimir as críticas ao regime autoritário liderado por Paul Kagame – e oculta ainda mais o fato de que a pequena minoria tutsi domina o governo. Com mais frequência, tentativas semelhantes de construir uma identidade política comum em outras partes do continente assumiram a forma de proibição de partidos de base étnica ou, em alguns casos, como na Nigéria, os candidatos presidenciais tinham que obter uma certa porcentagem dos votos, em um número mínimo de regiões, para garantir que os vencedores desfrutassem de amplo apoio interétnico.[21] Essa engenharia política e social pode reduzir a polarização étnica, mas também pode servir para reprimir o pluralismo político ou mascarar a dominação por parte de uma minoria.

Os desafios da construção de nação foram particularmente fortes em cenários onde os governos coloniais destruíram as políticas anteriores e não conseguiram preservar as estruturas locais. À medida que as potências europeias lutavam para se desfazer de suas colônias o mais rápido possível, era comum não haver instituições nem elites preparadas para assumir o Estado. Em nenhum lugar a fragilidade das instituições foi tão visível quanto no Congo, onde o governo colonial belga destruiu estruturas de Estado pré-coloniais e deixou poucas bases administrativas. Combinado com um episódio colonial repressivo, incluindo o Estado Livre do Congo governado de forma direta e pessoal pelo rei Leopoldo, não havia muito Estado para governar. A independência foi precipitada e mal organizada, pois a Bélgica a concedeu ao Congo com apenas alguns meses de preparação, em 1960. O que se seguiu foi um governo autoritário personalizado de Joseph-Désiré Mobutu (1930-1997). Mobutu chegou ao poder como líder militar, logo após o Congo conquistar a independência da Bélgica, em 1960, com o apoio de governos ocidentais, incluindo Estados Unidos, França e a própria Bélgica, cuja ampla ajuda financeira durante a Guerra Fria ele usou para manter o poder e enriquecer. O governo ditatorial corrupto de Mobutu tornou-se a personificação de todos os autocratas que surgiram na África Subsaariana após os processos de independência. No entanto, apesar de quase quatro décadas de governo cleptocrata com base no interesse próprio, seu governo também sintetizou alguns esforços de construção de nação pós-colonial. Mobutu procurou descartar os vestígios simbólicos do colonialismo, assumindo o nome indígena Sese Seko Kuku Ngbendu Wa Za Banga, rebatizando a capital Léopoldville com o nome Kinshasa e incentivando uma interpretação moderna da vestimenta tradicional da África como parte da campanha *Authenticité*. Esse esforço se desfez na década de 1990, com o fim do governo de Mobutu. O fracasso da construção de Estado e identidade não deve ser reduzido à personalidade de Mobutu, que parecia uma caricatura de um potentado africano (tendo inclusive contratado um Concorde para levá-lo a Paris para fazer compras), mas também deve levar em consideração o legado colonial.

A evolução do nacionalismo na África inclui um fenômeno distinto dentro da versão não europeia: o nacionalismo dos colonos brancos. Enquanto o nacionalismo crioulo surgia nas Américas, e também na Austrália e na Nova Zelândia, as populações europeias representavam pequenas minorias em outras colônias. Mesmo na Argélia, que tinha uma das maiores proporções de colonos vindos da França e de outros países europeus, os *pied noirs* eram apenas cerca de um milhão de pessoas, ou 10% da população, em 1960. Em contraste, no sul da África, surgiu um nacionalismo distinto, de minoria branca, não ligado ao centro colonial nem a outra metrópole europeia. O cerne do nacionalismo dos colonos brancos era o forte sentido de identidade africânder, baseado na língua, que evoluiu de suas origens holandesas, do calvinismo, representado pela Igreja Reformada Holandesa, e de uma narrativa que destacava a diferenciação histórica. A população africânder ou bôer se originou de colonos holandeses e estabeleceu suas próprias repúblicas no século XIX, sendo incorporada à União Britânica da África do Sul após as Guerras dos Bôeres, em 1902. Com a vitória do Partido Nacional, em 1948, o país estabeleceu um sistema de segregação racial e governo branco conhecido como Apartheid, e em 1961, declarou sua independência em relação à Grã-Bretanha. O Partido Nacional que estava no poder, dominado pelos africânderes, baseava-se na segregação racial existente e procurava forjar um nacionalismo sul-africano branco. Jan Smuts, político que governou o país por muito tempo e autor do preâmbulo da Carta da ONU, observou, em 1917, "que os diferentes elementos em nossas populações brancas deveriam realmente ser usados para construir uma nação mais forte e poderosa do que teria sido possível se consistíssemos puramente de uma linhagem específica". É claro que essa mistura "desejável" estava restrita às populações europeias, e Smuts rejeitava a "mistura de pretos e brancos à velha maneira casual". Ele ainda defendia que o regime estabelecesse uma "política de mantê-los separados o máximo possível".[22] Além da África do Sul, também existiram regimes de colonos brancos na Rodésia (atual Zimbábue) entre 1965 e 1980 e no Sudoeste Africano (atual Namíbia) sob controle sul-africano. A lógica da separação racial se tornou mais complexa e institucionalizada ao longo do tempo, com os chamados bantustões estabelecidos na África do Sul e no Sudoeste Africano, que eram oficialmente autônomos e, em alguns casos, independentes (embora reconhecidos apenas pela

África do Sul) e incluíam sobretudo populações negras rurais que haviam sido despojadas de sua cidadania sul-africana.

As diferentes variantes do nacionalismo dos colonos brancos na África acabaram fracassando. Na Argélia, cerca de 800 mil *pieds noirs* foram evacuados do país na independência, em 1962, depois que muitos se opuseram à negociação do presidente francês De Gaulle com a Frente de Libertação Nacional da Argélia, após oito anos de guerra. O governo de minoria na Rodésia terminou em 1980, quando o país passou a ser comandado pela maioria, sob o nome de Zimbábue. Por fim, o governo da África do Sul abandonou o Apartheid em uma transição pacífica no início dos anos 1990. Muitas comunidades de colonos brancos desapareceram após a independência, por migração voluntária ou por pressão e expropriação por parte dos novos governantes, que muitas vezes perseguiam a população branca por sua associação com o domínio colonial e os privilégios de que desfrutava. Apenas brancos de língua africânder e inglês na África do Sul conseguiam sustentar uma grande comunidade, seja por seu tamanho significativo ou pela transferência pacífica de poder.

O PAN-ARABISMO E O FRACASSO DO NACIONALISMO TRANSFRONTEIRIÇO

Já descrevemos o fracasso das tentativas de promover nações que transcendessem as fronteiras coloniais. No caso dos movimentos secessionistas, esses esforços fracassaram devido à estrutura rígida das fronteiras pós-coloniais, mas as iniciativas para criar movimentos transnacionais também fracassaram. Nenhum caso ilustra isso melhor do que o fim do nacionalismo árabe. O pan-arabismo – a ideia de unificar todas as terras árabes – surgiu no início do século XX, como uma visão política direcionada contra o domínio otomano. Como outros movimentos nacionais, incluía o conceito de criação e promoção de uma linguagem padrão. O árabe preservou sua coesão como idioma escrito em grande parte devido à sua importância como língua do Alcorão. No entanto, os dialetos falados entre o Marrocos, no oeste, e o Iraque, no leste, Sudão e Iêmen, no sul, e Líbano e Síria, no norte variavam tanto que os falantes das variedades de árabe não conseguiam se comunicar facilmente. O movimento de renascimento (*Nahda*), estabelecido pelo escritor e jornalista libanês Jurji Zaydan (1861-1914), procurou popularizar a ideia de uma história em comum e promover a unidade árabe.

A Revolta Árabe liderada pelo xarife Hussein ibn Ali, o Xarife de Meca, durante a Primeira Guerra Mundial foi instigada pelos britânicos contra o domínio otomano e associada ao relato (autoenaltecedor) de Thomas Edward Lawrence (1888-1935). Foi a primeira vez que o nacionalismo árabe se tornou um projeto político. Ele se limitava à península arábica e ao Mashriq, as regiões que incluem os atuais Líbano, Síria, Palestina/Israel, Jordânia e Iraque. As regiões árabes no norte da África – o Magreb – não estavam mais sob controle otomano naquela época, tendo caído sob o domínio colonial europeu entre 1830 (Argélia) e 1911 (Líbia) e, portanto, foram menos afetadas pela Revolta.

Apesar de alguns êxitos, a Revolta não conseguiu impedir a divisão das terras árabes otomanas em territórios sob mandatos governados por França e Grã-Bretanha, o que frustrou o surgimento de um Estado árabe unificado no Oriente Médio. A traição ocidental às promessas de autogoverno (o Ocidente havia incentivado o nacionalismo árabe) também fragmentou a política árabe. Os novos Estados e seus governantes, mesmo sob o domínio colonial, adquiriram a capacidade de construir comunidades políticas distintas e, muitas vezes, as identidades árabe e local entravam e conflito. Nesse contexto, gênero também passou a ter importância, pois as mulheres encontraram um espaço de atuação nos movimentos nacionais, rompendo com padrões anteriores e mais tradicionais de comportamento aceitável. Por exemplo, elas se tornaram importantes apoiadoras do partido nacionalista Wafd no Egito, após a Primeira Guerra Mundial, e na Palestina, uma década depois.[23]

O nacionalismo árabe ganhou força após a Segunda Guerra Mundial. A independência dos Estados árabes, bem como a criação de Israel, facilitou sua ascendência. Um dos pioneiros políticos do nacionalismo árabe foi Michel Aflaq (1910-1989), estudioso sírio e fundador do partido Baath (Renascença), que promoveu as ideias de nação e unidade árabes. Muitas outras personalidades centrais dos movimentos nacionalistas árabes tiveram origem no Líbano e na Síria. Várias delas, incluindo Aflaq, também eram cristãs, e não muçulmanas sunitas como a esmagadora maioria da população árabe.

O baathismo e a maioria dos outros movimentos nacionalistas árabes se baseavam nos temas anticoloniais muito difundidos, bem como na hostilidade em relação a Israel, que se tornou intimamente associado ao colonialismo no discurso pan-árabe. No entanto, os principais objetos de crítica eram os governantes dos Estados árabes, que Aflaq descreveu como os obstáculos centrais à unidade árabe:

> Agora são os árabes que brigam entre si por unidade e federação, república e democracia, liberdade e soberania ou, para expressar de forma mais correta e justa, a briga é entre camarilhas políticas profissionais, que se venderam, assim como sua consciência, aos estrangeiros [...]. Devemos estar acima dessas disputas, que não têm qualquer conexão com a verdadeira questão do nacionalismo, ainda que assumam nomes, termos e nomenclaturas árabes derivadas de objetivos nacionalistas, mas que, na verdade, são-lhe estranhas.[24]

O nacionalismo árabe atingiu seu apogeu quando Gamal Abdel Nasser (1918-1970) tomou o poder no Egito, após um golpe contra o rei Farouk. Os Oficiais Livres, liderados por Nasser, estabeleceram uma república e assumiram como pilares ideológicos o nacionalismo e o socialismo árabes, bem como o não alinhamento. Como um dos líderes do movimento anticolonial, o carismático Nasser tornou-se a figura de maior destaque do mundo árabe. Em 1958, o Egito estabeleceu uma união política com a Síria, chamada República Árabe Unida (RAU), e formou uma união menos rígida com o Iêmen do Norte, sob a bandeira dos Estados Árabes Unidos, com o objetivo de unir o mundo árabe. Contudo, ambas as uniões se desintegraram em 1961. O domínio egípcio da RAU levou a um golpe na Síria e ao fim prematuro do Estado conjunto. Com a derrota do Egito e seus aliados nas guerras subsequentes contra Israel, em 1967 e 1973, e devido ao poder crescente das monarquias ricas em petróleo no Golfo, a estrela do pan-arabismo e do nacionalismo árabe começou a enfraquecer. Após a morte de Nasser, em 1970, o movimento carecia de um orador carismático, e os dois regimes formalmente pan-árabes, na Síria, após 1963, e no Iraque, entre 1968 e 2003, tornaram-se veículos para as ditaduras pessoais de Hafez al-Assad e Saddam Hussein, respectivamente, que não apenas eram hostis um ao outro, mas também reduziram o nacionalismo árabe a palavras vazias e o macularam por associação.

Assim, o pan-arabismo e o nacionalismo árabe foram instrumentalizados e desacreditados pelas ditaduras corruptas e brutais do mundo árabe. No início da década de 1980, o islamismo político tornou-se uma alternativa mais popular ao nacionalismo árabe. Além disso, as populações árabes provaram ser muito diversas e difíceis de convencer com relação à unidade política em nome de uma nação árabe. Embora continue existindo um espaço cultural árabe, a noção de uma nação comum se desvaneceu. Os esforços dos intelectuais para promover a ideia da unidade árabe não se traduziram em realidade política, pois as elites, um grupo diversificado de reis, sultões e presidentes vitalícios, permaneceram divididas.[25] Hoje em dia, a Liga Árabe é o único reflexo institucional da ambição da unidade árabe, mas é uma organização internacional fraca, frustrada pelo relacionamento conturbado entre seus membros.

Bem antes de o islamismo político se tornar o movimento e a ideologia predominantes em muitos países muçulmanos, incluindo o mundo árabe, a religião já era mais importante do que os ideólogos do nacionalismo árabe conseguiam admitir. As antigas terras otomanas que foram divididas entre os mandatos francês e britânico após a Primeira Guerra Mundial eram majoritariamente árabes, mas multirreligiosas, também comportando importantes comunidades cristãs, bem como outras pequenas denominações, como os drusos, e a divisão crucial entre muçulmanos xiitas e sunitas. Embora o pan-arabismo tenha procurado superar essas divisões, elas se tornaram mais arraigadas ao longo do tempo. O Líbano constitui um estudo de caso esclarecedor a esse respeito. O país foi criado pela França como um Estado predominantemente cristão no Mediterrâneo Oriental. O Pacto Nacional Libanês de 1943 possibilitou um acordo político não escrito entre as elites cristã e muçulmana para governar conjuntamente o país. A partilha de poder entre as religiões incluía maronitas, ortodoxos, sunitas, xiitas e drusos, bem como outras pequenas comunidades. Isso criou um equilíbrio frágil, que fez do país uma das poucas democracias eleitorais do Oriente Médio e, ao mesmo tempo, um sistema volátil que levaria a 15 anos de guerra civil, entre 1975 e 1990. Embora não tenham se aglutinado em identidades nacionais plenas, as confessionais se mostraram politicamente mais relevantes do que a identidade libanesa geral. Em outros Estados, as elites sunitas dominaram inicialmente, em combinação com o regime autoritário. Na Síria e no Iraque, as comunidades xiitas foram marginalizadas e, com o tempo, as distinções religiosas adquiriram cada vez mais relevância. No Iraque, o domínio sunita durou até a queda de Saddam Hussein, durante a invasão de 2003, pelos Estados Unidos. Na Síria, por outro lado, o domínio sunita terminou quando Hafez al-Assad assumiu o poder na década de 1970 e consolidou seu governo incluindo muitos alauítas (uma minoria religiosa regional) como ele nas estruturas de poder. Como resultado, Iraque e Síria se tornaram regimes seculares nos quais minorias religiosas governavam uma maioria com origem islâmica diferente. Em todos os três casos, a religião passou a ser um marcador de identidade mais importante do que o Estado ou a identidade árabe.

A frase atribuída ao diplomata egípcio Tahseen Bashier, de que "o Egito é o único Estado-nação do mundo árabe, enquanto os demais são apenas tribos com bandeiras",[26] pode ter sido uma hipérbole, mas refletia a fragilidade dos Estados no Oriente Médio. Mesmo assim, apesar de a condição de Estado e a identidade nacional terem uma base fraca, os esforços pan-árabes fracassaram. Não se estabeleceram outras identidades transnacionais e, portanto, os Estados baseados em critérios coloniais se mantiveram. Os conflitos secessionistas foram excepcionais e geralmente definidos pelo legado colonial, como o que ocorreu no Saara Ocidental pela independência do Marrocos ou a divisão do Iêmen e da Líbia, onde as falhas geológicas acompanham, em grande medida, as divisões coloniais.

CONCLUSÃO

Fora da Europa, o nacionalismo surgiu em primeiro lugar como uma característica fundamental dos movimentos anticoloniais que se opunham à predominância das potências europeias, mas se baseavam em ideias europeias. Portanto, a contradição entre aceitar a ideia de autogoverno para a Europa, mas rejeitá-la para países não europeus, comprometia o colonialismo. O enfraquecimento das potências coloniais durante as duas Guerras Mundiais e a experiência de soldados não europeus lutando e morrendo por elas solaparam a lógica do colonialismo. Embora o movimento anticolonial esgrimisse lemas pan-africanos e pan-árabes, os Estados independentes mantiveram as fronteiras coloniais. Por ocasião da independência, o nacionalismo muitas vezes era um elemento fraco, restrito a pequenas elites geralmente educadas na metrópole europeia. A construção de nação que se seguiu à independência tomou vários caminhos, baseando-se em tradições anteriores em termos de Estado, na tradição colonial e no padrão da luta anticolonial, além de refletir a composição específica da elite na independência.[27]

Uma das características definidoras da era do nacionalismo é a ideia da nação como princípio universal de organização das comunidades. Esse conceito se difundiu à medida que o colonialismo ligava o mundo à Europa, mas não significa que a ideia de nações fosse apenas uma cópia dos modelos europeus. Em vez disso, o nacionalismo, no mundo todo, se baseava tanto na emulação quanto na resistência. Ele se tornou uma força importante para que os movimentos anticoloniais enfrentassem o domínio colonial, desde a luta não violenta do Partido do Congresso, na Índia, até a campanha violenta da Frente de Libertação Nacional, na Argélia. Após a independência, ele proporcionava uma identidade abrangente para incorporar vários grupos étnicos ou a lógica dominante para excluir minorias ou marginalizar maiorias.

O NACIONALISMO APÓS O ESTABELECIMENTO DO ESTADO-NAÇÃO

Conforme discutido nos dois capítulos anteriores, no decorrer dos séculos XIX e XX, os Estados-nações surgiram em todo o mundo como o tipo predominante de Estado. Adotaram estratégias variadas para converter ou reafirmar suas naturezas nacionais. Assim, seu estabelecimento não significa o fim do nacionalismo. Mesmo que um objetivo central dos movimentos nacionais seja a criação de Estados-nações, a ser alcançada através de transformação de Estados existentes, secessão, unificação ou descolonização, o resultado não é um Estado-nação pronto. Em vez disso, a instituição do Estado-nação geralmente precedeu a ampla aceitação da nação entre seus cidadãos. Transformar, ou melhor, manter a nação como pilar central do Estado e da identidade social é uma tarefa sem fim. Esses processos podem ser direcionados a migrantes e minorias que não se encaixem na concepção predominante sobre quem é membro da nação ou para reafirmar a nação em detrimento de outras identidades concorrentes. Além disso, também há competição entre diferentes nacionalismos, ou seja, conceitos divergentes sobre como definir a nação, de caráter includente ou excludente. A nação nunca está completa, mas sim em transformação e desenvolvimento constantes. Grande parte desse nacionalismo se enquadra na categoria de latente, podendo ser includente ou excludente. O nacionalismo costuma se refletir nas políticas do Estado, de cima para baixo, ou pode também fazer parte de uma ampla gama de práticas cotidianas levadas a cabo por cidadãos, empresas e associações. Estas podem ser "banais", no sentido de que são pequenas rotinas e não atos revolucionários de luta pela nação. Usando a expressão "nacionalismo banal", o cientista social britânico Michael Billig afirmou que o nacionalismo cotidiano inclui "práticas rotineiras e discursos cotidianos, principalmente nos meios de comunicação de massa, [através dos quais] a ideia de nação é regularmente sinalizada [...]. Por meio dessa sinalização, nações estabelecidas são reproduzidas como nações, com seus cidadãos sendo inconscientemente relembrados de sua identidade nacional".[1] Banal, no caso, não significa sem sentido ou insignificante, e sim que o nacionalismo se reflete não apenas na alta política ou na mobilização deliberada de grupos radicais, mas também em muitos outros hábitos e sinais cotidianos. Portanto, ao contrário do conflito étnico, que é o tópico do próximo capítulo, o nacionalismo cotidiano está longe de ser extraordinário, mas também não é inerentemente benigno. Ele pode ser violento e excludente, como a discriminação contra os ciganos ou outras minorias que ocorre em muitos países europeus.

Neste capítulo, exploraremos algumas das formas como o nacionalismo afeta as pessoas na vida cotidiana, desde a cidadania e outras políticas estatais, que dão um sentido particular ao Estado e à nação, até o surgimento de nacionalismos regionais que desafiam a estrutura do Estado-nação. Por fim, o capítulo explorará a interface do nacionalismo com outros marcadores de identidade, como classe, gênero, religião e raça.

NAÇÃO E CIDADANIA

Uma questão central para o Estado é como organizar a cidadania, tanto em termos de regras formais de inclusão e exclusão quanto nas muitas maneiras informais com que alguns grupos são privilegiados em detrimento de outros. Todos os Estados estabelecem limites em termos de suas fronteiras físicas, bem como sobre quem é membro da comunidade política, uma categoria que coincide em grande parte com a cidadania. Em termos de escolhas, o sociólogo israelense Sammy Smooha afirma que podemos distinguir entre democracias que reconhecem nações e aquelas que lhes são formalmente cegas.[2] É claro que, mesmo que um Estado feche os olhos para a existência de determinadas nações, isso não significa que ele possa facilmente ser neutro ou cego. Até mesmo a escolha do idioma do Estado pode predeterminar uma preferência dada a um determinado grupo. Como os Estados modernos estabelecem idiomas oficiais para uso na vida pública, inclusive na educação, essa escolha pode dar preferência a uma ou várias nações associadas a esse idioma. A única alternativa é adotar uma língua "neutra", como o inglês ou o francês, que estão em uso nas ex-colônias africanas, ou outra língua franca que não esteja associada a nenhum grupo específico, conforme discutido no capítulo anterior. Mesmo que a questão do idioma esteja resolvida, a História ensinada, os símbolos usados e outras escolhas feitas pelos Estados costumam privilegiar um grupo em prejuízo de outros.

Portanto, ainda que se aceitem as limitações da neutralidade, é possível diferenciar Estados que se definem como Estados de seus cidadãos, sem o objetivo de construir uma comunidade nacional, daqueles que buscam criar uma nação cívica. Os Estados Unidos são um bom exemplo do primeiro tipo de democracia liberal individual, que está menos preocupada em forjar uma nação cívica coerente, enquanto a França exemplifica o segundo, com o estabelecimento de uma nação cívica que, pelo menos em teoria, oferece a possibilidade de adesão a todos. Os Estados Unidos podem ter sido historicamente mais céticos do que a França em relação às línguas faladas fora da sala de aula e menos preocupados com a afirmação formal de pertencimento à nação, mas há uma pressão social considerável para afirmar a participação na nação cívica, incluindo sua exibição externa através da bandeira e outros símbolos de "patriotismo".

De acordo com Smooha, existem três tipos de regimes democráticos que reconhecem etnicidade ou nacionalidade: Estados multiculturais, Estados consociativistas e democracias étnicas. O Canadá é um bom exemplo do primeiro, com sua política de Estado que promove o multiculturalismo, um tópico que será discutido mais detalhadamente no capítulo "A migração e as políticas da diversidade". O país reconhece explicitamente a diversidade de identidades, mas identidades coletivas específicas não são reconhecidas como tais, e os direitos coletivos não são concedidos formalmente. Assim, o multiculturalismo é mais bem entendido como o reconhecimento, pelo Estado, da diversidade e sua resposta pragmática e includente. Nos sistemas consociativistas, as nações ou os grupos étnicos são formalmente reconhecidos e incorporados ao sistema político por meio de um conjunto de ferramentas institucionais, como representação executiva, representação proporcional na administração pública e no legislativo, direitos de veto e autonomia. Essa abordagem, como exploraremos em mais detalhe no próximo capítulo, é uma resposta frequente ao conflito étnico e é adotada em sociedades profundamente divididas.

Por fim, nas democracias étnicas, um grupo (geralmente a maior nação) domina o sistema político e exclui outros. A exclusão pode restringir o acesso à cidadania ou a direitos e poderes sociais, econômicos

O NACIONALISMO APÓS O ESTABELECIMENTO DO ESTADO-NAÇÃO

e políticos. Em sua forma mais radical, isso pode resultar na privação de direitos de uma grande população, até mesmo de uma maioria. Se tomarmos a África do Sul durante a era do Apartheid ou os Estados Unidos antes do movimento pelos direitos civis, veremos que a população não branca era juridicamente excluída da cidadania e dos direitos iguais ou marginalizada por meio de ferramentas indiretas de exclusão. Esses diferentes tipos de regime podem ser encontrados em sistemas autoritários, por conta da ausência de representação democrática do grupo étnico dominante.

A forma como o Estado se posiciona em relação à questão da identidade nacional influencia um conjunto de políticas que se pode oferecer ou negar, desde idiomas oficiais até currículos escolares e de feriados nacionais a direitos coletivos. O primeiro e, em muitos aspectos, o mais importante reflexo de como o Estado se vê são suas políticas para se adquirir cidadania. Como os não cidadãos não podem votar (com exceções) e não gozam dos mesmos direitos e proteções dos cidadãos, a cidadania determina quem pertence à comunidade e quem não pertence.

A distinção mais importante da cidadania é como o acesso a ela é concedido. Pode ser baseado na residência no país, muitas vezes chamado de *jus soli*, o direito do solo, ou seja, uma pessoa nascida em um país é automaticamente sua cidadã. Essa abordagem reflete a lógica das sociedades imigrantes, na qual os migrantes se instalam e procuram fazer do seu novo país um lar permanente, pelo menos em teoria. Hoje em dia, a maioria dos países das Américas ainda concede cidadania baseada no nascimento. Uma abordagem semelhante tem caracterizado as regras francesas sobre a cidadania. Como a nação se definia como aberta a todos os habitantes da França, a cidadania era concedida segundo esse critério. O modelo oposto é chamado de *jus sanguinis*, o direito de sangue, em que a cidadania é concedida com base na ascendência. Tradicionalmente, a abordagem alemã tem sido o protótipo dessa visão da cidadania. Hoje, ela é o modelo predominante em todo o mundo, ainda que a própria Alemanha tenha modificado suas leis e deixado de insistir de forma rígida na ascendência. Os dois tipos de cidadania coincidem muito com as respectivas concepções de nação, como exploramos em capítulos anteriores, ou seja, uma nação cívica baseada na população de um Estado ou uma nação étnica onde prevalece a ascendência.

Atualmente, a maioria dos países europeus não segue rigidamente nenhum desses conceitos de cidadania. Sobretudo desde o final dos anos 1980, muitos avançaram em direção a um meio-termo, com poucos baseando sua cidadania apenas na ascendência ou no local de nascimento, permitindo a naturalização de alguns, não com base na ascendência e, por sua vez, não oferecendo cidadania a todos os nascidos no país, independentemente da cidadania dos pais.

O conceito de ascendência pode ser definido em termos tanto étnicos quanto cívicos, mas ambos resultam facilmente em exclusão. Após a independência, em 1991, os Estados bálticos estabeleceram leis de cidadania que davam acesso automático aos habitantes que pudessem demonstrar que eles ou seus ancestrais eram cidadãos das repúblicas bálticas do período entreguerras. A Letônia, a Lituânia e a Estônia surgiram após o colapso do Império Russo, em 1917 e 1918, tendo mantido sua independência até 1939, quando ela foi encerrada pela ocupação soviética e depois, alemã, seguida novamente pelo domínio soviético. Portanto, a cidadania nesses países se baseava na ascendência, mas não era descrita oficialmente em termos étnicos, pois os descendentes de minorias russas, alemãs, judaicas e outras nos Estados bálticos que remontam ao período entreguerras podiam requerê-la. No entanto, as leis excluíam um grande segmento da população. Durante os 40 anos de domínio soviético, milhões de migrantes se mudaram de outras repúblicas da URSS para esses países, principalmente Letônia e Estônia. Na independência, em 1991, várias centenas de milhares de falantes de russo viviam nos dois países, representando 30% a 40% da população. Exceto por um pequeno número que conseguia demonstrar que eles próprios ou seus ancestrais haviam vivido nas repúblicas do entreguerras, a maioria não teve

O NACIONALISMO APÓS O ESTABELECIMENTO DO ESTADO-NAÇÃO

acesso automático à cidadania. Adquiri-la não era fácil, pois era preciso superar obstáculos consideráveis, principalmente aprender a nova língua do Estado. Apesar dessas dificuldades, muitos falantes de russo adquiriram a cidadania estoniana ou letã desde a independência, mas 15% dos habitantes da Estônia em 2017, que eram ou cidadãos russos ou não tinham uma situação clara, ainda eram apátridas, na prática.

Se os bálticos basearam o princípio da ascendência em regimes de cidadania anteriores que haviam sido interrompidos, a Alemanha historicamente fundamentou sua cidadania na ascendência. Isso ficou especialmente visível na imigração de alemães étnicos para o país após o fim do comunismo, os chamados *Spätaussiedler*, ou reassentados tardios. Com a queda da Cortina de Ferro, a emigração tornou-se possível e atrativa para muitos na Europa Oriental. Desde a década de 1950, a Alemanha Ocidental tinha uma lei que permitia a imigração de alemães do Leste Europeu, mas a Cortina de Ferro limitava a imigração oriunda de países comunistas. Depois de 1989, os números aumentaram muito. Da década de 1950 à de 1970, cerca de um milhão de alemães chegaram à Alemanha Ocidental vindos do Leste Europeu, seguidos por outro milhão nos anos 1980, principalmente no final da década, e dois milhões nos anos 1990. A maioria desses "alemães" que chegaram à Alemanha nunca viveram no país, mas faziam parte de minorias de língua alemã que existiam em todo o Leste Europeu, do Báltico à Romênia, por séculos, bem antes da criação do Estado-nação alemão. No entanto, eles recebiam não apenas refúgio na Alemanha, mas também a cidadania, se conseguissem comprovar ascendência alemã ou um compromisso identificável com a cultura nacional, por exemplo, por meio de uma declaração, excelente conhecimento de alemão ou a demonstração de que haviam aprendido o idioma em casa. Para comprovar ascendência, geralmente bastava um dos avós. Ironicamente, os notórios *Ariernachweise*, ou certificados arianos, exigidos dos alemães durante o Terceiro Reich para provar sua ascendência não judia, serviram como prova legítima.

135

Para muitos desses *Spätaussiedler*, considerações pragmáticas, como perspectivas de emprego, costumavam ser mais importantes do que o compromisso com a nação alemã. Além disso, muitos não falavam alemão nem participavam ativamente da minoria alemã. Porém, as leis de cidadania facilitavam a aquisição da cidadania alemã por indivíduos que conseguissem demonstrar um vínculo mesmo tímido com a nação alemã no Cazaquistão, por exemplo, do que por um cidadão turco nascido na Alemanha de pais imigrantes.

As políticas de cidadania também têm uma dimensão transnacional. Os países que oferecem cidadania baseada em ascendência também a ofereceram a membros do mesmo grupo étnico em outros lugares. Assim, países clássicos em emigração, como Irlanda e Itália, têm permitido que emigrantes e seus descendentes (re)adquiram passaportes com relativa facilidade. Igualmente, mas de forma mais polêmica, Hungria e Croácia dão passaportes e direito de voto a húngaros e croatas étnicos de países vizinhos, o que levanta dúvidas sobre a lealdade das minorias nesses países. A Rússia também deu fácil acesso à cidadania a russos étnicos e outros grupos em países vizinhos, o que foi usado para justificar a intervenção militar russa na Ossétia do Sul e na Abecásia, duas regiões secessionistas da Geórgia, em 2008.

As questões de cidadania são particularmente importantes em países onde esse tema é muito valorizado. Portanto, as discussões sobre quem deve ser incluído ou excluído são mais intensas na Europa e na América do Norte, mas a questão da cidadania também é crucial em outros lugares, principalmente quando a migração é importante. Por exemplo, na Costa do Marfim, a cidadania ganhou relevância em meados da década de 1990. Em 1993, Aimé Henri Konan Bédié sucedeu o ditador Félix Houphouët-Boigny, que havia governado por muito tempo, mas enfrentou adversários fortes em 1995, incluindo Alassane Ouattara, um alto funcionário do Fundo Monetário Internacional (FMI). Considerando que tinha havido uma migração intensa de Burkina Faso, o Parlamento exigiu que os candidatos tivessem pais nascidos na Costa do Marfim, resultando no impedimento de Ouattara. No total, existem cerca de 700 mil apátridas na Costa do Marfim, a maioria formada por migrantes vindos de Burkina Faso e seus descendentes, muitos dos quais já viviam lá quando o país se tornou independente. Além de usar a cidadania para excluir adversários políticos, é possível empregar as políticas de cidadania para exclusão coletiva. Em Mianmar, a minoria muçulmana ruainga vem sendo submetida a uma ampla experiência de exclusão com base na cidadania. Desde a independência, os ruaingas tiveram sua cidadania negada naquele Estado predominantemente budista. A repressão estatal contra eles aumentou em 2016, após confrontos entre o exército e as forças rebeldes. Além da dinâmica do conflito étnico, tema do próximo capítulo, o regime militar expulsou mais de um milhão de ruaingas para o vizinho Bangladesh, com as autoridades de Mianmar alegando que eles eram, na realidade, migrantes vindos daquele país. O exemplo ilustra como fazer política com a cidadania pode sustentar e justificar políticas deliberadas de exclusão.

No entanto, na maioria das vezes, a cidadania cria uma hierarquia de tempos de paz entre os "donos" do Estado e aqueles que têm uma condição menos definida. A criação da cidadania da União Europeia, que é complementar à cidadania baseada nos Estados e oferece liberdade de circulação e alguns direitos políticos, colocou em questão a distinção rígida entre cidadãos e não cidadãos.

A cidadania pode não garantir igualdade, pois outras hierarquias privilegiam alguns cidadãos em detrimento de outros. Entre os exemplos, estão as leis Jim Crow nos Estados Unidos, bem como leis e políticas contra os ciganos roma na Europa, que os tornaram cidadãos de segunda classe. Esse tipo de hierarquia também pode ser bem ilustrado no caso de Israel. Desde a sua criação, o país tem sido o lar de árabes israelenses que não foram expulsos e não fugiram na independência. Ao contrário dos palestinos da Cisjordânia e em Gaza, esses árabes palestinos têm cidadania israelense e eram cerca de 21% da população de Israel em 2013. Embora possam votar e participar da vida pública, os cidadãos árabes israelenses são estruturalmente marginalizados, pois o Estado de Israel é definido como um Estado judeu, desde seus símbolos até muitas de suas políticas. Isso foi consagrado no direito em 2018, com uma lei para o Estado-nação que, nas palavras do primeiro-ministro Benjamin Netanyahu, garantiu que

> Este seja o nosso Estado, o Estado dos judeus. Nos últimos anos, alguns tentaram lançar dúvidas sobre isso e, assim, solapar os alicerces de nossa existência e nossos direitos. Hoje, gravamos na pedra da lei: este é o nosso Estado, esta é a nossa língua, este é o nosso hino e esta é a nossa bandeira.[3]

Essa distinção entre maioria e minoria também se reflete nas políticas de migração. Enquanto os judeus podem migrar para Israel e recebem a cidadania automaticamente, os palestinos cujos ancestrais viveram no território não podem retornar. Com essas hierarquias de cidadania, os Estados reafirmam sua posição como Estados-nações.

A relação entre Estados e identidade é complexa. Conforme discutido anteriormente, os Estados (tanto os Estados-nações quanto os Estados multinacionais) implementarão sua visão da identidade nacional por meio de leis de cidadania que estabelecem diferentes critérios de inclusão ou exclusão. No entanto, a cidadania está longe de ser o único contexto em que a política de Estado e as nações interagem, mesmo além do período formativo da construção do Estado, e principalmente do Estado-nação.

Como já exposto, as políticas relacionadas a língua e educação refletem a visão do Estado sobre sua população. Essas escolhas linguísticas podem excluir ou incluir alguns de seus cidadãos. Além disso, o sistema educacional determina não apenas a língua que as crianças aprendem, mas também a História que é ensinada. Essa História cria uma narrativa cívica ou étnica sobre a nação? Como são retratados os Estados e povos anteriores? Alguns países que reconhecem minorias podem oferecer formação linguística e aulas de História separadas, e até mesmo escolas

O NACIONALISMO APÓS O ESTABELECIMENTO DO ESTADO-NAÇÃO

separadas, para crianças de minorias. Esses sistemas educacionais separados podem ser tanto empoderadores quanto excludentes. Assim, nos Estados bálticos, que herdaram um sistema escolar dos tempos soviéticos, no qual diferentes línguas maternas eram ensinadas em diferentes escolas, pouco foi feito para incluir as minorias de língua russa, o que as marginalizou ainda mais. À medida que crescia o prestígio social das línguas do Estado, era comum os pais falantes de russo começarem a enviar seus filhos a escolas que ensinassem nessas línguas, para lhes proporcionar uma vantagem social, mesmo não aprendendo sua língua materna. Da mesma forma, é comum as crianças ciganas na Europa Central e no sudeste do continente serem enviadas a escolas voltadas a necessidades especiais, o que as impede de avançar para o ensino secundário e a universidade, resultando em segregação e discriminação.

CATEGORIZANDO OS CIDADÃOS

Os Estados também contam e categorizam seus cidadãos. O que pode soar como um processo técnico, o recenseamento é um método altamente político de criação de categorias de identidade e de inclusão e exclusão de grupos populacionais. A ONU observa que "o censo tradicional está entre os mais complexos e massivos exercícios realizados pelas nações em tempos de paz".[4] Grande parte do recenseamento tem pouco a ver com identidade e mais com planejamento econômico e social. No entanto, os censos costumam fazer perguntas aos cidadãos sobre religião, língua materna ou identidade nacional, e essas questões se revelaram altamente polêmicas na multilíngue Monarquia de Habsburgo do século XIX, bem como em países multirraciais, como os Estados Unidos. Os recenseadores dos Estados contemporâneos procuram criar um quadro completo e abrangente, não apenas para governar melhor, mas também para impor categorias específicas. Como observa Benedict

Anderson, os recenseamentos coloniais introduziram categorias raciais ou étnicas que não apenas faziam parte de estratégias voltadas a "dividir para conquistar", mas também eram fruto de um desejo verdadeiro, ainda que equivocado, de compreender e categorizar.[5]

Portanto, os censos não são meros exercícios estatísticos nos quais se contam identidades reais e fixas. Ao reconhecer algumas e ignorar outras, eles criam identidades. Os censos definem os limites ao determinar quais categorias são legítimas e existem implicitamente. Ou seja, uma vez que um grupo é contado, ele pode ser ignorado pelo Estado se for pequeno ou pode se tornar objeto de políticas estatais. No entanto, isso pressupõe que o grupo seja uma unidade coerente.[6] Esse pressuposto tem sido contestado com frequência, principalmente quando se trata de comunidades ciganas na Europa Central e Oriental, que estão longe de ser uma minoria unificada. Hoje existem cerca de 10 a 12 milhões vivendo na Europa, o que faz deles a maior minoria europeia transnacional. No entanto, é difícil obter dados oficiais, pois muitos não desejam se identificar como ciganos nos censos, devido à discriminação passada e ao medo de consequências negativas por ser identificados assim. Também reflete o desejo de muitos deles de se assimilarem à nação dominante para melhorar sua posição social e econômica. Além disso, o sentido de identidade cigana unificada costuma ser frágil, com base no fato de eles falarem várias línguas (muitas vezes não o romani), o que também varia muito em todo o continente (e fora dele), e praticarem religiões diferentes, além do fato de as subcomunidades menores terem forte senso de identidade. Não é de surpreender que os censos sejam muito superficiais para captar a complexidade dessa e de outras comunidades, destacando os desafios que surgem quando um processo burocrático padronizado encontra a complexidade das identidades nacionais.

Os censos também classificam identidades. Isso pode ocorrer quando determinadas identidades são promovidas ou desvalorizadas. Na Iugoslávia socialista, por exemplo, a população muçulmana eslava recebeu sua própria categoria como nação em 1971, quando foi listada como "muçulmana", distinta de croatas e sérvios. Ser reconhecidos no censo foi um passo fundamental para o reconhecimento jurídico e a promoção política da comunidade.

Junto às funções de categorização, a finalidade também é crucial. Os recenseamentos dos Estados Unidos mudaram, deixando de ser uma ferramenta para manter a segregação racial e passando a possibilitar políticas de ação afirmativa. Assim, os censos podem servir para dominar, ignorar ou empoderar grupos específicos, e a contagem populacional pode refletir as políticas estatais voltadas à diversidade e à identidade nacional.

RESPOSTAS A IDENTIDADES SUBNACIONAIS

Assim como outros Estados, os Estados-nações interagem com as identidades nacionais de seus habitantes, sejam eles cidadãos ou não. É claro que os Estados não são os únicos atores na formação das nações e do nacionalismo. Os movimentos nacionalistas surgiram em impérios multinacionais, monarquias absolutistas e pequenas cidades-Estados, e quando conseguiram criar Estados-nações muitas vezes absorveram os movimentos que os criaram, os quais se institucionalizaram, inclusive na forma de instituições de Estado, desde academias nacionais de artes e ciências e universidades até associações desportivas organizadas e teatros. Atores não estatais, como mídia, partidos e movimentos sociais, continuaram importantes. Com frequência, as nações que esses movimentos construíram enfrentaram oposição, inclusive por parte de identidades subnacionais regionais, linguísticas e étnicas.

Os nacionalistas supunham que as identidades regionais poderiam ser assimiladas em movimentos nacionais maiores, mas esse processo se mostrou muito mais frágil e duvidoso do que se supunha.

Após a Segunda Guerra Mundial, os Estados da Europa tornaram-se mais homogêneos do que em qualquer outro momento nos séculos anteriores. Milhões de membros de minorias foram mortos ou expulsos durante e após a guerra. A quantidade de judeus, que eram uma minoria substancial na Europa Central e Oriental, foi muito reduzida pelo Holocausto, e os sobreviventes ficaram sujeitos a *pogroms* e discriminação nessas regiões durante o pós-guerra, acelerando sua emigração para Israel. Alemães e outros associados à ocupação e ao terror nazistas foram expulsos, independentemente da responsabilidade pessoal. Assim, ironicamente, à medida que a integração europeia promovia a cooperação e a aproximação dos Estados em toda a metade ocidental do continente, ele foi ficando menos diversificado. Na década de 1950, após a expulsão em massa e os assassinatos da Segunda Guerra Mundial e antes do aumento da migração em grande escala, os Estados europeus estiveram mais próximos do que nunca de ser Estados-nações. No entanto, o monopólio do Estado-nação durou pouco, pois os nacionalismos regionais emergiram e apresentaram suas reivindicações políticas. Ao longo do chamado cinturão celta, esses nacionalismos incluem os movimentos escocês, galês e bretão. Bascos e catalães buscavam mais autogoverno na Espanha, enquanto os falantes de alemão no Tirol do Sul, os corsos na França e outros rejeitavam ser incluídos na nação maior.

Alguns tinham um longo histórico de reivindicações políticas, incluindo os catalães, dotados de um forte sentido de identidade regional que fora reprimido pelo regime franquista. Da mesma forma, o movimento nacional basco ganhou força com o grupo terrorista ETA (*Euskadi Ta Askatasuna*, ou "Pátria Basca e Liberdade"), lutando contra a Espanha, em 1959. Na Irlanda do Norte, o Exército Republicano Irlandês (*Irish Republican Army*, ou IRA) buscava a unificação com a República da Irlanda e rejeitava o domínio unionista na província, resultando em 25 anos de conflito de baixa intensidade, que começou no final da década de 1960.

O que caracterizava muitos desses movimentos era a combinação da política de esquerda com o nacionalismo regional. Grupos como ETA e IRA se viam como movimentos nacionais na mesma linha dos movimentos anticoloniais africanos e asiáticos. Assim, se a construção de nação na França ou no Reino Unido tinha características da *mission civilisatrice* em relação a regiões periféricas com muitas semelhanças com os territórios coloniais, os movimentos nessas regiões nas décadas de 1950 a 1970 rejeitavam o controle quase colonial por parte do centro e o que viam como uma regra fundamentalmente estrangeira. Enquanto alguns aspiravam a se juntar a Estados-nações vizinhos, como o IRA, outros almejavam a independência ou apenas mais autonomia.

Nem todos esses grupos optaram pela violência. O movimento nacional catalão, assim como os falantes de alemão no Alto Ádige/Tirol do Sul ou os defensores da autonomia groenlandesa, buscava alcançar seus objetivos por meio de negociação e, principalmente, queria mais autogoverno em vez de independência total.

Embora não tenham conseguido alcançar a independência completa, na maioria dos casos esses grupos foram bem-sucedidos em termos de autonomia. Por exemplo, o Acordo da Sexta-Feira Santa, de 1998, transferiu o governo à Irlanda do Norte, no Reino Unido; a Constituição espanhola de 1978 concedeu à região basca e à Catalunha um amplo autogoverno; a Groenlândia ganhou autonomia abrangente e deixou a Comunidade Europeia em 1985, enquanto a Dinamarca permaneceu na CE; o Tirol do Sul, com sua maioria de falantes de alemão, conquistou uma autonomia ampla e um avançado sistema de compartilhamento de poder dentro da região, entre os falantes de italiano e alemão. Enquanto alguns movimentos nacionais se concentravam em regiões onde nação e Estado não convergiam, como no Tirol do Sul, outros eram novos e não haviam se identificado anteriormente como nações distintas. Além disso, nem todos os projetos de construção de Estados-nações convenceram seus cidadãos a considerar a nação a principal unidade de identificação. Por exemplo, na Itália, as diferenças entre norte e sul foram além da rivalidade e dos estereótipos regionais. Ao surgir sob a liderança de Umberto Bossi, no final dos anos 1980, a Liga Norte defendia a secessão do Norte e a criação de um Estado chamado Padânia. Embora o partido tenha relegado a Padânia ao folclore e se expandido para o sul, o episódio mostra que fatores que mantêm os Estados-nações unidos podem deixar de funcionar, apesar de um século de construção de nação.

NACIONALISMO COTIDIANO

A capacidade de movimentos nacionais e Estados de persuadir as populações a se identificarem com a nação não é, de forma alguma, algo dado. Sendo assim, as nações não são feitas para se tornar uma categoria permanentemente estável, e sim precisam ser refeitas e reforçadas por meio da construção permanente de nação. Esse processo funciona não apenas por meio de grandes atos, mas também de ações cotidianas pequenas, comuns e às vezes imperceptíveis. Entre elas, símbolos que constam em moedas e selos e a previsão do tempo na TV, que pode ser limitada às fronteiras do Estado ou a mostrar também o clima dos lugares onde vivem pessoas com afinidades étnicas.

Um ritual que exemplifica esse nacionalismo cotidiano é o juramento de fidelidade que as crianças dos Estados Unidos fazem todas as manhãs, no início das aulas. Após várias reformulações, o juramento atual foi adotado em 1942, e em 1954, acrescentou-se a expressão "sob Deus": "Juro ser fiel à bandeira dos Estados Unidos da América e à república que ela representa, uma única nação sob Deus, indivisível, com liberdade e justiça para todos". O juramento é feito nas escolas públicas, em atos de governos de diferentes níveis e na abertura das sessões do Congresso. Mesmo sendo apenas um ritual, enfatiza a importância central da nação, *todos* os dias. Embora não seja obrigatório, a forte pressão dos pares e, às vezes, dos professores faz com que seja muito difícil que alguém não participe.

Ainda mais frequentemente, a nação é evocada não por meio do uso dessa palavra específica, e sim por termos muito mais simples, como "nós". Uma vitória no esporte pode facilmente ser descrita como uma conquista coletiva. As manchetes dos jornais alemães de julho de 2014, após a seleção alemã vencer a Copa do Mundo de Futebol, por exemplo, proclamavam de forma triunfante: *"Wir sind Weltmeister!"* (Somos campeões mundiais!). É claro que nem todos os 90 milhões de alemães foram campeões mundiais, apenas um time formado pelos melhores jogadores de futebol, mas o acontecimento foi comemorado como uma vitória nacional, como costumam ser os eventos esportivos globais.

Documento: *A Marselhesa*. O Hino Nacional Francês[7]

Escrito em 1792 por Claude Joseph Rouget de Lisle, tornou-se Hino Nacional em 1795.

Avante, filhos da Pátria,
O dia da Glória chegou!
Contra nós, da tirania,
O estandarte ensanguentado se ergueu.
Ouvis nos campos
Rugir esses ferozes soldados?
Vêm eles até os vossos braços
Degolar vossos filhos, vossas mulheres!
Às armas, cidadãos,
Formai vossos batalhões,
Marchemos, marchemos! Que um sangue impuro
Banhe o nosso solo!

NAÇÕES E NACIONALISMOS

> ### Documento: O canto dos italianos. Hino da Itália[8]
> *Escrito em 1847 por Goffredo Mameli e Michele Novaro,*
> *tornou-se Hino Nacional em 1946.*
>
> Irmãos de Itália,
> A Itália se ergueu
> Cobriu a cabeça
> Com o elmo de Cipião
> Onde está a Vitória?
> Que lhe sustém a cabeleira
> Ela se curva diante de vocês
>
> Como o escravo de Roma.
> Cerremos fileiras
> Estamos prontos para morrer
> Estamos prontos para morrer
> A Itália nos chamou
> Há séculos que somos
> Espezinhados, desprezados,
> Porque não somos um povo único
> Porque estamos divididos
> Que uma única bandeira, uma única esperança
> nos reúna.
> Soou a hora
> de nos unirmos.

A nação também é evocada quando se trata de consumo. Por exemplo, a Lei de Compras nos Estados Unidos (*Buy American Act*), aprovada em 1933, dá preferência às empresas do país nas compras governamentais, e os Estados Unidos e outros países já fizeram campanhas para incentivar os cidadãos a comprar produtos fabricados internamente, descrevendo essa atitude como um dever nacional ou patriótico. É possível encontrar leis e campanhas semelhantes no mundo todo, incentivando a compra de produtos nacionais, com base em vários argumentos, do ambiental ao patriótico, da segurança alimentar à economia. Em todos esses casos, o marco de referência por trás deles é o

O NACIONALISMO APÓS O ESTABELECIMENTO DO ESTADO-NAÇÃO

Estado-nação. Assim, em 2017, 70% dos estadunidenses consideravam muito ou algo importante comprar produtos fabricados no país.[9]

Essa construção de "marca nacional" também é fundamental no turismo e nos negócios globais, em que os Estados se posicionam no mercado e vendem sua identidade diferenciada a possíveis visitantes e investidores. Portanto, a construção de marca da nação não é apenas um exercício para atrair turistas e impulsionar a economia; trata-se também de projetar uma determinada imagem como Estado e, por extensão, como nação, influenciando implícita ou explicitamente percepções externas. Portanto, a mensagem é um reflexo da visão do Estado e do governo sobre o país, mesmo que as campanhas geralmente sejam elaboradas, ou pelo menos assessoradas, por agências de publicidade profissionais. O turismo e a marca nacional são direcionados principalmente ao mundo exterior. A forma como um Estado-nação se apresenta e se vende tem consequências para esse mundo exterior e, por sua vez, para a nação.[10] O turismo foi uma parte essencial da construção de nação, mesmo em suas primeiras fases, no século XIX. Nesse sentido, a ideia de visitar seu próprio país para conhecê-lo tem funções semelhantes ao serviço militar ou outras maneiras pelas quais os cidadãos "descobrem" seus países. Conhecer o próprio país dessa maneira foi uma parte importante da consolidação da "comunidade imaginada" de Benedict Anderson.[11]

A partir do século XIX e, cada vez mais, com a ascensão do turismo de massas no século XX, os visitantes foram incentivados pelo Estado a descobrir seu próprio país. Na França, Estado e intelectuais destacaram o valor intrínseco que havia na descoberta do país pelos próprios franceses por meio do turismo.[12] O surgimento de infraestruturas modernas, como rotas ferroviárias e marítimas, ou a expansão das redes de estradas, bem como das políticas sociais, incluindo férias regulares para os trabalhadores, levaram ao surgimento dos modernos hábitos turísticos. Se é verdade que o turista interno poderia aprender sobre sua própria nação e, assim, entender o Estado-nação como uma unidade orgânica, os que viessem de fora também poderiam ter semelhante entendimento. Um visitante vindo de outro lugar pode apresentar e interpretar o país e a nação que visitou para um público em seu próprio país.

Surgem também relações simbióticas entre, de um lado, as tradições inventadas que o nacionalismo muitas vezes necessita para se projetar no passado e, de outro, as "autênticas" tradições recém-inventadas, que os turistas desejam ver. A salada shopska, hoje um prato comum nos Bálcãs, é feita de tomate, pepino, pimentão, cebola e queijo branco em salmoura, e se tornou parte da culinária nacional da região. Mas ela foi inventada pela agência de turismo comunista búlgara Balkantourist em meados da década de 1950, para mostrar uma tradição nacional recém-criada que destacava a abundância que o socialismo poderia proporcionar aos turistas ocidentais, cada vez mais numerosos na costa do Mar Negro.[13] Em outras partes do mundo, as agências de turismo inventaram, misturaram e criaram tradições supostamente nacionais, adaptadas para turistas, que seriam reincorporadas à autoidentificação nacional. O turismo, principalmente em lugares exóticos, muitas vezes busca o "étnico" e o "autêntico" para contrastar com o consumismo globalizado.[14] Essa visão do exótico, com frequência orientalista, produz e legitima a etnicidade, de forma não muito diferente de como fizera antes o colonialismo. Assim, as expressões "comida étnica" ou "música do mundo" (*world music*) reforçam a dicotomia entre uma cultura ocidental globalizada na música ou na culinária e culturas exóticas e "étnicas" de outros lugares. Essa distinção e essa comercialização de alimentos "étnicos" ou "nacionais" sugerem que comida, roupa ou música estão associadas a um determinado grupo, definido em termos étnicos ou nacionais. Embora possa ser verdade em alguns contextos, muitas vezes isso é enganoso. A culinária, o vestuário e a música atravessam culturas e raramente são monopólio de uma nação.

GÊNERO, CLASSE E NAÇÃO

Para além do consumo e do turismo, o nacionalismo interage e atravessa outros aspectos da vida cotidiana e das estruturas sociais, como classe e gênero. Embora possa ser uma ideologia flexível, tem características

O NACIONALISMO APÓS O ESTABELECIMENTO DO ESTADO-NAÇÃO

definidoras fundamentais em termos de relações sociais. A classe ou o *status* socioeconômico têm um papel importante em muitos contextos. Na Irlanda do Norte, os "muros da paz" construídos para dividir os bairros protestantes e católicos e os murais que marcam quem está no comando – nacionalistas irlandeses ou unionistas britânicos – não são encontrados em todos os lugares, sendo mais comuns em bairros de classe trabalhadora. Os de classe média, por sua vez, têm muito menos indicadores de nacionalismo de ambos os lados e tendem a ser mais diversificados em termos de origem nacional. Nacionalismo e classe ou condição socioeconômica podem se reforçar mutuamente e aumentar a importância do primeiro. As razões são complexas, e não basta dizer que os cidadãos mais pobres ou menos instruídos são mais nacionalistas do que os que têm origem nas classes média ou alta. A diferença depende das oportunidades de comunicação entre diferentes grupos nacionais, que podem variar segundo formação e local de trabalho. Além disso, o nacionalismo pode reverberar mais entre grupos que sofrem de privação econômica ou social. Como exploraremos no próximo capítulo, as desigualdades entre membros de diferentes grupos, sejam elas reais ou percebidas, podem contribuir para a tensão étnica e contribuir para o conflito.

A posição socioeconômica também é importante quando se trata de imigração. Normalmente, os migrantes ricos não são considerados uma ameaça por grupos de extrema direita, a mídia sensacionalista ou o discurso nacionalista. Os mais abastados que se mudam para outro país também não costumam ser chamados nem considerados migrantes, e sim alguém que "foi morar no exterior" ou apenas profissionais com mobilidade. Os migrantes com condição socioeconômica inferior, por outro lado, são vistos mais como uma ameaça à população nativa, tanto em termos de cultura quanto de posição econômica, como exploraremos no capítulo "O novo nacionalismo e o populismo", cujo tema é a migração.

Além das relações socioeconômicas, os papéis de gênero também têm sua interface com o nacionalismo. Se é verdade que este está preocupado com a criação de uma entidade política para a nação (geralmente, um

149

Estado-nação), também se preocupa com preservar a comunidade política e garantir a sobrevivência da nação. O conceito de nação, sobretudo quando entendido em termos de ascendência, está intimamente ligado à ideia de sua reprodução biológica. O partido de extrema direita Alternativa Para a Alemanha fez campanha em 2017 com um pôster mostrando uma mulher grávida sob o slogan: "Novos alemães? Nós mesmos fazemos." O anúncio sugeria que, em vez de naturalizar estrangeiros, os alemães deveriam ter mais filhos para manter a população alemã. Ao mesmo tempo em que dá preferência à ascendência sobre a migração, também aponta para o papel central atribuído às mulheres na manutenção da nação. As políticas natalistas, ou seja, medidas para aumentar a taxa de natalidade da população, são uma característica comum entre os nacionalistas. Diversos governos, de regimes comunistas, como a Romênia de Ceaușescu, a Estados republicanos, como a França, incentivaram ativamente as famílias a ter mais filhos, mas a ligação entre nacionalismo e taxas de natalidade é especialmente importante, e essas políticas geralmente são enquadradas em contextos de preservação da nação. Em 2019, o primeiro-ministro húngaro Viktor Orbán divulgou um plano para recompensar famílias com quatro ou mais filhos, isentando as mães do pagamento de imposto de renda por toda a vida. Em países com taxas de natalidade em declínio, essas políticas natalistas se intensificaram, combinadas com a ansiedade nacional com relação à extinção. Portanto, o declínio demográfico costuma ser apresentado como uma ameaça existencial à nação. Os fortes sentimentos anti-imigrantes na Europa Central e Oriental, como discutiremos no capítulo "A migração e as políticas da diversidade", estão intimamente ligados ao medo do declínio demográfico nacional.

Em Estados multiétnicos, outros grupos também podem se tornar ameaças demográficas devido a diferenças nas taxas de natalidade. Na Iugoslávia da década de 1980, por exemplo, a mídia e os intelectuais sérvios se preocupavam com a natalidade mais elevada entre os albaneses do Kosovo, sugerindo que a diferença explicava o declínio dos sérvios na região. Os albaneses eram apresentados como pessoas sexualmente ativas e agressivas, e a diferença na taxa de natalidade, cujas causas eram principalmente socioeconômicas, foi reformulada em termos nacionais. Os debates públicos sugeriam que a natalidade mais alta era uma estratégia deliberada dos albaneses. Ironicamente, os índices mais elevados entre migrantes ou minorias específicas são fonte tanto de ameaça percebida quanto de inveja, pois esses grupos aparecem no discurso nacionalista como um desafio à nação, ao mesmo tempo em que são um modelo em termos de natalidade e coesão nacional. Sendo assim, nesse contexto, o papel primordial da mulher é dar à luz e criar os filhos. Como consequência, mulheres engajadas política e socialmente têm sido atacadas com frequência por partidos nacionalistas por não cumprirem o papel que se espera delas como mães. O nacionalismo muitas vezes reforça as estruturas patriarcais e os papéis tradicionais de gênero. Pode-se entender a lógica das nações quando funcionam como famílias ampliadas, nas quais os padrões tradicionais são expandidos e reproduzidos. Espera-se que os líderes sejam homens, muitas vezes retratados como "homens fortes" que se oferecem para proteger a nação, geralmente definida como feminina. Sua personificação mais vívida é Marianne, retratada em 1830 na pintura *A liberdade guiando o povo*, de Eugène Delacroix, com o seio à mostra para reforçar seus atributos femininos.

A percepção das mulheres como sendo fundamentais na preservação da nação está intimamente entrelaçada a narrativas sobre pureza e sobre a ameaça representada por mulheres que têm parceiros de outras nações. Isso esteve muito presente na retórica antissemita do Terceiro Reich, na qual as mulheres (e, em menor grau, os homens) que tinham cônjuges judeus eram chamadas de "traidoras da raça". No contexto da violência étnica, a violência sexual contra as mulheres costuma ser apresentada como algo que fragiliza a nação inimiga.

Embora o nacionalismo tenha fortes traços patriarcais, isso não significa que seus líderes não afirmem buscar promover a posição das mulheres como parte de seu programa. No que tem sido chamado de feminacionalismo, os partidos de extrema direita têm procurado deliberadamente se posicionar como protetores das mulheres em relação ao islamismo radical.[15] Assim, políticos de extrema direita como Geert Wilders, líder do Partido Holandês da Liberdade, e Marine Le Pen, do francês Reagrupamento Nacional, afirmam que o islamismo constitui uma ameaça aos direitos das mulheres e, portanto, suas políticas anti-islâmicas protegem tanto as da maioria "nativa" quanto as muçulmanas com mais eficácia do que os partidos tradicionais. A apropriação dos direitos das mulheres pela extrema direita também contraria a forte ênfase dos grupos nacionalistas e de extrema direita na masculinidade, e geralmente é uma estratégia deliberada para suavizar a imagem dos partidos nacionalistas.

Isso está ligado à relação entre nacionalismo e comunidades LGBTQIA+ (lésbicas, gays, bissexuais, transgênero, *queer*, intersexuais, assexuais e mais). É comum homofobia e nacionalismo estarem muito ligados, o que não surpreende, considerando a preocupação do nacionalismo em reproduzir a nação e os papéis familiares tradicionais, incluindo estruturas sociais patriarcais. Identidades e comunidades não heterossexuais vêm ganhando mais espaço em alguns discursos nacionalistas nas últimas décadas, à medida que os direitos LGBTQIA+ se tornaram tema de debate público. Em 2013, por exemplo, a Duma russa aprovou uma lei "com o propósito de proteger as crianças de informações que defendam a negação dos valores familiares tradicionais", com apenas uma abstenção, penalizando a promoção de "ideias distorcidas sobre o valor social igual dos relacionamentos sexuais tradicionais e não tradicionais". A lei, também conhecida como lei da propaganda gay, justificou-se com base na defesa da tradição contra a decadência ocidental. Leis e iniciativas semelhantes surgiram em outros lugares, desde países da África Subsaariana, como Uganda, até a Europa pós-comunista, muitas vezes apresentadas como forma de proteger a nação. Em outros lugares, grupos de extrema direita e nacionalistas se apropriaram dos direitos LGBTQIA+, de forma semelhante aos direitos das mulheres. Assim, partidos e grupos antimuçulmanos alegaram defender o liberalismo ocidental, incluindo os direitos LGBTQIA+, contra migrantes muçulmanos conservadores. Essa

O NACIONALISMO APÓS O ESTABELECIMENTO DO ESTADO-NAÇÃO

apropriação das questões LGBTQIA+ para melhorar a imagem de grupos nacionalistas (e outros) tem sido descrita como "lavagem rosa".

Assim, o nacionalismo tradicionalmente promove uma visão convencional dos papéis de gênero e rejeita as comunidades LGBTQIA+ e a complexidade identitária que elas sugerem. Ao mesmo tempo, grupos nacionalistas têm feito esforços para incorporar as dinâmicas liberalizantes, principalmente nas sociedades ocidentais, com o objetivo de reivindicar a proteção dos direitos de comunidades LGBTQIA+ e mulheres.

Os movimentos nacionalistas não definem apenas os papéis das mulheres, mas também os dos homens. A masculinidade nacionalista define os homens como fortes e muitas vezes militarizados, em contraste com a compreensão do papel das mulheres, mas também com os "efeminados" ou os homens fracos. Por exemplo, a visão de masculinidade israelense e do início do sionismo enfatizava a capacidade física de defender e cuidar da terra, contrastando-a com o "judeu do gueto", fraco e vitimado pela discriminação.[16] Como resultado, o nacionalismo não apenas reforça ou instrumentaliza determinadas hierarquias de gênero, mas também trabalha com papéis de gênero em processo de transformação, e deles se apropria. Como ideologia, o nacionalismo é flexível, mas também restringido pela centralidade de pertencer a uma determinada nação. Outras identidades, incluindo a de gênero, são subordinadas e geralmente estruturadas para enfatizar a hierarquia, que costuma abarcar os papéis específicos de homens e mulheres, incluindo o comportamento que se supõe que seja respeitável.[17] O que essa respeitabilidade implicava, é claro, mudou da concepção europeia do século XIX para o nacionalismo global do século XXI.

RELIGIÃO
E NAÇÃO

Se a ascensão da nação e do Estado-nação desafiou as afirmações universalistas de governo, muitas vezes baseadas na religião, a religião propriamente dita não deixou de ser um importante marcador de identidade. Com frequência, o nacionalismo tomou emprestado da religião muitas partes de sua própria narrativa geral, desde a noção de declínio e redenção até o conceito de martírio. As nações são produto das religiões nas quais estão inseridas, mesmo que a relação entre nação e religião nem sempre seja simbiótica. Diante da religião como um marcador que define a identidade, o nacionalismo teve que definir sua relação com ela, que pode ser tanto antagônica quanto de reforço mútuo. Algumas nações surgiram seguindo referências religiosas, como o nacionalismo russo, que incorporou o cristianismo ortodoxo como um marcador central, enquanto outras nações surgiram independentemente de limites religiosos, como a alemã, que inclui católicos, protestantes, judeus e, mais recentemente, pessoas de outras religiões, inclusive muçulmanas. Essa relação está sujeita a alterações. O nacionalismo alemão inicial tinha muita desconfiança em relação aos católicos, cuja lealdade era colocada em dúvida devido à autoridade alternativa do Vaticano. Da mesma forma, o nacionalismo indiano inclui tanto uma visão secular, da forma promovida pelo Partido do Congresso, que abarca indianos não hindus, quanto um nacionalismo hindu mais excludente, promovido pelo Partido Bharatiya Janata (PBJ). Competem, assim, nacionalismos seculares e religiosos, bem como religiosos includentes e excludentes. A centralidade da religião na autodefinição nacionalista varia, mesmo que uma nação seja relativamente monorreligiosa. Os nacionalismos polonês ou grego têm forte teor religioso. Tanto nos nacionalismos quanto nos Estados, as religiões católica e ortodoxa são privilegiadas e formam uma característica essencial da identidade nacional. O nacionalismo francês ou italiano, por outro lado, define-se em termos mais seculares, embora a maioria dos franceses e italianos seja católica. Em parte, essa variação é moldada pelo desenvolvimento histórico do respectivo nacionalismo. O nacionalismo francês surgiu como um processo revolucionário contrário à monarquia, e incluía a Igreja como representante do Antigo Regime. De forma similar, a unificação italiana na década de 1860 desafiou o poder político da Igreja. Uma vez concluída,

O NACIONALISMO APÓS O ESTABELECIMENTO DO ESTADO-NAÇÃO

com a conquista de Roma, o papa não saiu do Vaticano nem endossou o novo Estado até que o Tratado de Latrão, assinado entre Mussolini e Pio XI em 1929, normalizasse as relações. Os nacionalismos polonês e grego surgiram contra impérios maiores, o Otomano no segundo caso e os impérios Russo, Alemão e Habsburgo, no primeiro. Em ambos, a Igreja serviu como fonte institucional de identidade. Em suma, a relação entre nação e religião está intimamente ligada à fase inicial do processo de construção nacional. Se a religião e suas instituições estiverem alinhadas à nação, a relação provavelmente se reforçará mutuamente; em casos em que as hierarquias eclesiásticas estavam associadas a impérios ou outros Estados, hostis à nação, a relação era frequentemente mais antagônica.

Além do nacionalismo secular e religioso, o nacionalismo cívico-religioso segue um caminho intermediário. Os Estados Unidos são um bom exemplo dessa relação em que Estado, nacionalismo e religião não estão formalmente entrelaçados, mas o protestantismo tem sido a religião predominante na autocompreensão do Estado e da nação. Embora não sejam formalmente excludentes, outras religiões têm sido prejudicadas há muito tempo, e as referências a Deus nos símbolos do Estado, incluindo o lema nacional "em Deus nós confiamos", destacam a importância da religião. Enquanto os fundadores atribuíam importância à religiosidade geral, a maioria das referências simbólicas a Deus, à semelhança do juramento de fidelidade, são produtos do século XX. O lema só foi introduzido em 1956. A partir do importante lugar ocupado inicialmente pelo protestantismo, o reconhecimento de outras religiões se ampliou para incluir o catolicismo e o judaísmo, representados pelo discurso do presidente Eisenhower, em 1952, no qual afirmou: "nosso governo não tem sentido a menos que seja fundado em uma fé religiosa profunda, e não me interessa qual seja".[18] Outros Estados-nações costumam atribuir uma posição privilegiada a uma determinada religião, sem que a questão religiosa seja uma característica formativa da nação. Escolas de países como Itália e Áustria possuem crucifixos nas salas de aula, embora nenhum dos nacionalismos seja particularmente religioso. A cooptação de símbolos e datas religiosas

155

é um reflexo da relação simbiótica entre nação e religião. Por meio da migração, como exploraremos no próximo capítulo, esses símbolos ganham um novo sentido. Migrantes de diferentes origens religiosas são simbolicamente excluídos da nação, enquanto os nacionalistas excludentes têm reinterpretado os símbolos para fortalecer a natureza cristã do Estado e da nação, muitas vezes caracterizada como "judaico-cristã" ou "ocidental". Reivindicados como parte de uma herança "europeia" ou "ocidental" mais ampla, os símbolos religiosos são reinterpretados como marcadores em um confronto com o "outro", não europeu e não ocidental. Essa ressignificação de símbolos religiosos como marcadores de nações ou espaços simbólicos maiores, por exemplo, "civilizações", é profundamente ambivalente, considerando a secularização de muitas sociedades, principalmente na Europa. Com a ascensão do ateísmo e do agnosticismo, apresentar o nacionalismo em termos religiosos pode fragilizar a nação.

O nacionalismo, principalmente o tipo secular, incorpora com frequência elementos de uma religião cívica, partindo de um repertório de simbolismo e narrativas religiosas e se apropriando deles para a nação. Os mitos nacionais de declínio e redenção têm fortes motivações religiosas, assim como a criação de datas e cerimônias seculares, desde o já mencionado juramento de fidelidade nas escolas dos Estados Unidos, que cita Deus, até a celebração em memória de mortos de guerra e outros heróis. Isso acontecia com bastante intensidade nos Estados comunistas, que tiveram que encontrar um substituto para as cerimônias religiosas em seu esforço para reduzir a função social da religião organizada. Em outros, essa apropriação muitas vezes ocorreu em uma relação simbiótica com as comunidades religiosas.

Religião e nacionalismo são especialmente inflamáveis quando surgem movimentos nacionais que competem entre si sob referências religiosas, como na Irlanda do Norte, onde ser a favor de uma Irlanda unida coincide com o catolicismo, e a maioria dos protestantes apoia a união com a Grã-Bretanha; ou na Bósnia, onde os bósnios são predominantemente muçulmanos, os sérvios, ortodoxos, e os croatas, católicos; e também no Líbano, onde os grupos confessionais são organizados

O NACIONALISMO APÓS O ESTABELECIMENTO DO ESTADO-NAÇÃO

politicamente. Em geral, os conflitos não são baseados na religião, mas ela é uma característica central da nação e um marcador da diferença. Assim, os conflitos na Irlanda do Norte, na Bósnia e no Líbano não eram tensões religiosas, e sim reivindicações conflitantes relacionadas a questões nacionais ou étnicas, justificadas e temperadas pelas diferenças religiosas. Como exploraremos no capítulo seguinte, sobre conflitos étnicos, essas clivagens sobrepostas se reforçam mutuamente. A religião e o pertencimento nacional são especialmente rígidos. Embora a assimilação linguística seja possível e outros marcadores de diferença possam ser ignorados ou esquecidos, a mudança de religião é rara e costuma ser repleta de dificuldades. Quando os nacionalismos religiosos estão em conflito, a religião costuma servir como justificativa (emprega-se o simbolismo religioso, de murais em Belfast à destruição de mesquitas e igrejas na Bósnia e no Líbano), mas, em geral, o conflito tem relação com o nacionalismo, e não com diferenças religiosas.

RAÇA E NAÇÃO

Da mesma forma que o nacionalismo interage com religião, gênero e posição socioeconômica, ele também estabelece uma relação complexa com a raça. Diferentemente das outras categorias, raça pode competir com ou reforçar as demais identidades, sendo baseada em marcadores atribuídos que combinam os de tipo físico (reais e imaginários) com a ascendência. Assim como as nações, a raça não se baseia na realidade biológica, mas sim na construção social que atribui uma determinada "cor" ou outros rótulos aos indivíduos com base em suas características físicas e sua ascendência. Raça e nação têm suas interfaces, mas podem se reforçar ou se fragilizar. Quando é uma característica central de uma nação, a raça torna a visão sobre essa nação mais rígida e excludente, ao passo que, se uma nação for considerada multirracial, a importância da raça pode ser reduzida.

157

Os debates sobre nação e raça têm sido dominados pelo caso dos Estados Unidos, que é apenas parcialmente representativo de uma gama mais ampla de países. A raça vem sendo uma poderosa categoria de exclusão desde o surgimento da noção de racismo, no século XIX. Já existiam hierarquias raciais antes, como as concepções de colonizadores europeus nas Américas, que não consideravam as populações nativas como sendo humanas ou as viam como inferiores. Da mesma forma, a exclusão dos judeus em muitas sociedades europeias não se baseava apenas na religião, mas também em motivos raciais, ou seja, a ideia de que a ascendência supera a afiliação religiosa. Na Espanha e em Portugal, a *limpieza de sangre*, ou seja, a "pureza do sangue", foi motivo de exclusão de pessoas que haviam se convertido ao cristianismo, tanto do islamismo como do judaísmo, como resultado da violenta Reconquista da península ibérica pelos reinos cristãos contra os mouros, o que também levou à conversão forçada ou à expulsão de judeus. Foi somente no século XIX que a questão relativa a cristãos "puros" ou de ascendência judaica ou muçulmana deixou de ter importância. Assim, a distinção entre pessoas com base em sua ascendência existia antes do surgimento da nação e do aparecimento dos fundamentos biológicos do racismo. No entanto, a combinação do imperialismo, que buscava justificar um domínio sobre povos supostamente inferiores, com o nacionalismo, que categorizava as pessoas em grupos baseados em identidade compartilhada (muitas vezes na suposta ascendência), deu origem ao racismo como uma categoria distinta.

Como resultado disso, nacionalismo e racismo estão intimamente entrelaçados – no século XIX, esses termos costumavam ser usados de forma intercambiável, enquanto, em outros contextos, grupos maiores eram geralmente descritos como raças, como a germânica ou a eslava. As categorias raciais também incluíam marcadores visíveis, como cor da pele, e distinções comuns estabeleceram as raças branca (europeia), negra (africana), amarela e parda (asiática), e vermelha (americana). Embora não tenham resistido ao escrutínio científico, essas distinções representam um pano de fundo importante para a ascensão das nações e do nacionalismo. Não foram apenas grupos e pensadores radicais, como o Partido Nacional-Socialista dos Trabalhadores Alemães, que pensaram em um mundo dividido em nações e raças. Um dos primeiros periódicos dedicados a assuntos internacionais, que mais tarde passaria por uma fusão para se tornar a revista *Foreign Affairs*, chamava-se originalmente *Journal of Race Development*, mostrando que raça e nação eram usadas de forma intercambiável.

Com o colapso do nacional-socialismo (nazismo), a justificativa pseudocientífica para a discriminação e as hierarquias raciais entrou em decadência, mas isso não significou o fim do nacionalismo com fortes fundamentos racistas. O caso mais extremo foi o nacionalismo dos colonos brancos na África, discutido no capítulo anterior. No entanto, a importância da raça prevaleceu também nas Américas. Nos Estados Unidos, as leis Jim Crow, em níveis estadual e local, excluíam os negros no Sul e restringiam seus direitos cívicos e políticos. Embora essas leis tenham sido revogadas como resultado do movimento pelos direitos civis, os padrões de discriminação e exclusão se mantiveram. Para a nação, isso fez com que a categoria de raça excluísse determinados cidadãos do exercício de direitos plenos de cidadania e participação.

Na América Latina, não há tradição de exclusão legislativa da população negra, mas as hierarquias raciais permaneceram fortes, e ser "mais branco" tem sido associado a posições políticas e sociais superiores. Como os colonos europeus dominaram a população indígena e os escravos africanos, posição socioeconômica e cor da pele foram intimamente relacionadas. Porém, em termos de "mistura de raças", a maioria dos países latino-americanos difere dos Estados Unidos, onde as relações inter-raciais eram limitadas. Essa mistura ocorreu, inicialmente, mais como resultado de abuso sexual por parte de proprietários de escravos e, mais tarde, no Norte, onde os escravos libertos se estabeleceram. A segregação tornou a mistura de raças difícil e menos comum do que na América Latina, onde uma parcela maior de populações indígenas e um número menor de colonos europeus resultou no surgimento de nações que se imaginavam mais "mistas" do que os Estados Unidos.

A eleição de Barack Obama, que foi não apenas o primeiro presidente afro-americano, mas também meio afro-americano e meio branco, significou para alguns a ascensão da América multirracial ou até mesmo pós-racial. Depois da dessegregação e de décadas de políticas de ação afirmativa e outras voltadas a remediar uma discriminação arraigada, a importância das diferenças raciais parecia estar em declínio. Enquanto a maioria dos debates anteriores tinha como foco a igualdade racial, agora o hibridismo e a diversidade surgiam como temas centrais. Historicamente, segundo a "regra da gota de sangue", uma pessoa com qualquer traço africano seria "negra", não importando quão pequeno fosse. Essa visão ainda está profundamente arraigada, pois Barack Obama era considerado por muitos como um presidente afro-americano, e não de ascendência europeia e africana. O conceito se baseia em noções de pureza racial branca e encontrou eco nas políticas raciais da Alemanha nazista, onde os alemães tinham que provar sua ascendência e bastava ter um avô judeu para ser considerado de origem mista.

A manutenção de uma distinção rígida entre negros e brancos, bem como outras categorias raciais, tem embaralhado os debates nos Estados Unidos, já que os censos e outros documentos oficiais pedem aos cidadãos que se identifiquem segundo essas categorias raciais. O aumento do número de casais multirraciais, além do endosso ao hibridismo e à escolha individual, fragiliza a ideia de grupos raciais homogêneos e destaca a natureza flexível e mutável da identidade. Ao mesmo tempo, há o risco de se dar demasiada ênfase à escolha individual e ocultar a natureza coletiva da discriminação.[19]

O dilema da escolha e da identidade é condensado pelo teste de DNA. Esses testes comerciais se tornaram comuns, principalmente em sociedades de imigrantes, pois alegam proporcionar aos indivíduos dados detalhados e aparentemente científicos sobre sua herança étnica. Com base na análise de uma amostra de DNA, essas empresas oferecem uma estimativa das possíveis origens étnicas das pessoas. Por um lado, os testes destacam as origens diversificadas da maioria das pessoas, refutando o

O NACIONALISMO APÓS O ESTABELECIMENTO DO ESTADO-NAÇÃO

mito da "pureza" étnica. Por outro, sugerem que o pertencimento étnico é questão de biologia, ou seja, a ascendência se reflete no DNA e não na educação e na exposição cultural da pessoa. Dessa forma, reintroduz os pressupostos biológicos de grupos étnicos e nações como categorias fixas e naturais, que podem ser determinadas por um exame de DNA. Isso ficou evidente no debate em torno do exame feito pela senadora estadunidense Elizabeth Warren em 2018. Ela publicou o resultado para refutar as alegações do presidente Donald Trump de que ela havia afirmado falsamente ter ascendência indígena. Embora tenha mostrado que seu DNA parecia sugerir essa ascendência, o exame também gerou discussões sobre a legitimidade dessa afirmação sem uma identificação cultural com a comunidade. Os líderes indígenas questionaram as alegações de Elizabeth Warren por ela se apropriar de uma identidade sem fazer parte da comunidade e aceitar a lógica racial implícita dos exames de DNA.[20]

A pergunta sobre quem é dono das identidades se tornou central nos últimos anos, como muito bem refletiu essa polêmica. Nos Estados Unidos, a pergunta adquiriu importância nos debates sobre identidade, relacionados à "apropriação cultural" que vai desde a origem de alimentos, como o feta grego, até roupas, como o *sombrero* mexicano. As nações se definem por meio de um conjunto de tradições, símbolos e mitos que sofre transformações e, como observado anteriormente, muitas vezes foi inventado recentemente. Muitos deles não pertencem a uma única nação, como música, roupas, comida e outras características que são consideradas elementos centrais de uma nação, as quais viajam, se deslocam, são copiadas e transferidas. Os alimentos geralmente viajam e são reivindicados por muitas nações, de modo que o que costumava ser conhecido nos Bálcãs como café turco tornou-se café grego, sérvio, "doméstico" ou "nacional" para reivindicar a tradição do café, fabricado a partir de grãos que não têm sequer uma remota conexão com os países em questão. A vestimenta tradicional das mulheres hereiós, na Namíbia, é outro exemplo. Esses vestidos conhecidos como *ohorokova*, coloridos e exuberantes, de golas altas e saias longas, são inspirados nas roupas que os colonizadores alemães usavam durante o breve e brutal domínio colonial, os mesmos que testemunharam o genocídio dos hererós pelo exército colonial alemão. Há uma tensão inerente entre o empréstimo e a transferência de roupas, alimentos e tradições e as reivindicações de autenticidade das nações, que são reforçadas pelo surgimento do mercado global de produtos e turismo, conforme analisado anteriormente.

Em primeiro lugar, o conceito de "construção de marca nacional" e a ideia de reivindicar alimentos registrando a marca de origem protegida, por exemplo, a de que o queijo parmesão só pode vir da região italiana ao redor de Parma, e não de Wisconsin, cria um vínculo comercial entre produtos e nação. Além do marketing da nação, certos pratos são apresentados como nacionais e não compartilhados, do iogurte grego ou búlgaro às origens das massas, com a Organização Internacional de Massas, com sede na Itália, alegando que elas têm suas origens na cozinha etrusca e, portanto, não foram importadas da China para a Itália por Marco Polo.[21]

Outro nível de propriedade surgiu nos debates sobre apropriação cultural. Essa questão se confunde com o debate sobre orientalismo, ou seja, a ideia de que a Europa e, mais tarde, os Estados Unidos viam o restante do mundo pelas lentes das potências coloniais. Essa perspectiva muitas vezes exotizou outras regiões e as considerou desiguais ou inferiores. O orientalismo e o debate posterior sobre pós-colonialismo se refletem no eurocentrismo do poder e, por extensão, da ciência e da cultura. Como discutimos no capítulo anterior, o domínio colonial e a visão sobre a África e a Ásia criaram e reforçaram identidades étnicas, impuseram estruturas de Estado e estabeleceram estruturas de poder profundamente arraigadas, várias das quais prevalecem até hoje.[22] Muitos casos de exibição de outras culturas, como nos museus etnográficos europeus, eram menos uma questão de respeitar as diferentes culturas e mais de mostrar o exótico e o primitivo, justificando a superioridade e o controle europeus. Na Bélgica, por exemplo, o Museu da África reabriu apenas em 2018, após dez anos fechado para reavaliação, e ainda contém a estátua de um missionário europeu e um menino africano com a legenda "a Bélgica traz civilização para o Congo".[23] Essa visão, combinada com artefatos roubados, representa o enraizado desequilíbrio de poder europeu e estadunidense refletido na experiência colonial e pós-colonial.

Nessa perspectiva, surgiu a discussão sobre apropriação cultural, sugerindo que características identitárias de grupos marginalizados não devem ser copiadas nem emuladas por aqueles que vêm de uma posição privilegiada. Isso vai além de acabar com o racismo cotidiano, como o *blackface*, com um foco na apropriação da cultura. Assim, um estadunidense de ascendência europeia pode usar um *sombrero* ou alguém que não seja cigano pode fazer música cigana? Na Polônia, quem não é judeu pode se vestir como judeu para um casamento judaico "tradicional"?

Por um lado, usar características reconhecíveis de uma cultura diferente pode parecer desrespeitoso e, muitas vezes, estereotipado, incluindo um sentido de hierarquia e relações de poder implícitas. Por outro, a ideia de apropriação cultural sugere uma visão muito estática desses marcadores como sendo propriedade de um determinado grupo, ainda que o hibridismo e a transferência sejam inerentes aos processos de formação de identidades nacionais.

Esses dilemas e debates mostram que não vivemos em um mundo pós-nacional, pós-étnico, nem pós-racial, e os conceitos continuam potentes e variando entre expressões excludentes e includentes, latentes e virulentas. Por ser o Estado-nação um construto inerentemente incompleto, Estados e atores não estatais evocam a nação em momentos de necessidade. Essa ideia de nação atravessa outras formas de pertencimento social, como classe, gênero e raça. Como este capítulo já destacou, também há espaço para o hibridismo de identidade, ou seja, a combinação de múltiplas identidades nacionais ou suas características, em termos de língua ou religião. A ideia de pureza é um mito, mesmo que tenha sido fortemente cultivada por movimentos radicais ao longo dos últimos séculos. O hibridismo não sugere um "vale tudo". As escolhas identitárias dos indivíduos são confrontadas pela sociedade em que vivem, e podem ser aceitas ou rejeitadas. Vejamos dois exemplos muito diferentes. Nos Estados Unidos, Rachel Dolezal foi presidente da National Association for the Advancement of Colored People (NAACP), na cidade de Spokane, Washington, e se apresentava como ativista afro-americana. Em 2015, descobriu-se que ela não era descendente de afro-americanos. Ela teve que renunciar ao cargo e foi criticada por ser uma fraude e se apropriar falsamente de uma identidade afro-americana, embora afirme se identificar com a condição de negra. O segundo exemplo é Tomio Okamura, que nasceu de mãe tcheca e pai nipo-coreano e se mudou para a Tchecoslováquia na década de 1980. Em 2012, ele se tornou um bem-sucedido político de extrema direita na República Tcheca. Seu partido, chamado Liberdade e Democracia Direta e fundado em 2015, é de direita, contrário à União Europeia e anti-imigrantes, e sua carreira é surpreendente, considerando-se que os partidos de extrema direita e seu eleitorado são definidos por sua xenofobia e sua rejeição a estrangeiros. A origem e o contexto são relevantes quando se trata da aceitação e do aparente paradoxo de que um político tcheco com metade de sua ascendência japonesa possa fazer carreira na extrema direita da política europeia, enquanto uma estadunidense caucasiana cai em desgraça por se identificar como ativista afro-americana.

Assim, o nacionalismo continua forte após a criação dos Estados-nações e, mais importante, permeia e interage com uma variedade de outras identidades sociais, como classe, gênero e raça. Portanto, o nacionalismo cotidiano não apenas envolve os mecanismos pelos quais o nacionalismo permanece relevante nos Estados-nações como um processo de cima para baixo, impulsionado por Estados e elites, mas também é um reflexo de como ele é reproduzido e moldado na vida cotidiana, desde levantar uma bandeira nas redes sociais até os estereótipos nacionais transmitidos por meio de piadas.

CONFLITO
ÉTNICO

O conflito étnico é, ao mesmo tempo, comum e extremamente raro. Comum porque a maioria dos conflitos armados de hoje é motivada, pelo menos em parte, por antagonismos relacionados a identidade, que podem ser incluídos na classificação de conflitos étnicos. Raro porque, apesar dos grandes níveis de diversidade étnica em todo o mundo, os conflitos continuam sendo a exceção. Conflito étnico é uma expressão que descreve o conflito violento envolvendo identidade étnica. O próprio conceito é enganoso. Considerando-se que já discutimos nações e nacionalismo neste livro, o termo "étnico" parece se situar fora do quadro. No entanto, pode-se entender melhor o conflito étnico como etnonacional, ou seja, um conflito baseado em identidades nacionais definidas segundo parâmetros étnicos. Enquanto o capítulo anterior explorou o nacionalismo cotidiano, parte do qual é excludente, este examina as causas e a dinâmica do nacionalismo excludente virulento, ou seja, quando o nacionalismo se torna uma justificativa para a violência.

A maioria dos conflitos tem múltiplas causas e continua por uma série de razões, e o etnonacionalismo costuma ser apenas uma delas. Durante a Guerra Fria, por exemplo, muitas guerras travadas de forma indireta estavam relacionadas ostensivamente à lealdade para com a União Soviética ou os Estados Unidos. Ambas as superpotências apoiaram governos ou insurgentes que se diziam comunistas ou anticomunistas, respectivamente. Em Angola, por exemplo, a União Nacional para a Independência Total de Angola (UNITA) e o Movimento Popular de Libertação de Angola (MPLA) lutaram inicialmente contra o domínio colonial português. Após a independência, em 1975, o MPLA assumiu o controle do país e construiu um regime comunista com apoio cubano e soviético, enquanto a UNITA promoveu uma insurreição que durou até o início dos anos 2000. O que parecia um conflito ideológico também tinha conotações etnonacionais. O líder da UNITA, Jonas Savimbi, vinha dos ovimbundu, o maior grupo étnico de Angola. Eles se tornaram a principal base de apoio da UNITA, o que, ao longo do tempo, influenciou a percepção tanto da organização quanto deles próprios de que também foram política e socialmente marginalizados após a UNITA perder a guerra civil. O partido governante, MPLA, recrutava principalmente membros do segundo maior grupo, os ambundu, que viviam na região em torno da capital, Luanda. Assim, a guerra ideológica indireta tinha conotações étnicas, servindo tanto para recrutar determinados apoiadores quanto para excluir e marginalizar outros. Isso não significa que a ideologia não importasse e que a única linha de confronto fosse a etnicidade. Também havia divisões entre rural e urbano e outras, que o alimentavam. Como em muitos outros conflitos, a etnicidade era uma das causas, não a única.

Figura1 – Dinâmicas do nacionalismo

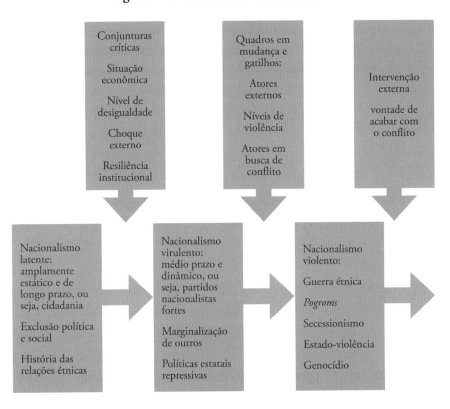

Assim, descrever uma guerra como um conflito étnico não significa que o nacionalismo étnico seja o único nem o principal fator causal, sendo usado deliberadamente por grupos específicos. A etnicidade, em si, precisa ser aproveitada no discurso político, nas reportagens da imprensa, por meio de movimentos sociais ou nos textos de intelectuais; sem ação humana, ela não existe em um vácuo social nem se impõe como fonte de conflito violento. Às vezes, os conflitos reforçam e fortalecem as identidades nacionais, tornando-se mais étnicos ao longo do tempo. Dessa forma, a violência pode criar identidades, principalmente se os indivíduos viram alvos em função dessa identidade. Isso foi bem descrito por Eldar Saraljić, professor de filosofia de origem bósnia muçulmana:

> A perseguição que eu sofri por ser muçulmano gerou em mim uma resistência pessoal e cultural. Adotei e celebrei essa identidade desprezada. Aos poucos, fui *me tornando* muçulmano. Assumi o alvo que levava nas costas e o fiz meu. Mas adotar uma identidade como forma de resistência, como aprendi rapidamente, tem seus limites. Como um terno de poliéster de mau caimento, essa identidade me causava coceira, e eu ansiava por usar algo mais confortável.[1]

Essa experiência muitas vezes traumática pode moldar a identidade nacional e aumentar sua relevância, fazendo da violência um gerador de identidade.[2]

A violência em massa motivada por etnicidade e nacionalismo se apresenta de múltiplas formas. A guerra clássica entre Estados pode ser alimentada e motivada pelo etnonacionalismo. Na Primeira Guerra Mundial ou na guerra Irã-Iraque (1980-1988), os governos apelavam ao nacionalismo para motivar os cidadãos a dar seu apoio, a se inscrever para lutar e a suportar os horrores do conflito. Durante a Primeira Guerra, cartazes de propaganda, artigos e discursos apelavam à grandeza de suas próprias nações e à ameaça representada pelo inimigo, muitas vezes descrita como bárbara e vital. Um exemplo é o cartaz de propaganda britânico *"How The Hun Hates!"* (Como o huno odeia!), referindo-se ao inimigo alemão. De forma, semelhante, panfletos lançados pela nascente força aérea italiana sobre Viena, em 1918, sob o comando do poeta nacionalista e protofascista Gabrielle D'Annunzio, explicavam: "travamos a guerra contra o seu governo, o inimigo da liberdade nacional, com seu governo cego, obstinado e cruel, que não pode lhes dar pão nem paz e os alimenta apenas com uma dieta de ódio e esperanças vãs".[3] Na era das guerras de massa, nas quais o moral da população (e da população dos inimigos) era importante, os apelos ao nacionalismo se tornaram uma forma essencial de guerrear. As guerras entre Estados raramente são descritas como conflitos étnicos, mas as reivindicações sobre pessoas ou territórios costumam ser etnonacionalistas. Na Segunda Guerra Mundial, a Alemanha nazista buscou estabelecer um império racial centrado no próprio país e, com sua aliada Itália, justificou a invasão de países vizinhos com reivindicações etnonacionais sobre territórios, como a Dalmácia e a Albânia, ou a proteção de pessoas, como os alemães dos Sudetos, na Tchecoslováquia.

As guerras entre Estados também são usadas por regimes para incitar o nacionalismo, como o conflito entre Argentina e Grã-Bretanha pelas ilhas Malvinas, ou Falkland, em 1982. A junta militar argentina instigou a guerra para desviar a atenção da crise econômica e da agitação doméstica, estimulando o fervor nacionalista pelas ilhas, que eram governadas pela Grã-Bretanha, mas reivindicadas pela Argentina. Após uma guerra de dez semanas, a vitória das forças armadas britânicas, por sua vez, provocou uma onda de nacionalismo no Reino Unido, enquanto, na Argentina, os governantes militares logo tiveram que renunciar ao poder. A guerra entre Estados, como mostra esse exemplo, não é apenas resultado do nacionalismo, mas pode ser instrumentalizada pelos regimes por várias razões, como se contrapor a uma crise de legitimidade, distrair a atenção ou usar o nacionalismo para mobilizar cidadãos ou desmobilizá-los em relação a outras formas de engajamento político.

REBELIÕES
E TERRORISMO

Hoje em dia, a maioria dos conflitos e, com eles, a maioria das vítimas, envolvem não apenas Estados, mas pelo menos um ator não estatal. Em geral, esses conflitos são guerras civis, ou seja, travadas por atores não estatais contra um governo ou entre diferentes atores não estatais. Além dessas guerras, também existem diferentes tipos de violência dentro dos Estados, como distúrbios raciais ou violência unilateral descrita como limpeza étnica ou genocídio. Os distúrbios étnicos são descritos por Donald Horowitz como "um ataque letal intenso, repentino, embora não necessariamente desprovido de

Nações e nacionalismos

planejamento, de membros civis de um grupo étnico contra membros civis de outro grupo étnico, com as vítimas escolhidas por serem membros do grupo".[4] Esses distúrbios têm um histórico na Europa Central e Oriental, visando aos judeus, bem como na Índia, muitas vezes envolvendo muçulmanos e hindus. Um exemplo são os motins de 2002 em Gujarat, que explodiram nesse estado da Índia ocidental depois que um trem com peregrinos hindus pegou fogo e 59 deles morreram. O fogo começou após um confronto com vendedores muçulmanos em uma estação de trem. Embora o incêndio pareça ter sido causado por um acidente, o ministro-chefe do estado, Narendra Modi, e outros chamaram o incidente de ato terrorista, responsabilizando os muçulmanos pelas mortes. Na sequência, o partido nacionalista radical *Vishva Hindu Parishad* (VHP) convocou uma greve que se transformou em rebeliões contra muçulmanos em todo o estado. Em três dias de rebelião, incluindo ataques para se vingar dos hindus, mais de 1.000 pessoas morreram e 2.500 ficaram feridas. A agitação parece não ter sido uma ocorrência espontânea, e sim pré-planejada por grupos nacionalistas. Rebeliões geralmente envolvem algum elemento de planejamento, e é raro que sejam totalmente espontâneas. O papel das autoridades estatais é fundamental. Com frequência, os tumultos se tornam possíveis porque o Estado ou a principal fonte de autoridade incentiva a violência ou, pelo menos, faz vista grossa. Entre os exemplos estão os *pogroms* contra massas de judeus por parte de poloneses em Jedwabne, em 1941, durante a ocupação alemã, e os *pogroms* antijudaicos na Rússia, inclusive em Kishinev (atual Chişinău, na Moldávia) em 1903, e Odessa (atual Ucrânia), em 1905, possibilitados por um Estado que tolerou e até chegou a facilitar e incentivar a violência em massa. Em outros casos, os tumultos ocorrem na ausência de um Estado ou onde o Estado é fraco, como o de 1969, na Malásia, que mais tarde se espalhou para Cingapura, desencadeado por eleições nas quais etnonacionalistas malaios radicais atacavam chineses étnicos na Malásia.

O terrorismo nacionalista é outro tipo de violência étnica, definido pela violência indiscriminada, que visa atingir um objetivo político, empregada fora do contexto de uma guerra. Grupos terroristas religiosos, como Al-Qaeda ou ISIS (Estado Islâmico do Iraque e da Síria), dominaram as manchetes nas últimas décadas, enquanto grupos ideológicos, como a Facção do Exército Vermelho Alemão (RAF), de extrema esquerda, ou as Forças Armadas Revolucionárias da Colômbia (FARC), prevaleceram durante a Guerra Fria. Tanto no passado quanto hoje, muitos grupos terroristas baseiam suas reivindicações no nacionalismo. O termo *terrorismo* deve ser usado com muito cuidado, pois os governos costumam rotular os grupos insurgentes como terroristas independentemente de eles usarem violência.

Exemplos clássicos são os grupos que buscam a secessão e recorrem à violência direcionada ou indiscriminada contra um governo, seus representantes ou mesmo toda a população. O basco Pátria Basca e Liberdade (ETA), que iniciou sua campanha em 1959 contra o governo de Franco, ou o Exército Republicano Irlandês (IRA), que lutou contra o governo britânico na Irlanda do Norte, são exemplos clássicos de grupos etnonacionalistas que empregam estratégias terroristas, incluindo bombas contra representantes de governos e símbolos de Estado, assassinatos e sequestros. A linha que divide grupos insurgentes entre guerra civil e terrorismo é fluida e, muitas vezes, é uma questão de ponto de vista. Os grupos se veem como combatentes da liberdade, enquanto os Estados os classificam como terroristas. Esses grupos também mudam com o tempo e podem até se tornar partidos políticos legítimos. Vejamos o exemplo do Exército de Libertação do Kosovo (ELK), que lutou contra as forças de segurança sérvias que ocuparam o Kosovo e perseguiram sua população albanesa na década de 1990. Inicialmente, o ELK atacava representantes do alto escalão do Estado sérvio por meio de bombas e assassinatos, características clássicas de uma estratégia terrorista. À medida que a repressão da polícia sérvia aumentou, incluindo o assassinato do líder do ELK Adem Jashari e cerca de 50 membros de sua família e companheiros de combate, em março de 1998, o conflito se transformou em uma guerra civil de grandes dimensões, com o ELK recorrendo à guerra de guerrilha convencional. No Sri Lanka, os Tigres de Libertação do Tâmil Eelam (TLTE), mais conhecidos como Tigres do Tâmil, também procuraram arrancar uma pátria no norte da ilha para a minoria tâmil. O grupo surgiu após a implementação de programas antitâmil, repressão por parte do Estado e um crescente nacionalismo budista cingalês entre a maioria. Além de travar uma guerrilha convencional para controlar as áreas de maioria tâmil, o grupo também lançava mão de homens-bomba e tentativas de assassinato contra autoridades militares.

CAUSAS DA VIOLÊNCIA ÉTNICA

A violência étnica não surge do nada nem pode ser reduzida à diversidade étnica. Papua-Nova Guiné pode ser descrita como o país mais etnicamente diversificado do mundo, pois mais de 800 línguas são faladas entre seus 8 milhões de habitantes, a maioria delas não mutuamente compreensível e proveniente de vários grupos linguísticos. O idioma mais importante, além da língua crioula predominante baseada no inglês, o tok pisin, é falado por apenas cerca de 200 mil pessoas. Além disso, os cidadãos se identificam com um número igualmente grande de diferentes grupos étnicos pertencentes às categorias mais amplas de papuas, melanésios, negritos, micronésios e polinésios. Havia um conflito étnico importante quando a população de Bougainville, uma ilha a leste da própria Nova Guiné, formou um movimento buscando a independência, durante dez anos de conflitos entre 1988 e 1998. Também havia uma insurgência menos violenta nas terras altas da Nova Guiné. No entanto, em termos gerais, considerando a extrema diversidade linguística e étnica, a intensidade do conflito étnico na Papua-Nova Guiné tem sido baixa. Assim, a diversidade étnica, mesmo em seu maior extremo, não gera conflito. Na verdade, mesmo o conflito em Bougainville uniu uma população linguística e etnicamente diversa na insurreição contra o governo de Papua-Nova Guiné. Outros países muito diversos, como a Tanzânia, também vivenciaram poucos conflitos étnicos. Por outro lado, países com relativamente pouco fracionamento, ou seja, o grau de diversidade de uma sociedade baseado no número de grupos, em critérios como idioma ou religião e em seu tamanho, como Iêmen, Somália ou Líbia, têm enfrentado altos níveis de violência. Todos eles são formalmente homogêneos em termos de idioma e religião, mas se dividiram segundo as tribos e outras redes amplas de ascendência que superaram lealdades nacionais ou supranacionais, como o nacionalismo árabe ou o islamismo.

O conflito étnico não ocorre entre grupos étnicos. Assim como as nações não são blocos homogêneos que atuam em uníssono, os grupos étnicos tampouco o são. Enquanto a participação em um grupo étnico ou nação requer a ideia de pertencer a uma comunidade compartilhada distinta das outras, essa identidade não é estática nem fixa. A importância relativa da identidade étnica ou nacional varia em um contexto cotidiano, no qual gênero, amigos, posição social, classe ou local de residência podem facilmente adquirir mais importância do que a identidade étnica. Assim, os grupos étnicos precisam ser "produzidos", o que envolve não um processo único de convencimento de indivíduos para que se unam a um grupo ou adquiram consciência de pertencer a um desse grupos, e sim o reforço repetido, como se discutiu no capítulo anterior. A criação dessa "grupalidade", como a chamou o sociólogo estadunidense Rogers Brubaker,[5] depende muito do papel das elites, também descritas com frequência como empreendedores étnicos, no aprimoramento estratégico da identidade e da distinção do grupo. Os empreendedores étnicos podem estar profundamente convencidos da importância da identidade étnica e nacional ou podem estar manipulando cinicamente a identidade na política para obter vantagens próprias. Muitas vezes, o conflito étnico faz parte da (re)criação de grupos e não é resultado de um confronto entre grupos fixos. Nesse caso, o controle interno e o conflito externo são importantes para entender a dinâmica do conflito étnico.[6]

Os empreendedores étnicos precisam convencer seu público não apenas de que são os melhores para representá-lo, mas também a pensar "etnicamente" ao fazer escolhas políticas. Nas primeiras eleições livres na Iugoslávia, em 1990, os partidos etnonacionalistas costumavam competir com partidos centristas de visão mais cívica, que disputavam as eleições com base em reformas econômicas, e não em etnicidade. Os partidos étnicos e nacionalistas tiveram que convencer os eleitores de que o que importava não era a reforma econômica, e sim uma ameaça à nação. Isso aconteceu com especial intensidade na Bósnia, onde três partidos nacionalistas apelavam para seus respectivos grupos nacionais: muçulmanos, sérvios e croatas. Eles enfrentavam pouca competição entre si, pois os muçulmanos não votariam em um partido nacionalista sérvio e vice-versa. O que tinham que fazer era convencer cada um de seus públicos a não votar na reformada Liga dos Comunistas nem no Partido Reformista do popular primeiro-ministro iugoslavo Ante Marković. A escolha dos eleitores poderia ser entendida como um "dilema do prisioneiro", mas de caráter étnico, em que indivíduos de diferentes grupos fazem escolhas que não são ideais devido à falta de confiança entre si. Em resumo, o medo de que outros votem em partidos nacionalistas que buscariam políticas de exclusão torna mais atrativo o apoio ao seu "próprio" partido étnico, não por apoiar a atividade política com base em etnicidade, mas para evitar ser marginalizado pelo sucesso dos outros.[7]

Assim, a polarização étnica também se baseia na polarização intragrupo e na capacidade dos empreendedores étnicos de superar partidos políticos que rejeitem totalmente as categorias étnicas ou líderes mais moderados. A polarização e a radicalização podem fazer parte de campanhas eleitorais e da concorrência entre candidatos, mas, em muitos casos, a radicalização ocorre fora do contexto eleitoral e tem outros objetivos. Assim, o conflito étnico não é uma mera consequência da polarização étnica, e sim faz parte do processo de polarização.

No contexto pós-colonial, as identidades étnicas ou tribais, como costumam ser conhecidas, são facilmente descartadas por serem atrasadas e provincianas. Em vez disso, como discutido anteriormente, era comum os movimentos nacionais promoverem novas ideias nacionais para transcender as identidades étnicas. A suposição subjacente, como a de John Stuart Mill e outros nacionalistas liberais europeus do século XIX, era de que identidades étnicas específicas seriam superadas e absorvidas por identidades nacionais mais amplas. Embora isso tenha dado certo em alguns casos, a identidade étnica e as tensões que surgiram não eram um resquício das sociedades pré-modernas. Na verdade, a própria modernização aumentou as tensões étnicas e resultou, por exemplo, na urbanização. À medida que surgiam novas capitais administrativas e econômicas na África e na Ásia, as populações rurais foram se mudando para as cidades. Buscando novas oportunidades econômicas, os migrantes não foram à procura de etnicidade, mas muitas vezes a encontraram. Redes baseadas em local de origem e afinidade proporcionam apoio organizado aos recém-chegados. Nesse novo ambiente urbano, a concorrência por empregos é intensa e as oportunidades de ascensão social, escassas, principalmente para essas pessoas. Assim, a concorrência étnica baseada em redes de origem e familiaridade é comum.[8]

Portanto, os conflitos étnicos não são um resquício primordial, e sim uma forma de violência que aumentou dramaticamente nas décadas que se seguiram à Segunda Guerra Mundial, atingindo seu pico no início dos anos 1990. Antes da descolonização, a violência era perpetrada pelos impérios coloniais contra populações sublevadas, da Irlanda à Namíbia, e surgiram movimentos de libertação nacional contra esses impérios. Alguns desses movimentos se viam como grupos nacionalistas cívicos, muitas vezes aspirando a fazer parte de movimentos anticoloniais maiores, como o Partido do Congresso, na

Índia, ou o Kwame Nkrumah, em Gana. Outros tinham uma tonalidade etnonacional diferenciada, desde grupos sionistas radicais na Palestina controlada pelos britânicos até a Liga Muçulmana de Jinnah, na parte da Índia que mais tarde seria o Paquistão. À medida que os novos países iam tendo que decidir sobre línguas nacionais, que História ensinar e quem deveria deter o poder, as tensões dentro dos Estados aumentavam. A ascensão do conflito étnico, no entanto, não se limitou aos Estados pós-coloniais da África e da Ásia. Como já foi observado, a Europa também viveu tensões e conflitos, alguns violentos, como na Irlanda do Norte e no País Basco, outros pacíficos em termos gerais, como na Bélgica ou na Catalunha.

O aumento constante dos conflitos étnicos resultou na predominância das guerras civis sobre outros tipos de guerra, como aquelas travadas entre Estados ou as revolucionárias. O pico dos conflitos étnicos, com base em sua intensidade e combinando tanto o número de conflitos em si quanto o de vítimas, foi atingido no início da década de 1990, logo após o fim da Guerra Fria. Uma causa fundamental foi o declínio dos regimes repressivos, que abriu as portas para reivindicações divergentes e muitas vezes conflitantes. As guerras na Iugoslávia em desintegração, o genocídio em Ruanda e os conflitos civis na Somália foram os reflexos mais visíveis do auge do conflito étnico. À medida que diminuiu o controle das superpotências sobre seus aliados e aumentaram as demandas por democracia, também cresceu o risco de conflito étnico.

A princípio, pode parecer um paradoxo, mas os países são particularmente propensos a conflitos étnicos em fases de democratização e transição entre diferentes tipos de governo. Governos autoritários podem reprimir insurgências étnicas pela força, como no caso da China em relação às demandas uigures por maior autonomia ou independência na Região Autônoma Uigur de Xinjiang, no oeste do país. Nesse caso, como em outros regimes autoritários, as reivindicações por mais autogoverno muitas vezes são recebidas com repressão direta, dando pouco espaço para ação de grupos insurgentes.

Quando sistemas autoritários ou totalitários entram em colapso ou são derrubados, um novo sistema de governo precisa tomar seu lugar. Esse é um processo desafiador, na melhor das hipóteses, com atores antidemocráticos fortes procurando preservar seu poder, alternativas políticas fracas e instituições vinculadas ao regime anterior. Quando diferentes nações ou grupos étnicos entram na briga, as coisas podem ficar mais complicadas. Primeiro, os políticos precisam organizar partidos e movimentos começando do zero, caso em que a identidade é um critério prontamente disponível. Enquanto a ideologia ou outros detalhes programáticos exigem explicação, a evocação da condição de membro de um grupo, seja étnico, nacional ou baseado em identidade, é fácil de comunicar, sobretudo se as diferenças de grupo foram ou são importantes politicamente. Além disso, um novo sistema político requer respostas a questões cruciais que podem favorecer um ou outro grupo. O sistema eleitoral pode preferir um grupo em detrimento de outro, e escolher o executivo ou a organização administrativa do país é muito importante e tem potencial para gerar divisão. Com muita coisa em jogo e com a identidade étnica sendo um poderoso marcador político, esses momentos de transformação são particularmente suscetíveis ao conflito étnico.[9] Foi o caso da Iugoslávia no final dos anos 1980. À medida que o sistema comunista passava por uma crise econômica e a legitimidade do partido no poder estava em declínio, os principais competidores políticos que surgiram eram nacionalistas ou oriundos da nomenclatura comunista que se reinventavam como nacionalistas para conter a oposição. A Iugoslávia foi organizada como um Estado etnofederal no qual cada uma das maiores nações tinha sua própria república (com exceção dos albaneses) e a Bósnia era uma república trinacional. Foi difícil recalibrar uma Iugoslávia democrática, pois as elites de todo o país tinham visões diametralmente opostas: os eslovenos, assim como os croatas, queriam um país mais descentralizado, ao passo que a liderança sérvia procurava recentralizá-lo, já que muitos sérvios viviam em outras repúblicas. Assim, visões conflitantes sobre o tipo de democracia e o equilíbrio de poder alimentaram as tensões étnicas e abriram espaço ao conflito. Os sistemas políticos desencorajaram os partidos transnacionais, e as reivindicações conflitantes sobre a organização pós-autoritária do país colocaram as repúblicas e, com elas, as nações umas contra as outras. A democratização, ou, melhor, o surgimento do pluralismo político era altamente combustível. Em Estados-nações, como a vizinha Hungria, ou mesmo onde havia minorias, como a Bulgária ou a Romênia, as principais questões após o colapso dos regimes comunistas autoritários eram como eleger o Parlamento e como equilibrar o poder entre legislativo e executivo, mas não havia dúvidas sobre o grau de poder transferido às regiões monoétnicas ou a representação de diferentes grupos etnonacionais no governo central. Em resumo, a transição do autoritarismo para a democracia em países multinacionais ou multiétnicos levanta desafios novos, que aumentam o que está em jogo e potencializam a probabilidade de violência.

Os conflitos étnicos surgem de tensões antigas, mas não antiquíssimas. Como tal, o conflito é precedido por tensões, disputas políticas e confrontos. A simples existência de grupos étnicos não é causa suficiente para conflitos. Em vez disso, a questão fundamental é até que ponto essas diferenças são politizadas e determinam as escolhas políticas e sociais dos cidadãos. Nesse contexto, o conceito de clivagens é útil. As clivagens são linhas divisórias que separam os cidadãos em grupos estáveis e bem definidos, podendo se basear na religião ou na relação entre Igreja e Estado, rural e urbano, ou de classe. Em vez de escolhas políticas, que podem mudar facilmente, as clivagens marcam divisões mais profundas, que os indivíduos não podem atravessar com tanta facilidade. Com frequência, elas partem da política e se refletem na sociedade. Por exemplo, cada comunidade pode ter seus próprios clubes e associações, com poucos pontos de contato na vida cotidiana. A etnicidade e outras características de identidade podem constituir essas clivagens. Se a etnia coincide com religião, idioma, classe ou outros marcadores de diferença, essas clivagens se reforçam mutuamente e criam as condições para uma sociedade fragmentada.

Na Irlanda do Norte, a identificação com a questão Irlanda *versus* Reino Unido está intimamente relacionada a ser católico ou protestante, respectivamente. Tanto é assim que muitos descrevem o conflito como sendo entre adeptos dessas duas religiões. Embora tenha havido guerras religiosas desde o século XVII e antes, hoje não há mais conflitos entre católicos e protestantes em outros lugares. A Alemanha, por exemplo, está dividida entre protestantes e católicos (hoje com um número substancial de agnósticos, ateus, muçulmanos e outros), mas essa divisão não se tornou uma clivagem nacional na sociedade alemã, pois os cidadãos de ambas as religiões se identificam como alemães. O protestantismo e o catolicismo são importantes na Irlanda do Norte porque a afiliação religiosa e a identidade nacional coincidem em grande medida.

Essas linhas divisórias não aparecem espontaneamente; elas precisam ser politizadas e reforçadas. Assim, não há progressão automática da diferença étnica para a clivagem e o conflito; essas diferenças precisam ser promovidas e fortalecidas, e deve haver pouca ou nenhuma resistência a esses esforços.

Embora proporcionem uma distinção entre países caracterizados pela diversidade étnica sem muito conflito político e outros onde a diferença étnica é social e politicamente importante, as clivagens étnicas não explicam por que e quando os conflitos eclodem.

Não há um gatilho universal único que possa explicar a eclosão dos conflitos – geralmente multicausais – e, além disso, reduzi-los a um fator único seria ignorar sua gênese complexa. A dissolução da Iugoslávia e as guerras subsequentes, por exemplo, tiveram vários fatores explicativos. Os que contribuíram para o colapso do país e as guerras que se seguiram foram: a morte do líder principal, Tito, em 1980, a crise econômica e a crescente desigualdade social entre as repúblicas, a estrutura etnofederal do país, que empoderou elites em regiões ou Estados, a ascensão das elites nacionalistas, queixas históricas, principalmente as que remontam à Segunda Guerra Mundial, nunca enfrentadas levando-se em conta seus matizes, e o colapso do sistema da Guerra Fria e, com ele, da posição estratégica da Iugoslávia. Diferentes estudiosos podem atribuir pesos distintos a esses fatores, mas não podem ignorar nenhum deles. Em uma abordagem multifacetada à explicação do conflito étnico, é interessante fazer uma distinção entre características estruturais subjacentes, como heranças coloniais, diferenças socioeconômicas que coincidem com identidades étnicas e outros tipos de clivagens, fatores de médio prazo, como o sistema político, que podem excluir ou incluir alguns grupos, além de desigualdades econômicas cada vez maiores ou o deslocamento do prestígio social de pertencer a um determinado grupo. Por fim, alguns gatilhos facilitam a eclosão da violência, como a disponibilidade de armas ou uma mudança repentina de governo.

DINÂMICA DO CONFLITO ÉTNICO

A maioria das explicações para os conflitos pode ser resumida entre as que analisam sob o ponto de vista das oportunidades ou o das queixas.[10] As oportunidades se concentram nos fatores estruturais que provocam um conflito, a começar pela geografia de um país ou região, que pode facilitar uma insurgência devido à disponibilidade de recursos e armas. O Exército de Libertação do Kosovo pode ter desejado iniciar um levante contra as autoridades sérvias antes de 1998, mas foi o colapso do Estado albanês e o saque de quartéis do exército no ano anterior que fizeram com que houvesse Kalashnikovs e outras armas leves disponíveis a preços baixos. Os recursos também são importantes, pois não é barato travar uma guerra ou promover a insurgência. Enquanto os Estados têm exércitos e meios para financiar guerras, os grupos insurgentes carecem de fontes disponíveis para bancar com facilidade suas campanhas. Às vezes, eles podem conseguir dinheiro da diáspora, como o IRA havia feito por décadas entre os descendentes de irlandeses nos Estados Unidos. Outros podem tributar ou extorquir dinheiro de cidadãos que vivem em sua área de controle. Matérias-primas valiosas, como ouro e diamantes, também podem ser uma fonte de renda. Os "diamantes de sangue", assim chamados porque financiam guerras, têm sido motivadores essenciais de guerras civis na Libéria, em Serra Leoa e na Costa do Marfim. Às vezes, esses recursos podem ser usados para enriquecer líderes rebeldes, como o liberiano Charles Taylor. As oportunidades podem ser fundamentais para possibilitar o conflito, mas as queixas são importantes para motivar a participação. Elas são complexas e podem se basear em desvantagens reais ou imaginárias que os indivíduos vivenciam e associam à sua condição de membros de um determinado grupo. Isso não precisa ser o resultado de discriminação específica, mas é possível que as diferenças socioeconômicas prejudiquem alguns e favoreçam outros de uma maneira que possa ser atribuída à condição de membro de um determinado grupo. As queixas geralmente se originam de três fontes: exclusão política, desvantagem econômica ou posição cultural e social.

Queixa e concorrência podem ocorrer entre cidadãos de diferentes origens linguísticas, religiosas ou étnicas, que disputem o mesmo campo de jogo. No entanto, com ou sem razão, os indivíduos muitas vezes percebem o outro grupo como privilegiado, podendo ser um grupo étnico que tradicionalmente detém poder político, prestígio social ou poder econômico.

A exclusão ou a marginalização de caráter político podem resultar de políticas governamentais sistemáticas direcionadas contra grupos específicos. Na Irlanda do Norte, por exemplo, a minoria católica há muito é marginalizada nas instituições e nos cargos de decisão na província. O resultado é que muitas vezes os grupos não se identificam com as instituições do Estado e as consideram hostis. Durante o conflito naquele país, por exemplo, a força policial era conhecida como "Royal Ulster Constabulary". Seus membros eram recrutados predominantemente entre a população unionista, e até mesmo sua denominação favorecia a comunidade protestante e unionista, já que adotava o nome preferido por ela para a província – Ulster – e enfatizava o caráter de "realeza", pois os unionistas têm mais simpatia pela monarquia do que os nacionalistas, que querem se desligar do Reino Unido e se unir à Irlanda. Sendo assim, instituições consideradas como fechadas e hostis costumam ser rejeitadas pelos cidadãos do grupo que se sente excluído, reforçando a relação antagônica entre o Estado e o grupo em questão.

O poder político também pode ser uma fonte de conflito quando o equilíbrio relativo de poder está em processo de mudança. Na Bélgica, a elite francófona dominou após a independência, em 1830, e a rápida industrialização da Valônia reforçou o predomínio da língua francesa. Um pequeno movimento nacional flamengo surgiu no início do século XX e foi incentivado pela ocupação alemã, durante as duas Guerras Mundiais. No entanto, o conflito cresceu, principalmente após a Segunda Guerra, com reivindicações flamengas por mais direitos linguísticos e representação. O declínio econômico da Valônia ajudou nessa mudança, pois Flandres se tornou a potência econômica, e o francês perdeu seu prestígio. As transformações sociais e econômicas levaram décadas para se traduzir em transformações políticas que oferecessem um papel mais importante aos falantes de flamengo e à região de Flandres.

No Líbano, as mudanças demográficas prejudicaram o equilíbrio de poder nas instituições. Quando o país se tornou independente, em 1943, as elites de diferentes comunidades religiosas estabeleceram um "pacto nacional" não escrito. Cristãos maronitas e ortodoxos, muçulmanos sunitas e xiitas, bem como os drusos – uma pequena subcorrente heterodoxa derivada do islamismo xiita – estabeleceram uma divisão dos cargos importantes e da orientação política do país. O presidente seria maronita, o primeiro-ministro, sunita, o presidente do parlamento, xiita, e assim por diante, ao passo que os cristãos teriam uma ligeira vantagem de 6:5 no parlamento. Em termos de orientação política, a composição religiosa diversificada resultou em um equilíbrio mantido cuidadosamente entre Oriente e Ocidente, ou seja, laços estreitos com a França e um espaço próprio no mundo árabe. Esse acordo, baseado no problemático censo de 1932 e no cuidadoso

Conflito étnico

sistema de partilha de poder, manteve-se até 1975. Uma mudança demográfica em favor das comunidades sunitas e xiitas passou a pressionar o sistema, assim como as crescentes tensões com relação à presença substancial de refugiados palestinos no país, a maioria, sunita. Quando eclodiu a guerra civil, seriam necessários 15 anos, até 1990, para recalibrar a distribuição de poder e, mesmo assim, a mudança foi menor, com o poder político equilibrado entre diferentes comunidades cristãs e muçulmanas, com base em paridade.

Além da exclusão política, bem como da mudança do poder político e do domínio demográfico, a exclusão econômica e a social são importantes fatores que contribuem para as tensões étnicas. A econômica pode ser resultado da discriminação do grupo ou simplesmente da região de um país onde ele vive. Também não significa que os membros de um determinado grupo estejam objetivamente em pior situação. Na Iugoslávia, muitos eslovenos e croatas se sentiam em desvantagem porque suas repúblicas eram mais produtivas e economicamente avançadas, mas tinham que dar uma contribuição desproporcional para o apoio econômico às regiões menos desenvolvidas. Por sua vez, as repúblicas mais pobres se sentiam exploradas pelas mais ricas e viam aumentar a distância entre elas. Como resultado, em ambos os extremos, os argumentos econômicos serviram para sustentar as demandas contra o outro lado. Podem-se encontrar argumentos semelhantes em Estados-nações, como entre o norte e o sul da Itália, mas, nesse caso, essas reivindicações são moderadas pela identidade nacional compartilhada, ainda que frágil.

Além da discriminação econômica real e imaginária, determinados grupos podem ser escolhidos para se beneficiar economicamente em detrimento de outros. Essas minorias dominantes do mercado, termo cunhado pela advogada estadunidense Amy Chua, facilmente se tornam alvo da maioria.[11] Em alguns casos, a riqueza econômica ou o predomínio em certas profissões podem coincidir com a condição de membro de um grupo, mas essa percepção por parte de uma maioria geralmente exagera muito a influência do grupo ou pressupõe que uma minoria economicamente rica represente a comunidade como um todo. Portanto, as percepções de riqueza e influência podem ser muito diferentes da realidade.

Esses grupos podem incluir minorias comerciantes em impérios, como armênios e judeus no Império Otomano, libaneses na África Ocidental ou indianos em Uganda, ou minorias que alcançaram essa reputação por outras razões, e muitas vezes são vistas como forasteiras, como os chineses no sudeste da Ásia. Essas minorias chinesas nas Filipinas, no Vietnã e na Indonésia são pequenas em tamanho, representando apenas 1% da população (com exceção da Malásia, onde cerca de um quinto da população é de origem chinesa), mas exercem considerável influência econômica. Essa lacuna muitas vezes resultou em violência étnica e *pogroms*. Os indianos ocupavam uma posição semelhante em Uganda, mas foram expulsos em massa em 1972, por Idi Amin, que chegou ao poder em um golpe no ano anterior e usou o sentimento anti-indiano para forçar a saída da maioria dos 75 mil asiáticos do país.

Na Europa, o antissemitismo do final do século XIX e início do XX ilustra essa dinâmica e destaca que as queixas econômicas não precisam ser baseadas em estratificação etnoeconômica real, bastando a percepção. Mesmo que a maioria dos judeus não estivesse em melhor situação do que outros cidadãos, imagens antissemitas comuns os descreviam como exploradores econômicos dos gentios. Os *Protocolos dos sábios de Sião*, uma conhecida falsificação de conteúdo antissemita escrita na virada do século XX, na Rússia, delineava uma suposta trama dos judeus para dominar o mundo e descrevia em detalhes os supostos planos para escravizar economicamente os não judeus. Por exemplo, os protocolos afirmam que uma conspiração global judaica "em breve começará a estabelecer enormes monopólios, reservatórios de riquezas colossais, das quais até grandes fortunas dos *goyim* [não judeus] dependerão a tal ponto que eles afundarão junto com o crédito dos Estados no dia seguinte ao esmagamento político".[12] Em poucas palavras, a suposta trama que a falsificação descreve é uma dominação econômica dos não judeus, o estabelecimento do controle judaico e o apoio da causa marxista. Os protocolos foram amplamente divulgados pela primeira vez na Rússia, pela polícia secreta imperial, e depois se espalharam pelo mundo como um dos principais textos antissemitas disseminados por Henry Ford nos Estados Unidos, inspirando o antissemitismo do movimento nazista. Assim, muitas vezes, a vantagem econômica real de um determinado grupo é menos decisiva do que a percepção que se tem dela.

Outras queixas podem se concentrar na marginalização social ou na percepção da perda de *status* e, portanto, não na marginalização absoluta, mas no declínio relativo. Dessa forma, os sérvios no Kosovo dominaram a província até a década de 1970 devido à sua posição mais forte na Liga dos Comunistas e um histórico de desconfiança entre o Estado e a população na Albânia. O Partido Comunista da Iugoslávia procurou aumentar os poderes da província, bem como os dos albaneses, fazendo com que os sérvios perdessem sua posição privilegiada anterior. Isso gerou um ressentimento generalizado em relação às autoridades do Kosovo, agora predominantemente albanesas, agravado por casos de discriminação, e desencadeou a mobilização sérvia na região contra a população albanesa, buscando proteção das autoridades centrais sérvias. O ressentimento foi alimentado por uma forte narrativa de superioridade cultural, que potencializou a mudança no poder.

Essas queixas, sejam elas políticas, econômicas ou sociais, baseiam-se em emoções. Roger Petersen afirmou que as emoções centrais que impulsionam o conflito étnico são o medo, a raiva, a fúria e o ressentimento.[13] O ressentimento e a raiva são especialmente importantes no entendimento da motivação para a violência. O ressentimento e o medo estão intrinsecamente ligados às queixas. O primeiro se baseia principalmente na injustiça percebida na própria posição e no lugar supostamente privilegiado ou explorador dos outros. Em suma, o ressentimento expressa a noção de que outro grupo tem privilégios injustos. O medo, por sua vez, pode ser resultado dessas mudanças de poder (ou da percepção sobre elas) e desencadeia a preocupação com padecer desvantagens, discriminação, expulsão ou mesmo a morte nas mãos de outro grupo. O medo também pode surgir entre os membros de um grupo que foi marginalizado há muito tempo.

Essas emoções raramente surgem por conta própria, e costumam ser mobilizadas deliberadamente por empreendedores étnicos, que aumentam as tensões nos meios de comunicação de massa, espalham rumores e fazem discursos políticos. Considerando que a maioria das sociedades se caracteriza pela ausência de conflito, a guerra e a violência étnica não surgem da noite para o dia. As histórias de conflito étnico, de vizinhos matando vizinhos, como em Ruanda, sugerem a necessidade de que o ambiente normal seja suspenso para que a violência em massa seja possível. A substituição de um contexto pacífico por outro, violento, no qual as restrições convencionais não se aplicam mais, pode ser feita por meio de políticas de Estado ou por grupos insurgentes, às vezes como um processo de cima para baixo, às vezes com base na mobilização de massas, tudo com o objetivo de substituir a cooperação cotidiana pelo confronto.[14] A violência pode fazer parte de uma estratégia política deliberada, incluindo o objetivo de usar a violência das massas para permanecer no poder, pois o conflito étnico pode impor a homogeneização em nome da unidade nacional, permitindo que se recorra a mecanismos antidemocráticos e irresponsáveis de governo e a bodes expiatórios. A limpeza étnica, ou seja, a expulsão deliberada e planejada de determinados grupos étnicos, também pode ser um objetivo de guerra em si. Na verdade, a limpeza étnica raramente é um subproduto do conflito étnico, sendo mais um objetivo central de uma ou várias facções em guerra. Ela facilita a criação de territórios nacionais homogêneos e por isso cumpriu um papel importante no surgimento de Estados-nações. Várias formas de limpeza étnica fizeram parte da formação do Estado-nação desde o século XIX. Essas políticas incluem a expulsão de minorias em Estados-nações recém-criados, principalmente se estiverem associadas a um Estado-nação hostil ou ao império anterior. A troca de populações greco-turca, na qual os habitantes ortodoxos da recém-formada

República da Turquia foram expulsos e trocados por muçulmanos da Grécia, totalizando 1,6 milhão de pessoas, é um exemplo precoce do deslocamento de pessoas em grande escala com base em suas alianças nacionais, ainda que, nesse caso, tenha sido baseado na identidade religiosa mais rígida e, portanto, mais facilmente determinável. Mais tarde, milhões de hindus e muçulmanos tiveram que deixar suas casas quando a Índia e o Paquistão foram criados; palestinos muçulmanos e cristãos foram forçados a abandonar o lar na criação de Israel e após a fracassada aliança árabe para impedir a independência do país. A limpeza étnica foi, portanto, o lado escuro da formação do Estado-nação e da democracia, pois as elites que buscavam consolidar o controle por parte da nação dominante excluíam outras, principalmente as pertencentes a comunidades que representavam uma ameaça real ou percebida.[15]

Da mesma forma, o genocídio é fundamentado em uma política deliberada por parte de Estados ou atores semelhantes, para eliminar grupos específicos com base em sua identidade coletiva. Assim, o genocídio é um aspecto crucial da moderna violência de massa, em nome de uma nação contra outra nação.

A maioria dos genocídios, não apenas o Holocausto, ocorreu no contexto de guerras maiores, que permitiram assassinatos em grande escala, os quais teriam sido difíceis de executar em tempos de paz. Conforme a Convenção da ONU sobre Genocídio, de 1948,

> entende-se por genocídio qualquer dos seguintes atos, cometidos com a intenção de destruir no todo ou em parte um grupo nacional, étnico, racial ou religioso, como: a) matar membros do grupo; b) causar graves danos à integridade física ou mental de membros do grupo; c) submeter intencionalmente o grupo a condições de existência capazes de lhe causar destruição física total ou parcial; d) impor medidas destinadas a impedir os nascimentos dentro do grupo; e) efetuar a transferência forçada de crianças do grupo para outro grupo.[16]

Portanto, o genocídio é, antes de tudo, um crime definido segundo a identidade, com foco em nações e grupos étnicos, como se discute

Nações e nacionalismos

neste livro. O genocídio está intimamente ligado à noção de nacionalismo violento excludente.

Depois que a violência ocorre, ela costuma reforçar a si própria, pois fortalece as identidades de grupo, polariza e reduz o espaço para um debate pluralista no interior de cada grupo e entre diferentes grupos. Assim, o conflito étnico costuma ser mais prolongado do que outros tipos, mas também chega ao fim. Alguns conflitos podem durar décadas, e os de natureza étnica tendem a durar mais do que as guerras entre Estados. A Guerra Civil no Líbano durou 15 anos; a Segunda Guerra Civil Sudanesa, na qual o Sul buscou a independência, 21 anos. A duração desses conflitos étnicos não é, de forma alguma, excepcional. As guerras terminam com a vitória de uma das partes, por meio de algum acordo negociado ou em uma trégua. As vitórias unilaterais são as mais comuns em guerras civis. Das 108 guerras civis registradas entre 1945 e 1999, cerca de metade terminou com a vitória de um lado, enquanto a outra metade é dividida entre acordos, tréguas e acordos impostos de fora.[17] Embora possam ser um pouco mais comuns, as vitórias militares também são mais propensas a recair na violência, pois o vencedor pode se ver tentado a impor seu domínio ou até mesmo a praticar genocídio ou limpeza étnica. Essas políticas muitas vezes desencadeiam novas ondas de violência. Existem opções menos drásticas para que as partes vitoriosas em conflitos étnicos se imponham. Uma delas é chamada de modelo de controle, em que uma parte não proíbe nem destrói outros grupos ou suas identidades, mas domina o sistema político e marginaliza outros. O melhor exemplo é o caso de Israel. Depois de conquistar a Cisjordânia e a Faixa de Gaza, na guerra de 1967, Israel não expulsou a população palestina, mas também não se esforçou para incluí-la no sistema político israelense, que a maioria dos palestinos teria rejeitado e representaria uma ameaça para o domínio do Estado pelos judeus. Além disso, também não ofereceu muita capacidade de autogoverno. Como resultado, a população palestina permaneceu sob o controle hegemônico do Estado de Israel, resultando na continuação do conflito até hoje.

Outra opção é a criação de uma identidade abrangente. Em Ruanda, a Frente Patriótica de Ruanda (FPR) venceu a guerra civil após o genocídio de 1994. A FPR lutara contra o governo dominado pelos hutus desde 1990, até que, em 1993, os Acordos de Arusha estabeleceram uma paz temporária sob mandato da ONU. No entanto, um movimento radical hutu associado ao governo planejou o genocídio contra a minoria tutsi, representada pela FPF. Após o assassinato do presidente hutu e ditador de longa data, Juvénal Habyarimana, em abril de 1994, o genocídio começou, fazendo quase um milhão de vítimas em 100 dias, principalmente entre os tutsis. Apesar do assassinato em massa de tutsis, a FPR conquistou o país em julho do mesmo ano, forçando os autores do massacre a fugir, principalmente para o vizinho Zaire, atual República Democrática do Congo. A FPR assumiu o controle de Ruanda e, sob a liderança de Paul Kagame, domina o país desde então. O novo governo, dominado pelos tutsis, não conseguiu impor o domínio da minoria, pois representava apenas cerca de 15% da população antes da guerra e essa quantidade foi muito reduzida pelo genocídio. Em vez disso, o governo dominado pela FPR proibiu qualquer referência à identidade hutu ou tutsi e promoveu sistematicamente uma identidade ruandesa situada acima dessas. Considerando as consequências mortais de uma sociedade altamente etnificada, isso não era irracional, mas também servia à nova elite dominante, que vinha de uma minoria.

Outros conflitos terminam com uma trégua, que pode levar à retomada do conflito, a um acordo permanente ou a um conflito latente. Os conflitos latentes podem durar décadas, com grandes partes de um país sendo independentes na prática. Às vezes, essas partes independentes podem receber apoio externo, como alguns dos territórios pós-soviéticos. A Transnístria, uma faixa de terra de língua predominantemente russa, a leste do rio Dniester, na Moldávia, conquistou a independência na prática durante a dissolução da União Soviética e a preservou com a ajuda do apoio militar russo no início da década de

1990. Da mesma forma, a Ossétia do Sul e a Abecásia conseguiram alcançar sua independência da Geórgia, na prática, inicialmente na década de 1990, e depois reforçada durante a guerra russo-georgiana de 2008. Por último, o conflito ucraniano criou regiões apoiadas pela Rússia no leste da Ucrânia, que eram, na prática, verdadeiros Estados, embora sem reconhecimento internacional. Embora o apoio externo geralmente seja crucial, esse tipo de Estado também pode surgir quando o Estado central se desintegra ou é fraco demais para assumir o controle, como tem sido o caso da Somália desde 1991, quando o ditador de longa data Siad Barre foi derrubado e o governo central caiu. Desde então, a Somalilândia e, em menor grau, a Puntlândia conseguiram garantir uma independência na prática, e bastante estável.

Documento: Testemunho de sobrevivente do genocídio em Ruanda, 1994

Testemunho de Gilbert Masengo Rutayisire, 1994.[18]

Eu vi um jipe Pajero branco dirigido por guardas presidenciais, e esse jipe veio e nos encontrou onde nós estávamos, e nos perguntaram: "Quem são vocês?" Um menino – infelizmente ele acabou falecendo – respondeu: "Nós somos cidadãos aqui deste setor de Rugenge". Eles disseram: "Não, queremos saber qual é a sua etnia". Ele não sabia o que estava acontecendo, e respondeu: "Nós somos tutsis". "Você são tutsis e se atrevem a ficar aí..." Não disseram mais nada, só foram embora.

[...] Nós nos escondemos; primeiro eu me escondi num vizinho, que me deixou esconder no forro da casa dele. Tinha um homem chamado Nsababera Eraste, ele saiu da casa desse vizinho quando ainda era jovem e trabalhou na nossa casa por muito tempo. Quando ele ficou velho, minha mãe deu um terreninho para ele e o deixou construir uma casinha, e depois ele se casou.

[...] Ele acabou sabendo onde eu estava escondido, e estava morrendo de vontade de matar alguém. Ele queria matar, mas sempre se lembrava de todas as coisas boas que a minha mãe fez por ele, e não tinha coragem.

CONFLITO ÉTNICO

> [...] Eles continuaram procurando outros, mas enquanto isso eu já fui fazendo as minhas orações a Deus porque senti que eram meus últimos momentos. Eles cortaram umas bananas que estavam mais perto de mim, Deus sempre faz coisas milagrosas, essas bananas caíram e cobriram as minhas pernas. Eles acabaram indo embora, mas eu os ouvi sussurrando: "Onde foi que essa barata se meteu, onde está essa barata?"
>
> [...]
>
> Eu tentei descobrir se ainda tinha alguém da minha família vivo. Infelizmente todos morreram, menos uma menina chamada Chantal, que estava fora do país. Ela estava fora de Ruanda durante a guerra. Eu soube da morte de todos, meus irmãos, minha mãe, e eu entendi o que aconteceu.

O conflito latente mais duradouro pode ser encontrado em Chipre. A disputa entre cipriotas gregos e turcos estava em andamento desde antes da independência do Reino Unido em 1960, mas foi o golpe de 1974, cujos líderes buscavam a unificação com a Grécia, que desencadeou a invasão turca e a posterior ocupação das partes do norte da ilha. Desde sua divisão, e apesar dos vários esforços internacionais para chegar a um acordo negociado, o *status quo* prevalece. Isso se deve, em parte, à presença da Turquia, incluindo o exército ao norte, semelhante à presença da Rússia nos conflitos latentes póssoviéticos, o que dificultou ainda mais uma solução, já que o *status quo* tem funcionado razoavelmente bem lá, reduzindo a pressão para chegar a um acordo negociado.

Existem alguns casos em que o acordo pode resultar em independência formal. Os governos costumam relutar em perder parte de seu território, e a maioria dos outros países relutam em reconhecer unilateralmente os Estados secessionistas. Na maioria das vezes, a independência só tem êxito se o país ou a região da qual ocorre a separação aceitar essa decisão, o que é raro. Isso ocorreu em 1991, quando a Eritreia conseguiu se tornar independente da Etiópia, e foi possível porque dois movimentos de resistência, a Frente de Libertação Popular da Eritreia e a Frente Democrática Revolucionária do Povo Etíope, combateram juntos o repressivo governo marxista da Etiópia e, após sua derrubada, chegaram a um acordo sobre a independência da Eritreia. No Sudão, a prolongada guerra civil corroeu os recursos do governo e o forçou a aceitar o Amplo Acordo de Paz de 2005, que concedeu autonomia ao Sudão do Sul e permitiu a realização de um referendo sobre a independência, o que aconteceu em 2011.

Como a independência total é rara, a maioria dos conflitos étnicos termina com um acordo negociado que mantém as fronteiras intactas e visa satisfazer as diferentes partes envolvidas. Não surpreende que esses acordos muitas vezes não durem, pois nenhuma das partes está totalmente satisfeita. A solução para um conflito étnico precisa incluir não só um cessar-fogo, o que resultaria apenas em um conflito latente, mas também uma readequação do próprio sistema político que deu origem à disputa. Assim, acabar com o conflito étnico muitas vezes exige mudanças constitucionais e institucionais que representam transformações mais importantes do que a solução de guerras entre Estados. O conjunto de ferramentas para lidar com conflitos étnicos envolve três características principais: mecanismos para incluir diferentes grupos étnicos na governança do país, formas variadas de autonomia territorial e direitos de minorias ou grupos. Em resumo, esses fatores podem ser entendidos como ofertas de autogoverno, inclusão ou governo conjunto. Se um conflito étnico gira em torno de uma minoria territorialmente concentrada, a autonomia territorial é uma escolha óbvia. Por exemplo, o Tirol do Sul adquiriu *status* de província autônoma na Itália após décadas de negociações com a Áustria, resultando em um tratado que estabeleceu o autogoverno da região com maioria de língua alemã, em 1992. A autonomia regional é uma característica comum nos tratados, desde o chamado Acordo da Sexta-feira Santa, sobre a Irlanda do Norte, até a autonomia regional concedida à ilha de Bougainville após a guerra civil entre os rebeldes e o governo de Papua-Nova Guiné, em 2000.

Em muitos casos, a autonomia territorial não basta, principalmente se o grupo for muito grande para se contentar com o autogoverno ou a região não for povoada apenas por membros desse grupo, mas também por outros que demandem alguma forma de direitos minoritários.

Os direitos das minorias podem ser amplos, mas geralmente incluem proteção linguística e educacional. Os direitos linguísticos permitem que um grupo use sua língua materna na vida privada, bem como em suas relações com o Estado, por exemplo, na administração, em placas de rua ou em instituições. Os direitos educacionais, que ajudam a preservar a identidade de um grupo, incluem o ensino de línguas nas escolas, assim como outras disciplinas lecionadas na língua materna, e aulas de História que reflitam a perspectiva da minoria. Esse currículo pode ser oferecido em escolas integradas ou separadas, desde apenas o ensino fundamental até universidades. Em geral, esses direitos não são suficientes após um conflito étnico, pois as disputas também costumam incluir demandas de participação política, e a confiança nos critérios étnicos é reduzida. A representação política garante que diferentes grupos étnicos, principalmente os menores, consigam influenciar o processo de decisão. Isso lhes permite participar de decisões que afetem diretamente os membros da comunidade e ser incluídos em outras questões centrais com impacto direto e indireto sobre eles. Em alguns casos, inclui uma representação mais fácil ou garantida no Parlamento e outros tipos de cota. Esse acesso ao Parlamento pode ser encontrado em países como Romênia ou Eslovênia, mas geralmente só é eficaz como ferramenta para prevenir conflitos e não para acabar com eles, pois a participação parlamentar não impede que representantes de grupos menores sejam ignorados. Afinal, em cenários pós-conflito, a confiança é baixa e o risco de exclusão política permanece alto.

Assim, a resposta mais comum nos acordos de paz, além da autonomia territorial, é o compartilhamento de poder, ou seja, uma série de acordos que proporcionam ferramentas institucionalizadas para a inclusão de diferentes grupos no sistema político. Alguns desses acordos de compartilhamento podem ser temporários, resolvendo uma disputa política que pode ter pouco a ver com a etnicidade propriamente dita. Há um padrão no qual esses arranjos temporários de compartilhamento de poder procuram resolver impasses políticos após eleições inconclusivas ou questionadas na África. Essa alternativa já foi usada no Zimbábue e no Quênia na última década, para corrigir eleições contestadas, mas muitas vezes resultou em instabilidade política prolongada, sem nenhuma partilha de poder genuína. Mecanismos de compartilhamento de poder mais duradouros exigem mudanças constitucionais e redesenho institucional que deem acesso a representantes de diferentes grupos étnicos ao governo. Essa geralmente é a abordagem consociativista, que se baseia na inclusão proporcional de grupos no Parlamento, no governo e na administração pública, além de poderes de veto e um certo grau de autonomia. Esses acordos foram implementados em Estados inteiros, como Bósnia-Herzegovina, Burundi ou Macedônia do Norte, ou em nível regional, como na Irlanda do Norte. Além disso, instituições de compartilhamento de poder foram adotadas como solução política para evitar a escalada de conflitos, inclusive no Tirol do Sul e na Bélgica. Os arranjos consociativistas costumam ser complexos e incluem uma infinidade de mecanismos para salvaguardar os direitos de grupos.

A Bósnia-Herzegovina serve bem para destacar a complexidade desse sistema. Lá, o compartilhamento de poder foi estabelecido pelo Acordo de Dayton, que encerrou a guerra em 1995. Após três anos e meio nos quais mais da metade da população foi expulsa pela limpeza étnica e em que houve mais de 100 mil mortos, o país havia sido fragilizado pela violência em massa, levada a cabo principalmente pelo Exército Sérvio da Bósnia, além de visões divergentes sobre se o país deveria existir.

Documento: Constituição da Bósnia-Herzegovina[19]

A Constituição é o Anexo 4 do Acordo de Paz de Dayton, negociado entre Bósnia-Herzegovina, Croácia e Iugoslávia (Sérvia e Montenegro) em 1995.

[...] Bósnios, croatas e sérvios, como povos constituintes (juntamente com outros) e cidadãos da Bósnia-Herzegovina, determinam que a Constituição da Bósnia-Herzegovina é a seguinte:

[...]

Art. I.3. Composição. A Bósnia-Herzegovina será constituída pelas duas Entidades, a Federação da Bósnia e da Herzegovina e a Republika Srpska (doravante, "as Entidades").

Artigo III: Responsabilidades e relações entre as instituições da Bósnia-Herzegovina e as Entidades

1. Responsabilidades das Instituições da Bósnia-Herzegovina. As seguintes questões são de responsabilidade das instituições da Bósnia-Herzegovina:
   (a) Política externa.
   (b) Política de comércio exterior.
   (c) Política aduaneira.
   [...]

2. Responsabilidades das Entidades.
   (a) As Entidades terão direito de estabelecer relações paralelas especiais com Estados vizinhos desde que condizentes com a soberania e a integridade territorial da Bósnia-Herzegovina.
   [...]
   (b) Cada Entidade também pode celebrar acordos com Estados e organizações internacionais, com o consentimento da Assembleia Parlamentar. A Assembleia Parlamentar pode decidir, por lei, que certos tipos de acordos não exijam tal consentimento.
   Artigo V: Presidência
   A Presidência da Bósnia-Herzegovina é composta por três membros: um bósnio e um croata, cada um eleito diretamente a partir do território da Federação, e um sérvio eleito diretamente no território da Republika Srpska.

> Artigo IV: Assembleia Parlamentar
> A Assembleia Parlamentar terá duas câmaras: a Câmara dos Povos e a Câmara dos Representantes.
>
> 1. Câmara dos Povos. A Câmara dos Povos será composta por 15 Delegados, dois terços oriundos da Federação (incluindo cinco croatas e cinco bósnios) e um terço, da Republika Srpska (cinco sérvios). **(a)** Os delegados croatas e bósnios da Federação serão escolhidos, respectivamente, pelos delegados croatas e bósnios da Federação à Câmara dos Povos. Os delegados da Republika Srpska serão selecionados pela Assembleia Nacional da Republika Srpska [...].
> 2. Câmara dos Deputados. A Câmara dos Deputados será composta por 42 membros, dois terços eleitos a partir do território da Federação e um terço, do território da Republika Srpska.

O Acordo de Paz procurou atender às reivindicações mutuamente excludentes por meio do compartilhamento de poder. As instituições centrais são frágeis e garantem que os três grupos dominantes – bósnios, sérvios e croatas – tenham representação igualitária, incluindo uma presidência de três Estados-membros e cotas no governo e em uma das casas do Parlamento. Além disso, vários mecanismos de veto garantem que nenhum grupo possa ser dominado. Em termos de autogoverno, o país está dividido em duas entidades, com a Republika Srpska, cuja grande maioria é de sérvios (principalmente como resultado da limpeza étnica feita durante a guerra) e a outra entidade, a Federação, habitada principalmente por bósnios e croatas. Nesta, dez cantões criam mais unidades nas quais um dos dois grupos predomina e goza de poderes consideráveis. Assim, o poder é muito descentralizado com base em critérios étnicos e, em situações em que seja necessário tomar decisões conjuntas, permite que os representantes de cada grupo vetem praticamente qualquer decisão. Embora seja muito complexo e propenso a vetos, o sistema de compartilhamento de poder na Bósnia ilustra

CONFLITO ÉTNICO

a dinâmica da partilha consociativista. Ainda que tenha possibilitado o fim do conflito e criado um consenso mínimo baseado em um Estado fraco com altos níveis de autogoverno, também gerou dificuldades consideráveis. As inúmeras possibilidades de veto facilitam a uma das partes paralisar as instituições. Em um ambiente pós-guerra, politicamente disputado, em que a existência do Estado e seus poderes está longe de ser compartilhada entre todos os atores políticos centrais, esses vetos têm sido comuns, obstruindo o funcionamento do Estado, enquanto as unidades subestatais, mais homogêneas, continuam operando. O sistema também atribui um peso considerável ao pertencimento étnico, uma vez que as unidades eleitorais são, em grande parte, monoétnicas e muitos cargos eletivos são atribuídos segundo a etnia. Portanto, há uma recompensa institucional e uma ênfase nos candidatos que concorrem como representantes de um determinado grupo étnico ou nação, em vez de apelar a mais de um grupo. Assim, a partilha do poder corre o risco de reforçar a etnicidade, manter viva a base política do conflito e perpetuar as tensões.

Portanto, os sistemas de partilha de poder não são apenas respostas institucionais ao conflito étnico; eles também institucionalizam as tensões étnicas e etnificam o sistema político. É claro que existem variações, e há alguns mais includentes, muitas vezes chamados de sistemas consociativistas liberais, como os encontrados no Iraque, no Afeganistão e na Malásia. A Bósnia, além da Bélgica e da Irlanda do Norte, pertence ao grupo das consociações mais rígidas e corporativas.

Além das abordagens consociativistas, outros mecanismos de compartilhamento de poder podem promover a inclusão e a cooperação entre grupos em um ambiente pós-conflito sem tanta ênfase nas elites que representam cada grupo. Essas ferramentas costumam ser descritas como compartilhamento de poder centrípeto, que enfatiza instituições compartilhadas e uma difusão de poder em lugar de cotas étnicas. Na

197

prática, essas abordagens têm maior probabilidade de dar certo quando não tiver ocorrido conflito violento, com níveis mais altos de confiança e grupos étnicos menos polarizados.

Além dos arranjos institucionais, o conflito étnico também requer abordagens mais complexas para lidar com as consequências da guerra. Elas incluem ferramentas de justiça de transição para lidar com crimes de guerra e outros abusos, como tribunais especiais, diferentes tipos de comissões da verdade e reconciliação e ferramentas nativas para diminuir as diferenças entre as comunidades. As tensões não resolvidas são um fator importante que contribui para a renovação de conflitos, e os acordos políticos muitas vezes institucionalizam a diferença em vez de reduzi-la. Comissões da verdade e reconciliação e processos de organizações da sociedade civil podem enfrentar a violência em massa, incluindo a de gênero, visões divergentes e conflitantes sobre o passado, e outros aspectos do conflito.

Desde o início da década de 1990, o conflito étnico diminuiu em termos globais, mas nem por isso se deve concluir que a era dos conflitos étnicos acabou. A diversidade etnonacional não é causa de conflito, e sim um pré-requisito. Grande parte dos Estados não é de Estados-nações no sentido de ser povoados por cidadãos que se identifiquem apenas com uma nação. Em vez disso, a maioria está dividida entre reivindicar a representação de uma nação específica e uma realidade mais complicada. O conflito surge de uma complexa constelação de fatores que incluem queixas baseadas em desvantagens e ameaças reais ou percebidas e facilitadas por oportunidades para aqueles que procuram ver suas demandas atendidas por meio da violência. Assim sendo, o risco de conflito étnico está profundamente enraizado na era da nação. Enquanto a lógica da nação e do Estado-nação for o tema predominante do sistema internacional, o conflito étnico será uma característica presente.

CONFLITO ÉTNICO

Figura 2 – Tendências em conflitos armados[20]

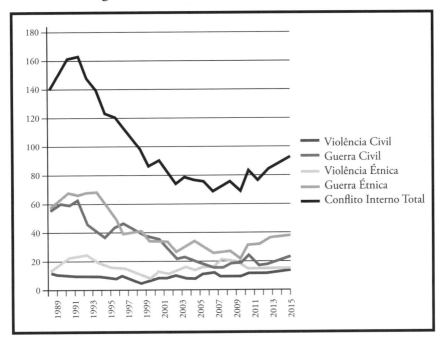

A diversidade, seja ela baseada em diferentes grupos que antecedem o Estado moderno ou em agrupamentos novos, baseados em migração, como discutiremos no próximo capítulo, é um problema permanente para os Estados-nações e, portanto, as tensões são um aspecto intrínseco da discrepância entre a ambição do Estado-nação e a realidade de uma diversidade muito maior. Essa tensão pode se expressar de várias maneiras, desde uma repressão mais sutil até limpeza étnica e genocídio. As ferramentas empregadas variam segundo a natureza do regime, o grau de polarização e as oportunidades específicas (ou a falta delas).

A MIGRAÇÃO
E AS POLÍTICAS
DA DIVERSIDADE

A migração sempre fez parte da construção da sociedade. As migrações humanas ao longo da história fizeram com que não haja ser humano cujos ancestrais não tenham sido migrantes. Embora a maioria das pessoas não se mude para longe de seu local de nascimento e passe a vida em uma região pequena, as sociedades se expandem e os indivíduos acabam necessitando percorrer longas distâncias para trabalhar ou sobreviver. Portanto, a migração não é um fenômeno da modernidade. As pessoas têm se mudado para trabalhar ou escapar de perseguições durante séculos. Muitos grupos se deslocaram acompanhando exércitos conquistadores ou em fuga. Em 1492, Isabel I de Castela e

Fernando II de Aragão forçaram os judeus da Espanha a se converter ao catolicismo ou deixar o reino. Muitos dos expulsos encontraram refúgio no Império Otomano e se estabeleceram em suas metrópoles, como Istambul e Salônica (atual Tessalônica, Grécia). Também no norte da Europa, os judeus, assim como os huguenotes e muitos outros, tiveram que fugir de suas casas por causa da identidade religiosa quando os governantes não toleravam a diversidade. Enquanto alguns grupos fugiam de reinos e impérios, outros se deslocavam com impérios em expansão, como os armênios, os gregos e os judeus que se mudaram para os cantos mais remotos do Império Otomano, desde a atual Bósnia até a costa norte da África.

Com a expansão colonial das potências europeias para as Américas e outros lugares, foi possível a migração a partir do marco europeu para lugares sem identidades predeterminadas, fossem religiosas ou não, permitindo que minorias religiosas e outros grupos perseguidos começassem vidas novas no exterior. Estados formados nesses lugares de migração europeia passariam a exercer a discriminação em favor de alguns migrantes e em detrimento de outros.

MIGRAÇÃO E CIDADANIA

A migração em massa de europeus para as Américas no final do século XIX não chegava a ser algo inédito na história humana. O que havia mudado era a natureza do Estado. À medida que os países contemporâneos estabeleciam regimes de cidadania, passava a ser importante saber quem era recém-chegado e quem já era cidadão. Ao mesmo tempo, as fronteiras tornaram-se mais definidas e deixaram de ser regiões amorfas, onde, à medida que o domínio de um império declinava, o de outro se fortalecia. Há duas características relevantes: o tempo de migração e a semelhança ou a diferença do migrante em relação à maioria. Dessa forma, como discutido no capítulo anterior, um alemão étnico do Cazaquistão que migrasse para a Alemanha poderia facilmente obter a cidadania, enquanto um cazaque vindo do mesmo país que o alemão étnico enfrentaria obstáculos muito maiores para adquirir cidadania e aceitação, para não falar de residência. As minorias tradicionais também se distinguem frequentemente dos migrantes pelo tempo que os seus antepassados viveram no país. Alguns países oferecem uma data limite específica para distinguir entre minorias com plenos direitos de proteção e migrantes, que carecem da maioria dessas garantias jurídicas. Na Hungria, por exemplo, uma minoria precisa ter vivido no país por 100 anos para ser reconhecida como tal. As leis muitas vezes diferenciam, implícita ou explicitamente, com base na criação do Estado-nação. Um grupo que vivia no território antes do estabelecimento do Estado é uma minoria; os que vêm depois são migrantes. Órgãos internacionais de direitos humanos e de minorias, como o Comitê Consultivo que supervisiona a Convenção-Quadro para a Proteção das Minorias Nacionais do Conselho da Europa, o mais importante tratado internacional sobre direitos das minorias, questionou essa visão, mas ela continua sendo comum em grande parte das políticas e leis dos Estados. Assim, a maior parte dos Estados na Europa (e em outros lugares) considera minorias aqueles que viviam em seu território antes de se estabelecer o país, enquanto os migrantes são aqueles que se mudaram para o novo Estado. É claro que isso pode gerar a situação paradoxal de minorias e migrantes terem a mesma origem nacional, mas o país os agrupar em diferentes categorias. Por exemplo, a Áustria reconhece a minoria croata histórica na região oriental de Burgenland, que se estabeleceu lá durante a época dos Habsburgo, mas não reconhece como minoria os migrantes croatas vindos da Iugoslávia ou, mais tarde, da Croácia e da Bósnia, embora sejam mais numerosos.

A história da migração e dos Estados-nações é complexa. No século XIX e na maior parte do XX, eles eram lugares de onde os cidadãos emigravam. Se é verdade que chegar em um lugar novo não era, em geral, fácil ou permitido, sair tampouco o era. Muitos Estados europeus se preocupavam com a saída de seus cidadãos e impunham restrições. Algumas das preocupações eram fruto de considerações econômicas, por exemplo, agricultores que emigrassem não cultivariam a terra no próprio país. Mas, muitas vezes, os Estados temiam sofrer se seus cidadãos saíssem, diminuindo o tamanho do Estado-nação e o enfraquecendo diante de seus vizinhos e concorrentes em termos de soldados e mão de obra. Portanto, a migração era restringida não apenas pelos países de destino, mas também pelos Estados de onde os aspirantes a migrantes procuravam sair.

Em termos de sociedades de imigrantes, o reconhecimento jurídico, a aceitação social e a oportunidade econômica são os aspectos essenciais da inclusão ou da exclusão em uma nova comunidade, muitas vezes enquadrada como nação.

ESTADOS DE IMIGRANTES

Ao considerar a migração, podemos diferenciar seis tipos de Estados que experimentaram imigração em grande escala.

Os clássicos Estados de imigrantes se baseiam na imigração da maioria das suas populações e, portanto, a imigração é um elemento central a sua identidade nacional, tornando-os mais receptivos à migração. Isso não significa que esses Estados não discriminem alguns grupos de migrantes nem que incentivem a imigração em todos os momentos. Eles incluem, por exemplo, Estados Unidos, Canadá e Austrália, além de vários países da América do Sul, como Argentina e Brasil.

A segunda categoria abarca antigos Estados coloniais com políticas de aceitação de migrantes vindos de suas ex-colônias e experiência com a diversidade por meio de suas políticas coloniais. Reino Unido, França e Holanda são exemplos.

Os Estados-nações que foram fontes de emigração são distintos, pois a imigração não faz parte de sua narrativa essencial e a diversidade está, na melhor das hipóteses, associada a minorias históricas. Portanto, a transição de um Estado-nação de emigrantes para uma sociedade de imigrantes costuma ser caracterizada por atitudes anti-imigração. Além da Alemanha e da Itália, a maioria dos países da Europa Central se enquadra nessa terceira categoria.

Quarta categoria: alguns países têm permitido a imigração em grande escala, mas impedem qualquer inclusão jurídica, social ou política desses migrantes. Esse tipo de postura podia ser encontrado na Alemanha, durante a fase inicial dos *"Gastarbeiter"* que migravam em busca de trabalho, e hoje caracteriza as políticas de migração em Estados ricos do Golfo, como os Emirados Árabes Unidos.

Quinta: há muitos países que têm vivenciado a imigração, muitas vezes informal, incluindo a de refugiados, como o Líbano (que recebeu palestinos e depois, sírios) e a República Democrática do Congo (que se tornou o destino de milhões de refugiados de Ruanda). Às vezes, a aceitação é possível devido a fatores étnicos e outras características de identidade. A fraqueza do país receptor também pode tornar a mudança dos migrantes mais fácil do que para países europeus ou norte-americanos que têm sistemas administrativos e de controle de fronteiras mais estabelecidos. Ao mesmo tempo, a integração, incluindo a cidadania, pode ser mais difícil.

Sexta: estamos vendo o surgimento de países "de trânsito", considerados tanto por eles mesmos quanto pelos migrantes como pontos de passagem para destinos mais atrativos. Esses países costumam tratar bem os migrantes, que são vistos como um grupo transitório, sem o risco percebido de permanecer. Mas também é possível que desenvolvam políticas repressivas por verem os migrantes como uma ameaça econômica, ou executem políticas repressivas a mando dos países de destino final. Esses regimes podem ser encontrados na Líbia (passagem para muitos refugiados e migrantes da África Subsaariana) bem como em países do sudeste da Europa (que servem de passagem para quem viaja à Europa Ocidental), como Macedônia do Norte ou Sérvia. O México é outro exemplo.

Essas diferentes categorias destacam que a migração é um fenômeno global e que os Estados respondem com base em suas próprias experiências com ela e de acordo com sua posição dentro dos padrões globais de migração. As políticas estatais e as atitudes sociais são muitas vezes definidas por experiências anteriores com a imigração e pelo lugar que ela ocupa na autoidentificação da nação e do Estado. Embora os países mais ricos possam ser destinos mais atrativos, grande parte da migração global e dos fluxos de refugiados ocorre em outros lugares.

A MIGRAÇÃO E A FORMAÇÃO DE NOVOS ESTADOS

Em todas as sociedades, podem-se observar políticas e atitudes descritas como nativismo, segundo o qual "os Estados devem ser habitados exclusivamente por membros do grupo nativo ('a nação') e elementos (pessoas e ideias) não nativos são basicamente ameaças ao Estado-nação homogêneo".[1] Esse nativismo também tem sido uma característica importante nas clássicas sociedades de imigrantes, como Estados Unidos, Canadá ou Austrália, onde a aceitação de migrantes nunca aconteceu sem reações ou a formação de estereótipos.

Por exemplo, nos Estados Unidos, depois das opiniões contrárias a irlandeses, à medida que a imigração passou do norte para o sul da Europa, difundiu-se a crítica aos italianos. Em 1891, um editorial do *The New York Times* justificou a atitude da turba que matou 11 italianos em Nova Orleans: "Esses sicilianos sorrateiros e covardes, descendentes de bandidos e assassinos, que trouxeram para este país as paixões sem lei, as práticas impiedosas e as sociedades secretas de seu país natal, são para nós uma praga que não tem solução."[2] Visões negativas como essa também seriam direcionadas a judeus e chineses. A imigração destes últimos foi restringida na Lei de Exclusão de Chineses, de 1882, a primeira legislação nos Estados Unidos a regular a imigração.

Documento: O problema dos imigrantes, 1892

Discussão entre estudiosos sobre a imigração
chinesa e irlandesa nos Estados Unidos.[3]

Charles B. Spahr: [...] Defendo a proteção da civilização dos Estados Unidos contra a asiática. Temos aqui um determinado território, e nele há um nível alto de civilização ou um nível baixo. Assim como antigamente tínhamos uma classe favorável à introdução da escravidão em novos estados e territórios e outra contrária, agora temos uma classe contrária à introdução do trabalho chinês e ao sistema de mão de obra subcontratada e mal remunerada. [...] Dez anos atrás, o Sr. Beecher resolveu essa questão em uma única frase. Ele disse: "Um boi come feno, mas o boi não se transforma em feno; o feno se transforma em boi". E assim se pensou que poderíamos receber, sem danos, imigração ilimitada de todos os países do globo. Mas encontramos um tipo de imigrante que não pode ser transformado em boi. O chinês não é como o feno, e sim como o lixo, e se o boi pega demais para si, a mudança se dá no sentido errado.

Robert G. Eccles: [...] O perigo para a saúde não vem de bactérias individuais, e sim das que se instalam em certos locais, em colônias, e ali se reproduzem e crescem. Todas as doenças perigosas começam nessas colônias e se espalham pelo corpo. A analogia também se aplica à nação. O perigo dos estrangeiros surge quando eles formam um foco, por assim dizer. Quando os chineses se aglomeram, como fazem em San Francisco, desafiam nosso governo e nossa civilização, e de lá emitem uma influência venenosa, assim como as bactérias em nossos corpos. Condutas como as da organização Clan-na-Gael, em Chicago, e as dos irlandeses de Nova York no dia de São Patrício, são exemplos disso. Não devemos permitir que estrangeiros promovam ideias estrangeiras neste país. Enquanto o fizerem, estaremos sob ameaça de organizações como a máfia em Nova Orleans. A concentração de elementos estrangeiros de uma única nação em um lugar e o desenvolvimento de suas características nacionais são perigosos. Nossa segurança reside em deixar que as más tendências de diferentes nações contenham umas às outras. Deixemos que um mal mate outro. Deixemos que as características mesquinhas e egoístas dos irlandeses colidam e matem as características mesquinhas e egoístas dos alemães, e assim por diante. A imigração livre e irrestrita, salvo pela imposição da taxação de que falei, significa segurança e melhoria do padrão do povo dos Estados Unidos. Os imigrantes subsidiados devem ser enviados de volta aos seus países.

Em 1924, a Lei de Imigração restringiu a imigração geral, estabelecendo um limite anual de 165 mil e proibindo toda aquela oriunda da Ásia (incluindo Japão, China e Índia, bem como o sudeste asiático). Apenas a imigração vinda das Américas permaneceu irrestrita. Essas leis eram um reflexo fiel da opinião pública. Uma charge política de 1921, por exemplo, mostra o Tio Sam martelando uma placa no continente americano que diz "aqui não é depósito de lixo". No martelo está escrito: "sentimento público nos Estados Unidos". Do outro lado do Atlântico, uma senhora idosa, representando "algumas autoridades europeias", tenta despejar no país o conteúdo de um barril em cujo rótulo se lê: "Indesejáveis para a América".[4]

Os Estados Unidos foram o principal destino dos migrantes europeus no final do século XIX e início do XX: cerca de 32 milhões de pessoas chegaram ao país entre 1820 e 1932. Outros 5 milhões se mudaram para o Canadá e mais de 13 milhões foram para a América Latina, principalmente para Argentina, Brasil, Cuba e Uruguai. A política tolerante à migração na América Latina foi motivada tanto por considerações econômicas quanto por ideias raciais segundo as quais os migrantes europeus "embranqueceriam" a população, uma visão muito difundida entre as elites formadas principalmente por descendentes de colonos espanhóis e portugueses. Como nos Estados Unidos e na Austrália, os migrantes não europeus geralmente não eram bem-vindos, e as leis e as atitudes sociais discriminavam chineses ou negros, inclusive os de algumas ilhas do Caribe, como o Haiti.

Na América Latina, os migrantes enfrentaram menos discriminação com base em sua condição socioeconômica do que nos Estados Unidos, já que a população local média costumava não estar em melhor situação do que os recém-chegados. Além disso, o processo de construção de nação na América Latina via os migrantes europeus por um prisma positivo, em vez de se definir em oposição a eles. Isso só mudaria no entreguerras, quando, como nos Estados Unidos, a crise econômica e o isolacionismo levaram a políticas mais restritivas na década de 1930.[5]

208

A MIGRAÇÃO E AS POLÍTICAS DA DIVERSIDADE

Na Austrália, a imigração também se baseou na distinção entre europeus e não europeus, conhecida como "Política da Austrália Branca", que entrou em vigor no início do século XX.

Documento: Lei de Restrição à Imigração de 1901, Austrália[6]

*Aprovada pelo Parlamento Australiano em 1901,
para impedir a imigração vinda de países não europeus,
como parte da política da "Austrália Branca"*

É proibida a imigração para a Comunidade Britânica de Nações das pessoas descritas em qualquer um dos seguintes parágrafos desta seção (doravante denominados "imigrantes proibidos"), a saber: (a) Qualquer pessoa que, quando for solicitado por uma autoridade, não consiga escrever um ditado e assinar, na presença da autoridade, uma passagem de 50 palavras em uma língua europeia citada por essa autoridade.

Especificamente, os migrantes asiáticos eram vistos na Austrália como uma ameaça, acentuada pelo medo da invasão japonesa durante a Segunda Guerra Mundial. Essa posição, defendida por muitos, ficou clara nas palavras de Arthur Calwell, o ministro australiano da imigração, do Partido Trabalhista, que afirmou em 1947: "Temos, no máximo, 25 anos para povoar este país antes que as raças amarelas tomem conta".[7] Durante essas décadas posteriores à guerra, mais de 3 milhões de migrantes europeus se mudaram para a Austrália, aumentando a população em quase 50% em 1972. Nos anos seguintes, a imigração baseada na preferência racial por "brancos" acabaria sendo abandonada.

MIGRAÇÃO
NA EUROPA

Até meados do século XX, os países europeus em sua maioria, incluindo a Grã-Bretanha e a Alemanha, eram lugares de onde as pessoas emigravam. A imigração era exceção. Havia pequenos grupos de emigrados em toda a Europa, desde revolucionários e anarquistas russos em Genebra, Munique, Paris e Londres até estudantes das colônias em Paris e Londres, bem como estudantes do leste e do sudeste da Europa na Monarquia de Habsburgo e na Alemanha. Eram poucos, e eles não se viam nem eram vistos pela maioria como imigrantes, e sim como cidadãos residentes temporários, ainda que esse "temporário" pudesse significar décadas.

O Reino Unido e a França, na condição de principais potências coloniais, seriam os primeiros países europeus a se deparar com a migração em grande escala vinda de suas possessões coloniais, tanto de domínios próximos, como a Irlanda, quanto de distantes possessões ultramarinas. Assim sendo, o Reino Unido tinha uma comunidade islâmica no final do século XIX e recebeu lascares (marinheiros) do subcontinente indiano no século XVIII. A migração aumentou após a independência da Índia e se tornou fonte de polêmica. A virada ocorreu logo após a Segunda Guerra Mundial, quando, em 1948, o navio HMT Empire Windrush trouxe 800 jamaicanos para o Reino Unido. Eles puderam se estabelecer no país e obter a cidadania como resultado da Lei de Nacionalidade Britânica, de 1948, que oferecia uma via legal para a cidadania a todos os habitantes da Comunidade Britânica de Nações. Esses seriam os primeiros grupos, de cerca de meio milhão de migrantes caribenhos ao Reino Unido, que puderam se beneficiar da lei até 1970. O nome do navio também se tornou sinônimo desses primeiros migrantes, conhecidos como "geração Windrush", e, em 2018, deu nome a um escândalo de discriminação envolvendo a deportação ilegal de alguns deles. A migração posterior veio predominantemente de outras ex-colônias, sobretudo do subcontinente indiano.

No Reino Unido, o *status* incerto de algumas comunidades que viviam em ex-colônias resultou em migração. Especificamente, os sul-asiáticos que migraram para a África Oriental durante o período colonial passaram por dificuldades depois que Quênia, Uganda e outros países se tornaram independentes. Após a independência, muitos não obtiveram a cidadania dos novos países e ficaram em um limbo jurídico, pois os novos Estados-nações procuravam marginalizar e excluir essas comunidades associadas ao período colonial. Como essas minorias tinham poucos vínculos com a Índia ou o Paquistão, o Reino Unido tornou-se para elas um importante refúgio e destino.

Foi essa imigração pós-colonial que gerou a primeira reação negativa perceptível nos debates britânicos. Em 1968, Enoch Powell, um parlamentar conservador, fez um empolgado discurso contra a imigração em Birmingham, que ficou conhecido como "O discurso dos rios de sangue". O que tornou a fala significativa foi a rejeição explícita à imigração e à ideia de integração, bem como alguns dos principais temas que se tornariam recorrentes na retórica anti-imigração. Powell citou um eleitor que queria deixar o país, temendo que os brancos perdessem poder:

> A população da época nunca foi consultada e se viu transformada em estranhos em seu próprio país. [...] Sempre que há diferenças físicas marcantes, principalmente de cor, a integração é difícil, embora não seja impossível ao longo do tempo. Esta é a maneira de mostrar que as comunidades imigrantes podem se organizar para consolidar seus membros, agitar e fazer campanha contra seus concidadãos, e intimidar e dominar o resto com as armas jurídicas que os ignorantes e mal-informados lhes forneceram. Olhando à frente, fico cheio de pressentimentos; como o romano, pareço ver "o rio Tibre espumando com muito sangue".[8]

A ameaça de ser dominado pelos imigrantes, a incapacidade de integrar os recém-chegados e o perigo que seus costumes representam continuam sendo temas recorrentes das bandeiras nativistas. Powell, que não fez carreira política baseada nesse tema, era mais um político conservador clássico do que um populista se beneficiando da retórica contrária à imigração. No entanto, seu discurso foi pioneiro em muitos temas que ganhariam cada vez mais importância no discurso anti-imigrantes na Europa nas décadas seguintes.

Naçóes e nacionalismos

A França havia vivenciado a imigração antes do Reino Unido, vinda predominantemente de seus vizinhos do sul da Europa, a Espanha e a Itália. Além disso, os muçulmanos argelinos se mudaram para a França, assim como os colonos franceses haviam se mudado para a Argélia. Argel foi ocupada em uma tentativa frustrada do rei francês Carlos X de aumentar sua popularidade em seu próprio país. A ocupação de Argel foi bem-sucedida, mas não impediu que o rei fosse derrubado logo depois, em 1830. Em vez de estabelecer um mero porto francês isolado, o domínio se espalhou para abranger uma grande extensão de terra, dando início à colonização europeia da África. Em 1848, a Argélia havia sido dividida em vários departamentos franceses, tornando-se parte integrante do país, em um nível de integração ao Estado metropolitano que não ocorreu na Grã-Bretanha. No entanto, a Argélia não era apenas parte da França; também era uma colônia, e seus colonos recebiam tratamento diferente do que era dado à população muçulmana. Antes do fim da Segunda Guerra Mundial, poucos muçulmanos argelinos haviam se mudado permanentemente para a França metropolitana, mas ainda assim o país contou muito com eles para obter soldados durante as duas guerras mundiais, a exemplo da Grã-Bretanha e suas colônias. Além disso, a França também recrutou trabalhadores das colônias para resolver a escassez de mão de obra durante a guerra. No período entreguerras, até meio milhão de argelinos trabalharam com contratos temporários na França, concentrados em Paris e Marselha. Esse padrão foi interrompido pela Segunda Guerra Mundial, mas, como no Reino Unido, os migrantes das colônias, fossem eles administrativamente separados, como no Reino Unido, ou integrados, como a Argélia na França, constituíam uma fonte óbvia de mão de obra, embora a europeia tivesse preferência.

As tensões entre a migração e a luta anticolonial ficaram visíveis em outubro de 1961. Àquela altura, a Guerra de Independência da Argélia já durava sete anos, com a Frente de Libertação Nacional (FLN) travando uma guerra de guerrilhas contra o domínio colonial francês.

212

Cerca de 150 mil muçulmanos argelinos viviam em Paris, com cidadania francesa. No contexto dos atentados da FLN na França, inclusive na capital, cerca de 30 a 40 mil manifestantes, a maioria de argelinos, posicionaram-se contra a política francesa e a favor da organização. Em resposta, a polícia parisiense prendeu e matou um grande número de manifestantes. As cifras são alvo de divergências, variando de 40 a mais de 200 pessoas mortas e jogadas no Sena. No final dos anos 1960 e início dos 1970, começaram a surgir políticas anti-imigrantes, como no Reino Unido, mas estas estavam intimamente ligadas à oposição à descolonização, principalmente no caso da Argélia. Um violento movimento de extrema direita, a Organização Exército Secreto (*Organisation Armée Secrète*, ou OAS), incluía oficiais do exército francês e colonos argelinos que se opunham à política do presidente Charles de Gaulle de conceder independência à Argélia. Enquanto os regimes baseados em colonos brancos na Rodésia e na África do Sul tiveram pouco impacto na política britânica, a OAS tentou assassinar De Gaulle e, mais tarde, forneceu o núcleo dos políticos da extrema direita francesa. Jean-Marie Le Pen, ex-soldado das guerras coloniais francesas na Indochina e na Argélia, seria o representante mais visível da visão anti-imigrante de extrema direita na política, depois de estabelecer a Frente Nacional (*Front National*, FN) em 1972, após seu envolvimento anterior em campanhas e grupos de extrema direita menos destacados.

A Alemanha praticamente não teve migração colonial, tendo perdido suas poucas colônias após a Primeira Guerra Mundial. A maior parte da migração de mão de obra foi interna, com poloneses vindo do Leste Europeu em busca de empregos na área industrial do Ruhr. Um número inédito de "migrantes" entrou na Alemanha durante a Segunda Guerra Mundial, quando o governo nazista usou trabalho forçado e mão de obra voluntária da Europa ocupada e aliada para compensar a escassez causada pela guerra. Milhões de pessoas fizeram trabalho forçado, em condições desumanas e literalmente até morrer, enquanto a mão de obra voluntária recebia tratamento melhor, o que incluía civis de países aliados na Escandinávia e na Europa Ocidental. O trabalho forçado incluía judeus, prisioneiros de guerra e civis da Europa Oriental, principalmente da Polônia ocupada e da União Soviética. Ao todo, a Alemanha tornou-se mais diversificada do que nunca sob os nazistas. No total, cerca de 6,5 milhões de civis não alemães e dois milhões de prisioneiros de guerra foram forçados ou, em menor quantidade, se ofereceram como voluntários para trabalhar na Alemanha nazista em 1944. A maioria desses trabalhadores, se sobreviveu, voltou para seus países no final da guerra.

Nessa época, milhões de alemães também voltaram e se estabeleceram principalmente na Alemanha Ocidental, tendo sido expulsos de suas casas na Europa Oriental. A emigração contínua de alemães orientais até a construção do Muro de Berlim, em 1961, forneceu uma mão de obra para a economia crescente. Após o fechamento da fronteira interna da Alemanha, foram necessárias novas fontes de mão de obra. Os primeiros programas de trabalho atraíram os italianos, com modelos semelhantes na Suíça e nos países do Benelux. Na década de 1960, a Alemanha Ocidental estabeleceu acordos para recrutamento de trabalhadores com Espanha, Grécia, Turquia, Marrocos, Tunísia e Iugoslávia. Em meados de 1973, 2,6 milhões de trabalhadores de países mediterrâneos estavam empregados na Alemanha, representando cerca de 4% da população. Durante esse período, cerca de meio milhão de novos trabalhadores vieram para a Alemanha, enquanto outros voltavam para casa. O termo *"Gastarbeiter"*, ou trabalhador convidado, indicava o entendimento comum sobre essa migração. As autoridades e a sociedade alemãs pensavam nesses trabalhadores como residentes temporários, ou seja, como hóspedes, que acabariam voltando para seus países de origem. Assim, as autorizações de residência estavam ligadas a empregos específicos e muitas vezes eram temporárias. Essa fase de imigração em grande escala chegou ao fim com a crise do petróleo de 1973. Pouco depois, entrou em vigor a proibição de mais imigração de trabalhadores de fora da Comunidade Europeia. Mesmo assim, a parcela de estrangeiros aumentou, pois os "trabalhadores convidados" ficaram e trouxeram suas famílias para morar na Alemanha, chegando a 4,7 milhões no início dos anos 1980. Assim, a Alemanha Ocidental tornou-se um país de imigrantes sem uma política deliberada de imigração nem um amplo consenso social. A expressão "trabalhadores convidados" permaneceu em uso, e somente no final da década de 1980 foi surgindo um reconhecimento gradual de que esses estrangeiros eram realmente migrantes e haviam chegado para ficar. Essa dinâmica foi repetida de forma muito semelhante em outros Estados vizinhos, como Suíça, Áustria e países do Benelux.

Na Europa Oriental, e principalmente na Alemanha Oriental, ocorreu migração de mão de obra semelhante a países com escassez, incluindo cerca de 60 mil vietnamitas que trabalhavam na República Democrática Alemã. Além disso, estudantes vindos de países socialistas aliados iam estudar em Moscou, Berlim Oriental ou Belgrado. No entanto, trabalhadores e estudantes eram muitas vezes segregados da população, e os governos socialistas os consideravam residentes temporários.

No conjunto, a Europa tornou-se consideravelmente mais diversificada nas décadas do pós-guerra, como resultado da migração vinda de ex-colônias e de países do sul da Europa, ao longo do Mediterrâneo, de Portugal à Turquia. No entanto, essa transformação não foi planejada, e governos e sociedades pressupunham implícita ou explicitamente que esses migrantes seriam temporários. Como resultado da crise do petróleo de 1973, a crise econômica europeia levou ao estabelecimento de limites mais rígidos à imigração na maioria dos países da Europa Ocidental. A Grã-Bretanha seria a primeira a lidar com a diversidade, enquanto a Alemanha estava menos disposta a adotar políticas em relação aos migrantes, no que poderia ser descrito como "negligência deliberada".[9] O fato de a política em relação aos migrantes ser chamada de "*Ausländerpolitik*", ou seja, política para estrangeiros, destacava a visão (que vinha de muito tempo) dos migrantes como sendo estrangeiros e não novos ou futuros alemães.

O SURGIMENTO DA ATIVIDADE POLÍTICA ANTI-IMIGRAÇÃO

A década de 1980 testemunhou o surgimento de partidos anti-imigrantes. Na França, a Frente Nacional obteve alguns êxitos eleitorais em eleições nacionais, locais e europeias. Na Áustria, Jörg Haider transformou o Partido da Liberdade (*Freiheitliche Partei Österreichs*, FPÖ) em um partido de extrema direita anti-imigrantes em 1986, o que ocasionou um apoio cada vez maior. Na Alemanha, os Republicanos (*Die Republikaner*) e outros partidos de extrema direita entraram no Parlamento Europeu e nos parlamentos estaduais, mas fracassaram nas eleições para o Parlamento federal; suas conquistas duraram pouco e foram marcadas por fragmentação e uma base de apoio altamente volátil. No entanto, não foram apenas os partidos de extrema direita que adotaram posições anti-imigrantes; os partidos de centro-direita europeus também fizeram campanhas para limitar a imigração, sintetizadas pelo discurso de Margaret Thatcher, em 1978, no qual ela expressou o medo de que o país "pudesse ser inundado por pessoas com culturas diferentes".[10]

A violência contra os imigrantes era rara, mas começou a ocorrer em toda a Europa Ocidental, incluindo as revoltas de Notting Hill, em 1958, nas quais brancos de classe trabalhadora atacaram migrantes afro-caribenhos em um bairro de Londres. No início da década de 1990, uma série de ataques anti-imigrantes ocorreu na Alemanha, logo após a unificação, como as revoltas de Hoyerswerda, nas quais trabalhadores vietnamitas e moçambicanos foram atacados, e uma residência de candidatos a asilo foi incendiada. Ataques semelhantes ocorreram em outras partes da Alemanha Oriental, onde grupos de extrema direita conseguiram se organizar após a unificação, inclusive em Rostock-Lichtenhagen, em 1992. Também ocorreram incidentes na Alemanha Ocidental, como o incêndio criminoso e o assassinato de cinco membros de uma família turca na pequena cidade de

Solingen, em 1993. Houve ataques subsequentes contra estrangeiros por parte de neonazistas, *skinheads* e outros grupos de extrema direita em toda a Europa. Ao mesmo tempo em que a imigração passou a ser uma fonte de mobilização da extrema direita em termos de partidos políticos e grupos violentos, a Alemanha também se tornou mais receptiva à ideia de ser um país de imigrantes. A inflexão rumo à integração ocorreu de 1999 a 2000, quando um governo de coalizão de social-democratas com o Partido Verde liberalizou a lei de cidadania, permitindo que os migrantes se tornassem cidadãos alemães, ao mesmo tempo em que não concedia dupla cidadania.

Na década de 1990, a migração se tornara um tema fundamental não apenas no noroeste da Europa, mas também em países como Itália e Grécia, onde os migrantes estavam começando a se estabelecer. Alguns chegaram da África e do Oriente Médio e, com o colapso do comunismo, centenas de milhares de albaneses se mudaram para os dois países. Mais uma vez, a transformação de um país de emigração em um país de imigração enfrentava oposição. Como os números gerais eram relativamente baixos e os albaneses não constituíam uma minoria visível, a migração só se tornou uma causa importante para os partidos políticos nos anos 2000. Na Itália, a Liga Norte, inicialmente um partido secessionista do norte, assumiu uma linha anti-imigrantes, enquanto na Grécia, a crise econômica catapultava o partido ultranacionalista de extrema direita Aurora Dourada (*Chrysí Avgí*) ao Parlamento. O partido organizava refeições para pessoas necessitadas e outros serviços sociais voltados apenas aos gregos, e fazia campanha contra os migrantes. Seus apoiadores atacavam estrangeiros e adversários políticos de esquerda.

Houve dois momentos fundamentais na América do Norte e na Europa, no que diz respeito à migração. Os ataques de 11 de setembro de 2001 ao World Trade Center e ao Pentágono foram um divisor de águas nos Estados Unidos e, até certo ponto, na Europa. Desde então, a imigração, principalmente de muçulmanos, tem sido politizada com frequência, e políticos e mídia têm descrito o islã como uma ameaça aos

Estados Unidos. Após os ataques, o presidente George W. Bush retratou o mundo em termos maniqueístas, observando que "agora, cada nação, em cada região do mundo, tem que tomar uma decisão: ou está conosco ou está com os terroristas".[11]

Na Europa, a chamada crise dos refugiados, de 2014 a 2015, revelou-se um ponto de inflexão semelhante. O número de imigrantes em busca de asilo na União Europeia aumentara de forma constante nos anos anteriores, atingindo 626.960 em 2014 e dobrando para 1,3 milhão em 2015. As cifras diminuíram lentamente nos anos seguintes, mas as imagens de centenas de milhares de migrantes tentando entrar na Europa – vindos principalmente da Europa Ocidental – por mar, através do Mediterrâneo, e por terra, ao longo da rota dos Bálcãs, influenciaram os discursos. No início, governos e cidadãos acolheram os refugiados em alguns dos principais países de destino, como Alemanha, Suécia e Áustria, simbolizados por cidadãos que os recebiam com comida nas estações de trem. No entanto, a percepção do público mudou e ele passou a ver a migração como uma ameaça essencial. Os gatilhos em toda a Europa foram as agressões sexuais cometidas por supostos migrantes não europeus dentro e próximo da estação de trem de Colônia, durante as comemorações do Ano Novo de 2015-2016, e vários ataques terroristas importantes, como o atentado à sede da publicação satírica francesa *Charlie Hebdo*, em janeiro de 2015, que vincularam a ameaça do islamismo radical à migração.

Com esses eventos, a migração, principalmente a de muçulmanos, tornou-se um foco central do debate. Os partidos de extrema direita passaram de uma linha antiestrangeiros geral na década de 1980 para um foco antimuçulmano. Além da ascensão do terrorismo islâmico radical, várias outras questões causaram essa mudança. Na Grã-Bretanha, o caso do escritor Salman Rushdie em 1989 – quando o líder supremo do Irã, o aiatolá Ruhollah Khomeini, pediu a morte do autor pelo livro *Os versos satânicos* – levantou a questão da incompatibilidade do islã com o liberalismo ocidental. Na França, a proibição do *hijab* (véu islâmico) nas escolas em nome do princípio da *Laïcité*, a estrita separação entre Estado e religião, deslocou a atenção para a questão dos direitos das mulheres. Os principais argumentos nesses debates se centravam na incompatibilidade do islã, ou particularmente do islã radical, com a Europa.

Novos movimentos políticos, como o Partido para a Liberdade, do holandês Geert Wilders, focaram na suposta ameaça da islamização da Holanda e argumentaram contra o islã e a migração vinda de países muçulmanos, alegando que o conservadorismo dessa religião ameaçava os direitos das mulheres, bem como outras formas de conquistas, incluindo direitos LGBTQIA+ (lésbicas, gays, bissexuais, transgêneros, *queer*, intersexuais, assexuais e mais). Assim, em vez de argumentar contra a migração a partir da perspectiva do conservadorismo clássico ou do cristianismo, esses novos partidos diziam estar defendendo o secularismo europeu.

A migração não é automaticamente um aspecto central nos debates sobre identidade nacional e nação. A intensidade dos debates relacionados à imigração na América do Norte e na Europa na última década sugeriria o contrário, mas, no que diz respeito à identidade nacional, a migração costuma ser ignorada ou discutida em um marco conceitual diferente. Portanto, o significado da migração para os debates sobre nação e identidade nacional vai além do número de migrantes, pois depende do tratamento dado ao tema no discurso político. Na Hungria, a questão vem sendo central no debate político desde 2015, e o primeiro-ministro Viktor Orbán fez da luta contra a imigração uma característica definidora não apenas de seu governo, mas também da identidade nacional. O número total de refugiados que entraram no país foi insignificante, e aqueles que chegaram em grande número em 2014 pretendiam passar a caminho de outros países, como Áustria, Alemanha ou Suécia. Portanto, o crucial não são os próprios migrantes, mas a suposta ameaça que eles representam.

Por outro lado, o Líbano testemunhou o influxo de quase 1 milhão de refugiados, mais de 20% da população de cerca de 5 milhões. Embora isso tenha colocado o país em uma posição precária em termos de estabilidade política e recursos econômicos, os refugiados têm sido descritos como uma ameaça menor à nação do que na Polônia, que abriga alguns milhares deles. Isso é ainda mais surpreendente se levarmos em conta que os palestinos no Líbano foram importantes catalisadores da guerra civil e, em um país com uma frágil divisão entre religiões, o afluxo maciço de refugiados exerceu uma pressão considerável sobre o equilíbrio de poder político, para não falar dos recursos econômicos. Somente em 2019 surgiram demandas mais pronunciadas pelo retorno dos refugiados sírios, inclusive em uma manifestação sob os slogans "Empregue um libanês" e "Síria, vá embora!"[12] Assim, a importância da migração para as narrativas sobre as identidades nacionais é variável e circunstancial.

POLÍTICAS DE ESTADO PARA A MIGRAÇÃO

A migração e a resposta do Estado e da sociedade são renegociadas constantemente, tanto em países cujas sociedades têm um histórico de receber imigrantes quanto naqueles de migração mais recente. Sociedades de imigrantes, como Estados Unidos, Canadá, Austrália e países latino-americanos, definiram sua identidade nacional por meio da migração, e não em oposição a ela, mas isso não significa que eles endossem a imigração universal ou a qualquer momento. As sociedades que não haviam sido tradicionalmente expostas à imigração criaram uma noção do que significava ser membro da nação que excluía os migrantes. Se a cidadania for definida por meio de residência, como na França ou no Reino Unido, ela pode facilitar a integração, mais do que em países como a Alemanha, onde até recentemente prevalecia a ascendência como critério fundamental para cidadania e inclusão.

Com base em experiências históricas diferentes com migração e concepções divergentes de nação, e do papel do Estado na reafirmação da nação, as abordagens dos Estado em relação à diversidade variam. Podemos distinguir assimilação, integração, multiculturalismo e controle.

O controle é um tipo de política para a diversidade nacional, étnica ou linguística que não busca negar a diversidade, ao mesmo tempo em que não oferece igualdade de acesso à inclusão no Estado e na sociedade. Essa é a melhor descrição das políticas da Alemanha até a década de 1980, quando o Estado e a sociedade não impediam a imigração de trabalhadores convidados e suas famílias, mas não ofereciam nenhuma via para que eles se tornassem cidadãos alemães. Assim, era quase impossível alcançar a inclusão social e política de forma permanente e igualitária.

Uma abordagem assimilacionista descreve as políticas estatais sob as quais os migrantes são obrigados a abrir mão de expressões públicas de sua identidade e assumir a língua e os hábitos dominantes. Essa tem sido a opção preponderante na França, que supunha que, para se tornar franceses, os migrantes tinham que aceitar a estrita separação entre religião e Estado. A premissa da assimilação, ou seja, de que, tendo aceitado de forma plena a identidade dominante, os migrantes seriam integralmente incluídos na nação, é falha. A discriminação contra os franceses de origem norte-africana permanece forte, mesmo que a única distinção evidente do indivíduo seja seu nome. Além disso, após o fim da imigração em massa, em meados da década de 1970, foram promovidas políticas que estimularam o "retorno" dos migrantes a seus países de origem.

Nos Estados Unidos, a expressão geralmente usada para descrever as políticas de migração é "*melting pot*", imagem em uso desde o início do século XX e popularizada por uma peça teatral homônima de Israel Zangwill. Esse "caldeirão" sugeria que as diferentes identidades nacionais se fundiriam em uma identidade estadunidense por meio de casamentos mistos, além da adoção de uma língua e costumes comuns. Esse conceito, embora aparentemente includente, a princípio concebia sobretudo a fusão das nacionalidades europeias, em detrimento dos estadunidenses de outras origens. A mistura de europeus com afro-americanos era proibida pelas Leis Jim Crow ou por tabus sociais. Além disso, a cultura na qual os migrantes deveriam se fundir não era apenas uma combinação das diferentes culturas de imigrantes, mas também predefinida pela herança branca, anglo-americana e protestante, que favorecia o inglês, a branquitude e o protestantismo. Consequentemente, pelo menos até meados do século XX, o *melting pot* significava mais uma assimilação ao pacote cultural predominante. Embora, nesse contexto, permitisse que os imigrantes preservassem mais de sua herança, na forma representada pelo surgimento de identidades hifenizadas, como irlandês-americano, a integração trazia preconceitos embutidos em favor dos migrantes europeus.

A resposta mais polêmica à imigração nos últimos anos tem sido o multiculturalismo, que surgiu pela primeira vez para reagir, na prática, aos diferentes desafios da diversidade no Canadá. Foi inovadora e pragmática a declaração do primeiro-ministro Pierre Trudeau, em 1971, de que "não existe uma cultura oficial, nem qualquer grupo étnico tem precedência sobre qualquer outro".[13] Sua política surgiu a partir do trabalho da Comissão Real sobre Bilinguismo e Biculturalismo, indicada em 1963 para tratar das difíceis relações entre falantes de francês, principalmente quebequenses, e a maioria anglófona. No Québec, um movimento de independência ganhava força, e muitos se sentiam em desvantagem no país de fala predominantemente inglesa. A Lei das Línguas Oficiais deu *status* formal igual ao francês e ao inglês e, enquanto agradava os francófonos, alienava muitos falantes de inglês e outros grupos de imigrantes. Ao mesmo tempo, a migração tornou-se uma causa de divisão. Historicamente, como a Austrália ou os Estados Unidos, o Canadá só permitia imigrantes de alguns países, geralmente favorecendo os europeus. Essas restrições à migração foram gradualmente suspensas após a Segunda Guerra Mundial, mas a imigração não europeia continuava sendo fonte de controvérsias. A política de multiculturalismo forneceu uma justificativa mais ampla para a inclusão de falantes de francês e o estabelecimento de políticas de migração que não diferenciassem as pessoas pela cor da pele. Por fim, também permitiu

A MIGRAÇÃO E AS POLÍTICAS DA DIVERSIDADE

que o Canadá abordasse a inclusão das nações indígenas. No início, a política de multiculturalismo era mais que nada simbólica, com o Estado reconhecendo a diversidade como um valor positivo, mas não financiando ativamente políticas multiculturais.

Na prática, o multiculturalismo não implica o reconhecimento formal de todos os grupos que o termo pode dar a entender. Assim, diferentemente dos direitos das minorias, que podem incluir o reconhecimento de direitos linguísticos, o direito à educação e outros direitos coletivos semelhantes, o multiculturalismo enfatiza o valor da diversidade, o que, posteriormente, também acarretaria o financiamento de atividades que promovem a diferença. Além de financiar as atividades culturais associadas a diferentes comunidades, passou a significar, por exemplo, que o Estado refletiria a diversidade de sua sociedade. Isso foi incorporado pela Lei Canadense de Radiodifusão, de 1991, que exigia que a emissora pública refletisse "a dualidade linguística e a natureza multicultural e multirracial da sociedade canadense" e "o lugar especial dos povos aborígenes na sociedade".[14] O multiculturalismo também pode se concretizar na oferta, pela administração pública, de materiais em vários idiomas a serem usados pelos cidadãos. Embora fique aquém dos direitos linguísticos formais, isso constitui um reconhecimento pragmático da diversidade linguística.

Os desafios conceituais e práticos relacionados ao multiculturalismo centravam-se no equilíbrio entre proteger os direitos individuais e os direitos coletivos do grupo. Por exemplo, o uso de véu por mulheres poderia ser visto como um reflexo da identidade cultural do grupo (muçulmanas do norte da África na França, por exemplo), mas também poderia ser considerado como opressão das mulheres por parte de tradições religiosas retrógradas. Enquanto algumas práticas podem ser claramente proibidas, como a mutilação genital feminina, a resposta do Estado a outras pode ser menos clara. As questões se refletem nos debates entre defensores comunitaristas e liberais do multiculturalismo. Os comunitaristas enfatizam a importância das identidades coletivas e a necessidade de

223

preservá-las, mesmo correndo o risco de infringir direitos individuais. O multiculturalismo liberal, por outro lado, enfatiza a importância da escolha individual sobre as restrições coletivas. Esse dilema também repercute nas políticas de Estado sobre como proteger tradições de grupo, desde a caça às baleias pelos inuítes até as técnicas de abate de carne *kosher* e *halal*, levantando questões complexas sobre os acordos possíveis com relação a normas sociais e tradições da sociedade em grupos grandes e específicos.[15]

No início de 2010, o multiculturalismo foi criticado pelas correntes políticas predominantes, refletindo a crise mais ampla da migração. Em um discurso de 2006, a chanceler alemã Angela Merkel observou: "O multiculturalismo [*Multikulti*] enganou a Alemanha; o multiculturalismo fracassou".[16] Cinco anos depois, o primeiro-ministro britânico David Cameron assumiu uma posição semelhante, afirmando: "Incentivamos diferentes culturas a viver vidas separadas, apartadas umas das outras e da sociedade principal. Não fomos capazes de proporcionar uma visão de sociedade à qual elas queiram pertencer. Inclusive toleramos que essas comunidades segregadas se comportassem de maneira totalmente contrária aos nossos valores".[17]

Na Europa, o multiculturalismo tornou-se sinônimo de falta de integração das comunidades migrantes, diferentemente da forma com que ele evoluiu como prática de governo pragmática no Canadá. Ironicamente, as críticas têm sido mais fortes em países europeus que carecem de fortes políticas multiculturais de Estado. A maioria dos países europeus só recentemente começou a se ver como sociedades de imigrantes, e as críticas expressas nos discursos de Merkel e Cameron destacam mais a negligência em relação às comunidades migrantes que moldaram as políticas em muitos países europeus do que o multiculturalismo. De fato, a crise do multiculturalismo tem menos relação com as políticas deliberadas de inclusão de migrantes na sociedade, que fizeram com que os Estados-nações deixassem de favorecer uma nação em detrimento de outras, e mais com uma falha e uma negligência deliberada dos Estados europeus em se transformar em sociedades de imigrantes.

CRISE
DE INTEGRAÇÃO

A polêmica sobre a imigração surgiu em países com modelos diametralmente opostos de inclusão e exclusão, por exemplo, a França, que não endossou a abordagem multicultural, mas onde a política de Estado promoveu a ideia de uma nação cívica republicana à qual todos os imigrantes devem se assimilar. Outros países, como Alemanha ou Itália, mantiveram uma estreita ligação entre a identidade nacional baseada na ascendência e a cidadania. Na Bélgica, a falta de integração das comunidades muçulmanas e sua radicalização interna têm sido um tema particularmente controverso. A consequência foi o aumento de políticas repressivas, incluindo a proibição de véus completos, a proibição da burca (imposta em 2011) e o policiamento do bairro de Molenbeek, em Bruxelas, considerado por muitos um "terreno fértil" para o islamismo radical, com um alto número de terroristas e voluntários do Estado Islâmico (ISIS) vindo dessa comunidade. No entanto, as políticas da Bélgica em relação aos migrantes nesses e em outros bairros, que são predominantemente turcos e marroquinos, não podem ser consideradas multiculturalismo. A radicalização ocorreu no contexto da marginalização socioeconômica, com níveis altos de desemprego juvenil e baixos de educação, e um forte sentimento de isolamento em relação à sociedade convencional. Esse problema surgiu em toda a Europa, onde os maiores grupos de migrantes não europeus são geralmente muçulmanos do Oriente Médio. A maioria vem de regiões menos desenvolvidas e mais tradicionais, e encontrou trabalho manual que não exigia níveis mais elevados de educação formal. Essa posição precária foi se consolidando ao longo de várias gerações, principalmente onde os imigrantes viviam em bairros compactos, como os desolados subúrbios de edifícios altos ao redor de Paris, os *banlieux*.

Portanto, a incapacidade de integrar os migrantes e seus filhos na sociedade é um verdadeiro desafio em alguns países, principalmente na Europa Ocidental e no sul do continente, que passaram de sociedades de emigrantes a sociedades de imigrantes nas últimas poucas décadas. As dificuldades que surgem decorrem de uma complexa relação entre exclusão e marginalização pela sociedade dominante, baseada na suposta inferioridade cultural dos migrantes, muitas vezes também agravada pelo contexto socioeconômico marginalizado de muitos deles e suas famílias. Onde os migrantes conseguiram formar comunidades compactas, isso facilitou o enfrentamento da pressão social, mas também dificultou a integração. Assim, as dinâmicas práticas, mais do que o multiculturalismo como abordagem, condicionaram esses desafios.

DIÁSPORAS E IDENTIDADES INTERMEDIÁRIAS

Os migrantes muitas vezes estão situados em um ponto intermediário em termos de identidade. Em um mundo dividido em Estados-nações, eles não "se encaixarão" se o Estado ou a sociedade não os incluírem na comunidade. Uma opção é a assimilação à nova nação, ou seja, abrir mão dos marcadores linguísticos e culturais para se tornar estadunidense, francês, britânico ou alemão. Como observado anteriormente, essa opção depende da viabilidade prática. Por exemplo, há evidências de que migrantes têm menos probabilidades de ser contratados para um emprego em função de seus nomes.[18] Nesse contexto, a assimilação está disponível apenas a alguns, sejam aqueles que mudam de nome ou os que conseguem se assimilar porque não têm marcadores visíveis que os diferenciem. A alternativa é continuar fazendo parte de uma comunidade diferenciada.

Outra possibilidade é manter uma identidade dupla ou hifenizada, como irlandês-americano, turco-alemão, ou enfatizar de alguma outra forma a dupla identidade. Essa duplicidade pode ser reduzida a uma lembrança majoritariamente folclórica de um lar ancestral, com vínculos que se expressam através do turismo e das tradições. Também pode ser uma característica importante da identidade. Mas a terminologia é relevante. Embora haja alemão-americanos, também existem afro-americanos, com

226

uma categoria evocando uma nação distinta e a outra abrangendo todo um continente. No caso da escravidão, pode ser impossível determinar o país ou a nação de origem, que geralmente não existiam na época, mas essa distinção por categorias de identidade hifenizadas destaca como elas podem ser motivadas por categorizações externas impulsionadas pelo Estado, conforme discutido anteriormente no contexto dos censos, e não por autoidentificação. Identidades hifenizadas e duplas também podem ser restringidas pela aceitação dessa duplicidade. A maioria dos países e das nações da Europa dá pouco espaço para identificações duplas. As leis de cidadania são um reflexo disso, onde a duplicidade costuma ser proibida para imigrantes que também se identifiquem com o país de origem de sua família. Eles são vistos com desconfiança, principalmente quando as relações são tensas.

Os migrantes não foram e não são apenas objeto de políticas de Estado e atitudes sociais no país para onde se mudam; muitas vezes, eles mantêm uma conexão com sua terra natal e formam comunidades de identidade em seus novos locais de moradia. Assim, para além da relação do Estado e da sociedade com os imigrantes, também é necessário considerar as ligações que os migrantes podem manter com o país de onde eles ou suas famílias vieram. Uma dimensão dessa ligação poderia assumir a forma de nacionalismo à distância. Para além da ideia de pertencer a uma nação no país de origem, isso pode se manifestar no engajamento político e social, tanto lá quanto no novo lar, desde fazer campanhas, votar, protestar e apoiar a política com base na identidade no país de onde emigraram. Por exemplo, pode envolver a coleta de dinheiro em *pubs* irlandeses de Boston para o Exército Republicano Irlandês (IRA) durante os protestos conhecidos como "*The troubles*" na Irlanda do Norte, até albaneses da diáspora suíça e estadunidense que aderem ao Exército de Libertação do Kosovo (ELK) para combater as forças sérvias entre 1998 e 1999. Esse envolvimento não é um fenômeno recente: a diáspora armênia se mobilizou contra a opressão do Império Otomano há mais de um século, e alguns imigrantes alemães nos Estados Unidos apoiaram Hitler e o movimento nazista durante sua ascensão ao poder.

Seria enganoso conceituar os migrantes como uma comunidade nacionalista unificada e engajada nas questões de seu país de origem. A relação é mais complicada. Muitos migrantes não se organizam, não se assimilam nem se integram ao novo país, mantendo laços familiares, talvez por uma ou duas gerações, mas sem se engajar politicamente. Ativistas nacionalistas trabalhando pelo país de origem costumam ficar decepcionados com o fato de muitos emigrantes se importarem tão pouco. O político e escritor croata Ante Tresić-Pavičić visitou os Estados Unidos em 1905 para estabelecer contatos com migrantes e relata com decepção que alguns lhe diziam: "O que você veio nos dizer sobre a pátria? A velha pátria que nos deu à luz foi uma madrasta [...]. Para nós, a pátria é onde a vida é boa para nós, e isso acontece aqui... Vá narrar seus contos de fadas na velha pátria, mas nos deixe aqui em paz, pois esta é a nossa casa agora".[19] Assim, muitos tinham pouco interesse – e não apenas no caso croata – em manter contato com o Estado ou nação que haviam deixado. As diásporas e os migrantes que se organizam para manter contatos sociais, culturais e políticos com o país de origem são grupos de escolha própria.

Além disso, os migrantes muitas vezes "descobrem" ou formam sua identidade nacional quando vivem em seu novo país. Por exemplo, muitos dos milhões de europeus que partiram para as Américas no final do século XIX careciam de um forte sentido de identidade nacional quando partiram, assim como seus conterrâneos que ficaram para trás. Quando eles se integravam à diáspora, as redes baseadas em idioma, origens e familiaridade cultural compartilhados costumavam ser fundamentais para "vencer"; portanto, muitas vezes, a identidade nacional só evoluía no novo país. Na Austrália, por exemplo, era comum os migrantes vindos da região da Macedônia, no sudeste da Europa, simplesmente "descobrirem" – ou decidirem – que eram gregos, búlgaros ou macedônios, dependendo da comunidade que encontrassem. Os iugoslavos que iam para a Alemanha na condição de trabalhadores convidados também chegaram como iugoslavos, organizados em clubes pela Iugoslávia Socialista e abrindo restaurantes "iugoslavos". No entanto, quando o país se dissolveu, no início da década de 1990, os iugoslavos da Alemanha e de outros lugares também se tornaram croatas, sérvios, macedônios etc.

A descoberta da identidade original também pode ser reativa. Se a maioria exclui e discrimina as comunidades de migrantes, eles podem adotar a identidade nacional da família como forma de protesto e reação.[20] Essa redescoberta do pertencimento nacional não deve ser entendida, como muitas outras formas de identificação nacional, como a descoberta da nação "real", e sim como um híbrido que incorpora tradições e conhecimentos familiares, bem como elementos de identidade recém-adquiridos e, por vezes, reativos.

As diásporas não são compostas apenas de membros da nação que foram removidos geograficamente para um país ou continente diferente; elas levantam questões sobre cidadania e sobre como imaginar a nação. Os países de origem também veem seus cidadãos e compatriotas atuais e antigos no exterior de vários ângulos. Alguns Estados cortejam deliberadamente suas diásporas. Os clássicos países de emigrantes da Europa, como Irlanda e Itália, facilitaram a obtenção de cidadania e direitos de voto para os antigos emigrantes. Outros veem ou viam os migrantes como traidores da nação, por deixar o Estado-nação. No século XIX e início do XX, alguns países europeus, como Hungria e Bulgária, dificultaram a saída de seus cidadãos. Durante a Guerra Fria, todos os países socialistas (com exceção da Iugoslávia a partir do início dos anos 1960) restringiam a circulação de seus cidadãos e viam a diáspora anticomunista como uma ameaça. Da mesma forma, outros emigrantes políticos costumam ser considerados não como um recurso, mas sim como uma ameaça por parte de alguns Estados.

A distância também atribui uma importância diferente ao nacionalismo. Ela muitas vezes cria uma visão idealizada do país de origem e pode ser compensada pelo nacionalismo. Assim, há exemplos de diásporas que apoiam causas nacionalistas radicais nos países de origem, desde os tâmeis no Reino Unido e os curdos em toda a Europa Ocidental até indianos nos Estados Unidos, que financiam o nacionalismo a partir da relativa segurança de suas casas atuais.

Muitas vezes, a migração não é permanente, pois muitos dos que partiram retornariam mais tarde a seus países. Isso se aplica não apenas a trabalhadores convidados na Alemanha, mas também a migrantes nas Américas. Assim, a conexão é uma referência importante para o nacionalismo à distância, mas também faz parte da ideia de retorno. Esse retorno pode ocorrer por meio de visitas regulares, com mais facilidade hoje do que há um século, ou pela volta definitiva ao país de origem. O mito do retorno informava a conexão com o país e a nação.

Para os Estados, principalmente os Estados-nações, o nacionalismo à distância – real ou imaginário – levanta questões sobre lealdade. Muitas vezes, os migrantes foram excluídos por medo de que apoiassem o seu país de origem em conflitos. O melhor exemplo é o confinamento em massa de nipo-americanos durante a Segunda Guerra Mundial. Cerca de 110 mil a 120 mil deles foram confinados pelas autoridades dos Estados Unidos (embora a maioria fosse de imigrantes de segunda ou terceira geração, com cidadania estadunidense) com base na suspeita infundada de deslealdade coletiva. Da mesma forma, muçulmanos estadunidenses e europeus passaram a ser considerados suspeitos por Estados e sociedades após o 11 de Setembro e os ataques terroristas na Europa.

A migração nos Estados-nações contemporâneos levanta a questão sobre quem é membro da nação e, com ela, sobre a cidadania. A migração chega a ser rejeitada em Estados fundados com base na imigração, como os Estados Unidos durante a década de 1920 e mais recentemente, bem como em Estados-nações que têm definido a si próprios como uma comunidade de ascendência comum. Estes últimos podem oferecer cidadania e até mesmo incentivar a imigração de pessoas com afinidades étnicas (países como Israel, Hungria e Alemanha, conforme descrito no capítulo "O nacionalismo após o estabelecimento do Estado-nação"). Por outro lado, a hostilidade em relação à imigração de pessoas de origens diferentes costuma ser causada por uma visão de si como um Estado-nação homogêneo e a percepção de que a imigração representa uma ameaça ao predomínio da nação.

CONCLUSÃO

A migração tornou-se um tema definidor em debates políticos na Europa e na América do Norte, principalmente desde 2014, quando mais de 1 milhão de refugiados chegaram à Europa, oriundos da África e do Oriente Médio, sobretudo da Síria. As imagens de um grande número desses refugiados atravessando as fronteiras desencadearam o medo de uma migração em massa descontrolada, refletido em termos que foram associados aos migrantes, como "invasão" e "inundação". Essa ansiedade em relação aos refugiados costuma ser mais pronunciada onde eles são poucos, inclusive em países como Hungria e Polônia, sugerindo que o medo dos migrantes tem outras razões além da migração propriamente dita. O argumento subjacente à retórica anti-imigrante, como será discutido mais detalhadamente no próximo capítulo, é o medo de ser esmagado por estrangeiros, naquilo que autores, grupos e partidos de extrema direita chamaram de "substituição" de populações nativas. Em um discurso de julho de 2018, o primeiro-ministro húngaro, Orbán, definiu essa ameaça como parte de um desafio mais amplo à nação: "Na sociedade aberta da Europa de hoje, não há fronteiras; os europeus podem ser facilmente substituídos por imigrantes, a família transformou-se em uma forma opcional e fluida de coabitação, a nação, a identidade nacional e o orgulho nacional são consideradas noções negativas e obsoletas, e o Estado não garante mais a segurança na Europa".[21] A suposta ameaça da migração se funde com um grande risco à nação representado pela liberdade de costumes e pelas elites globais, de forte tom conspiratório, que responsabiliza determinados grupos e indivíduos, como o filantropo húngaro George Soros, pela suposta substituição de europeus por imigrantes. Essa afirmação foi formulada pela primeira vez pelo escritor francês Renaud Camus,[22] tendo sido adotada por um amplo espectro de grupos e ativistas de extrema direita, desde a Frente Nacional na França até o terrorista australiano Brenton Tarrant, que matou 50 pessoas em uma mesquita em Christchurch, na

Nova Zelândia, em março de 2019, e que mencionou a "grande substituição" em um manifesto que escreveu para justificar o atentado.

Assim, na década atual, a migração tornou-se uma característica definidora do nacionalismo na Europa e na América do Norte. Especificamente, a atenção dos movimentos nativistas se concentrou nos migrantes de origem muçulmana. Isso se baseia no antagonismo percebido entre o "Ocidente" e o "islã", uma visão que parte de motivações históricas há muito assentadas, desde as Cruzadas até o Império Otomano. A visão antagônica contemporânea surgiu através da ascensão de movimentos islâmicos antiocidentais radicais desde o final da década de 1970 e um longo legado do colonialismo ocidental. A oposição nacionalista à migração, portanto, situa-se em categorias mais amplas baseadas na religião, como a noção de cultura judaico-cristã ou categorias normativas e geográficas, por exemplo, "o Ocidente". Como resultado, os movimentos nacionalistas anti-imigrantes se apresentam como defensores de "civilizações" ou "culturas" maiores, em vez de apenas nações específicas. Um exemplo é o Pegida, movimento de protesto de extrema direita alemão que surgiu em Dresden, em 2015, cuja sigla em alemão (*Patriotische Europäer gegen die Islamisierung des Abendlandes*) significa "Europeus patrióticos contra a islamização do Ocidente" e que explicitamente se considera não apenas um grupo de alemães, mas de europeus. Esse enquadramento de grupos anti-imigrantes como europeus que protegem a Europa distingue não apenas nações, mas também grupos maiores com base em religião ou origem. Essa abordagem permite que grupos de extrema direita busquem trabalhar juntos a partir de posições anti-imigrantes e reflete a natureza transnacional dos movimentos nacionalistas e a troca de ideias que ocorre entre eles. No próximo capítulo, examinaremos em mais detalhes o que explica a importância do nacionalismo hoje, com grupos e ideias anti-imigrantes e antimuçulmanos cumprindo um papel central.

O NOVO NACIONALISMO E O POPULISMO

Quando a Alemanha nazista começou sua guerra de conquista na Europa, o conhecido economista austro-húngaro Karl Polanyi encontrou refúgio nos Estados Unidos, depois de escapar da Áustria em 1933. Em uma palestra proferida no Bennington College, em Vermont, ele observou que "quanto mais intensa fosse a cooperação internacional e quanto mais estreita a interdependência das várias partes do mundo, mais essencial se tornaria a única unidade organizacional eficaz de uma sociedade industrial no atual nível de técnica: a nação. O nacionalismo

---

Este capítulo se baseia em Florian Bieber, "Is Nationalism on the Rise? Assessing Global Trends", *Ethnopolitics* 17, n. 5 (2018): 519-540, e Florian Bieber, "Ethnopopulism and the Global Dynamics of Nationalist Mobilization", *Ethnopolitics* 17, n. 5 (2018): 558-562. Ambos são publicados sob licença de Atribuição Creative Commons.

contemporâneo é uma reação de proteção contra os perigos inerentes a um mundo interdependente".[1] A ênfase de Polanyi nas ligações entre conexão global e nacionalismo ecoa até hoje. Embora possa parecer a antítese da globalização, o nacionalismo também está intimamente ligado a ela. Este capítulo examinará como o nacionalismo continua sendo uma ideia relevante no mundo de hoje e como ele se relaciona com o recente aumento do populismo e das tendências autoritárias em todo o mundo. Posteriormente, tratará das diferentes explicações para a aparente ascensão da política de cunho nacionalista, seguida de uma discussão sobre as redes globais e o nacionalismo.

No século XIX, o nacionalismo tinha íntima correlação com o surgimento de Estados contemporâneos que foram uma resposta às demandas da modernidade, incluindo entidades econômicas unificadas, contando com uma força de trabalho dotada de alto grau de instrução e mobilidade. Anteriormente, as cidades mercantes, como Veneza ou as da Liga Hanseática, tinham capacidade para superar grandes Estados territoriais. Agora, os Estados-nações podiam unificar os espaços econômicos e vincular os cidadãos a si por meio de laços de lealdade que os impérios não tinham como oferecer. Indiscutivelmente, com exceção parcial dos maiores, como China ou Estados Unidos, os Estados-nações sobreviveram mesmo depois de perder a utilidade como unidades econômicas viáveis. Eles não podem ser atores econômicos autônomos, pois mesmo os maiores entre eles estão muito inseridos em redes econômicas globais de comércio.

Assim, é fácil e tentador descrever o nacionalismo como retrógrado e anacrônico, como de fato ele costuma ser. No entusiasmo advindo do fim da Guerra Fria, alguns o consideravam uma espécie em extinção, e as violentas conflagrações do período, os últimos espasmos de uma ideia que não sobreviveria à ascensão de um mundo globalizado pós-moderno e pós-nacional. Nesse sentido, a lógica liberal se assemelhava à compreensão marxista do nacionalismo como uma fase do desenvolvimento social que seria superada pela globalização liberal ou pelo socialismo. Nenhum estava certo, pois o nacionalismo permaneceu relevante e não mostrou nenhum sinal de definhamento. É claro que isso não significa que ele continuará sendo um elemento permanente da sociedade humana. Afinal, nações e nacionalismo são fenômenos relativamente recentes e, portanto, podem ser substituídos, já que tomaram o lugar de outros tipos anteriores de identidade coletiva. Mas o nacionalismo é uma característica profundamente arraigada das sociedades e do sistema internacional e proporciona uma categoria forte, que responde à necessidade humana de pertencer a um grupo identificável.

Sendo assim, nacionalismo e globalização estão interligados. A atual onda de globalização, que poderia ser entendida como "ampliação, aprofundamento e aceleração da interconectividade global",[2] não é o início desse processo. Indiscutivelmente, a globalização surgiu no início da era moderna, na forma de uma economia mundial que ligava os continentes em uma rede cada vez maior de comércio e cooperação. Durante muito tempo, esse sistema foi dominado pela Europa, principalmente através de possessões coloniais e entrepostos comerciais das grandes potências do continente, e teve seu primeiro pico nas décadas anteriores à Primeira Guerra Mundial. Ambas as guerras mundiais foram produtos da globalização – a globalização da guerra – e altamente prejudiciais ao comércio global. No entanto, como é entendida hoje, a globalização é apenas uma parte desse processo de longo prazo, no qual a ascensão da nação está profundamente enraizada. O teórico político Benjamin Barber argumentava, já em 1996, que o confronto entre o McWorld, representando a dominação capitalista e consumista global, e a política feita com base em identidade era o conflito global essencial.[3] É claro que nações e outros aspectos dessa política baseada na identidade podem se tornar, eles próprios, produtos de consumo e depender da mídia global, mas, em poucas palavras, globalização e atividade política a partir de identidade são dois lados da mesma moeda que costumam estar em conflito. O nacionalismo

235

não é a única forma de fazer política a partir da identidade, e desde o 11 de Setembro e da ascensão (e queda) do Estado Islâmico (ISIS), o extremismo religioso tem recebido mais atenção. No entanto, é útil considerar a ambos como fenômenos tão intimamente relacionados quanto a politização das identidades. O extremismo religioso costuma representar uma ameaça mais visível e transnacional do que o nacionalismo. Sendo o nacionalismo direcionado à nação e, portanto, inerentemente fragmentado, ao passo que o radicalismo religioso pode ser universal em termos de escopo e seguidores, os nacionalismos específicos são mais restritos. O extremismo religioso muitas vezes ganha relevância quando o nacionalismo não é uma fonte de identidade forte ou perdeu credibilidade. Especificamente, em muitos países árabes do Oriente Médio, a construção de nação teve êxito apenas limitado. Com frequência, os Estados são identificados intimamente com regimes conservadores e repressivos que os dominaram desde o seu estabelecimento. A consolidação desses Estados como Estados-nações foi interrompida por ideias de cooperação pan-árabe (conforme discutido no capítulo "A disseminação do nacionalismo e dos Estados-nações na Europa"), que foram ignoradas por muitos líderes. A ascensão do islã político como força dominante da política com base na identidade no Oriente Médio no final da década de 1970 esteve intimamente ligada ao fracasso dos Estados e seus líderes na criação de um nacionalismo plausível.

Seja radicalismo religioso ou nacionalismo, ambos são uma resposta à globalização. Aliada às suas estruturas de poder, muitas vezes favorecendo os países capitalistas ocidentais devido ao longo histórico de dominação econômica global, a globalização desencadeou uma reação por meio do nacionalismo e de outros particularismos. Estes, por sua vez, recorrem às técnicas de intercâmbio global e copiam os próprios métodos de comunicação. Como resultado, o nacionalismo de hoje também é globalizado. A globalização também desafia as ordens estabelecidas e promove o hibridismo e a mistura cultural.

O NOVO NACIONALISMO E O POPULISMO

Frequentemente, a principal linha de confronto não é entre nacionalismos conflitantes, como há um século, e sim a concorrência com identidades cosmopolitas e híbridas que rejeitam a importância singular da nação.[4] A força do nacionalismo virulento ficou visível na década de 1990, quando houve um aumento acentuado do conflito étnico durante os primeiros anos, conforme discutido no capítulo "Conflito étnico". O que parecia ser a vitória do internacionalismo liberal na Europa Ocidental e na América do Norte não ocorreu em muitas outras regiões do mundo. O colapso da Guerra Fria, causado pelo nacionalismo, por outro lado, iria permitir o surgimento de um nacionalismo novo e violento. O declínio da violência étnica no final da década de 1990 pode ter parecido o auge da cooperação global baseada em valores liberais. No entanto, o 11 de Setembro de 2001 interrompeu essa tendência em termos políticos, com as guerras subsequentes travadas pelos Estados Unidos, e econômicos, com a crise de 2008. Se houve um momento liberal, pós-nacional, ele foi breve e fugaz.

Por sua vez, nos últimos anos, o crescimento do nacionalismo pode ser visto em todos os lugares e em todas as coisas. Da eleição de Donald Trump e o Brexit, em 2016, às políticas nacionalistas do primeiro-ministro japonês Shinzō Abe, de seu homólogo indiano Narendra Modi e do presidente turco Recep Tayyip Erdoğan, até o êxito dos partidos de extrema direita na Itália, na Alemanha e na Áustria nas eleições de 2017 e 2018, o nacionalismo parece estar em ascensão em termos globais.[5] Acusados de nacionalistas, alguns líderes mundiais aceitaram abertamente esse rótulo, como fez o presidente dos Estados Unidos, Trump, no final de 2018, ao declarar: "Você sabe o que eu sou? Eu sou nacionalista, certo? Eu sou nacionalista".[6] Essa admissão teria sido inimaginável poucos anos antes. Embora não estivesse morto, o nacionalismo realmente não era um rótulo aceitável para alguém se descrever, e menos ainda entre os principais políticos globais.

237

Documento: Comentários do Presidente Trump à 73ª Sessão da Assembleia Geral da ONU

Discurso feito à Assembleia Geral da ONU em 25 de setembro de 2018.[7]

[...] Os Estados Unidos são hoje um país mais forte, mais seguro e mais rico do que eram quando eu assumi o cargo, há dois anos.

Estamos defendendo os Estados Unidos e seu povo. E também estamos defendendo o mundo.

[...] É por isso que os Estados Unidos sempre escolherão independência e cooperação em vez de governança, controle e dominação globais.

[...] Como meu governo demonstrou, os Estados Unidos sempre agirão em defesa de nosso interesse nacional.

[...] Nunca entregaremos a soberania do país a uma burocracia global que não foi eleita e não presta contas.

Os Estados Unidos são governados por estadunidenses. Rejeitamos a ideologia do globalismo e assumimos a doutrina do patriotismo.

No mundo todo, as nações responsáveis devem se defender contra ameaças à soberania, não apenas por parte da governança global, mas também de novas formas de coerção e dominação.

[...] Reconhecemos o direito de cada nação presente neste recinto a definir sua própria política de imigração de acordo com seus interesses nacionais, assim como pedimos a outros países que respeitem o nosso direito de fazer o mesmo – o que estamos fazendo. Os Estados Unidos não participarão do novo pacto global sobre migração. A migração não deve ser regulada por um organismo internacional que não presta contas aos nossos próprios cidadãos.

Em última análise, a única solução de longo prazo para a crise migratória é ajudar as pessoas a construir um futuro mais esperançoso em seus países de origem. Tornar seus países grandes de novo.

[...]

O mundo inteiro é mais rico, a humanidade é melhor, por causa dessa bela constelação de nações, cada uma muito especial, cada uma muito única, e cada uma brilhando intensamente em sua parte do mundo.

Em cada uma delas, vemos a maravilhosa promessa de um povo unido por um passado compartilhado e trabalhando rumo a um futuro comum.

[...]

Dentro de cada pessoa presente hoje neste grande salão e de cada um que está ouvindo em todo o mundo, há o coração de um patriota que sente o mesmo amor poderoso por sua nação, a mesma lealdade intensa à sua pátria.

A paixão que arde nos corações dos patriotas e nas almas das nações inspirou reforma e revolução, sacrifício e abnegação, avanços científicos e magníficas obras de arte.

Nossa tarefa não é apagá-la, e sim assumi-la, construir a partir dela, para aproveitar sua sabedoria antiga. E encontrar nela a vontade de tornar nossas nações mais grandiosas, nossas regiões, mais seguras, e o mundo, melhor.

Para liberar esse incrível potencial em nosso povo, temos que defender as bases que tornam tudo isso possível. Nações soberanas e independentes são o único veículo onde sobreviveu a liberdade, perdurou a democracia ou prosperou a paz. Portanto, devemos proteger nossa soberania e nossa apreciada independência acima de tudo.

[...]

Então, juntos, escolhamos um futuro de patriotismo, prosperidade e orgulho. Escolhamos a paz e a liberdade, e não a dominação e a derrota. E que venhamos aqui, a este lugar, para defender nosso povo e suas nações, fortes para sempre, soberanas para sempre, para sempre justas e para sempre agradecidas pela graça, a bondade e a glória de Deus.

Obrigado. Deus os abençoe. E Deus abençoe as nações do mundo.

Muito obrigado. Obrigado. (Aplausos.)

Conforme descrito neste livro, os líderes nacionalistas geralmente visam àqueles compatriotas que são membros "não confiáveis" da nação, usam outras nações ou minorias como bodes expiatórios ou direcionam suas queixas contra alguma elite global. Essas são características estruturais de movimentos nacionalistas que remontam às suas origens, no final do século XVIII, não sendo, de forma alguma, novas. Os alvos específicos podem mudar, de modo que o nacionalismo na América do Norte e na Europa tem sido direcionado contra os migrantes do sul global, principalmente os que vêm dos países muçulmanos. As nações vizinhas são menos visadas do que teriam sido há um século. Portanto, foi bastante surpreendente quando a líder da extrema direita francesa Marine Le Pen descreveu o novo tratado de amizade franco-alemão, assinado em Aachen, em janeiro de 2019, como a entrega da região francesa da Alsácia para a Alemanha (sem qualquer evidência, é claro). Essa retórica antialemã não é nada em comparação com a postura antimuçulmana.

NACIONALISMO, AUTORITARISMO E POPULISMO

A ascensão do nacionalismo, ao que parece, está intimamente ligada à ascensão do populismo e do autoritarismo, formando as três tendências políticas globais e definidoras dos últimos anos. Mas qual é a relação entre os três, e que papel cumpre o nacionalismo no reforço aos outros dois?

O autoritarismo tem retornado aos poucos, após o fim do que foi chamado de "terceira onda da democracia" – sua disseminação mais rápida e universal, que começou no sul da Europa e na América Latina na década de 1970 e se espalhou para a Europa Oriental e, mais tarde, para a Ásia e a África Subsaariana no final dos anos 1980 e início dos 1990. Desde então, ficou claro que a democracia não estabeleceria raízes em muitos países com a facilidade que os otimistas esperavam no início da década de 1990, sintetizado pelo argumento de Francis Fukuyama de que o fim da história significava o fim da competição ideológica com a democracia liberal. Em primeiro lugar, houve a disseminação de regimes híbridos, que combinam democracia formal com vários tipos de restrições autoritárias e poderiam ser chamados mais apropriadamente

O NOVO NACIONALISMO E O POPULISMO

de autoritarismo competitivo.[8] Muitos regimes só se tornaram democráticos formalmente ao adotarem instituições democráticas ao mesmo tempo que mantinham o controle autocrático, como a Rússia. Também houve um declínio da democracia desde meados dos anos 2000, que afetou democracias liberais, como Polônia e Hungria, bem como muitas democracias mais restritas, como a Turquia. Por fim, regimes autoritários competitivos, como a Rússia, tornaram-se mais arraigados. Ondas mais recentes de democratização, como nos países árabes em 2011, fracassaram em grande parte e levaram à guerra e ao recrudescimento do autoritarismo, com a única exceção da Tunísia.

Não há ligação direta ou inerente entre autoritarismo e nacionalismo. O nacionalismo pode ser uma importante fonte de legitimidade, construindo-a contra atores externos ou contra "Outros" domésticos (minorias e oposição). Muitas vezes, as democracias não consolidadas e os regimes híbridos são os mais suscetíveis ao nacionalismo virulento. Isso ocorre por dois motivos distintos:

1. Durante os períodos de democratização, é preciso estabelecer novas instituições e regras que definam a comunidade política, revisar ou reescrever a Constituição, determinar leis sobre cidadania ou eleitorais. Trata-se de um Estado-nação? Há uma nação principal com acesso privilegiado à cidadania? Membros do mesmo grupo étnico podem votar ou alguns grupos são excluídos? Com questões cruciais relacionadas à comunidade política sendo discutidas, a participação na nação é renegociada, e é comum o nacionalismo ganhar destaque.

2. Durante o período de abertura política, a concorrência é imperfeita e o nacionalismo, uma ideologia fácil e pronta, que pode competir no "mercado de ideias".[9] Além disso, as atitudes autoritárias entre os cidadãos geralmente têm íntima correlação com a visão de mundo nacionalista.[10] À medida que avançam em direção a mais autoritarismo, os regimes costumam recorrer ao

241

nacionalismo para justificar essa mudança. Por exemplo, no governo do presidente Recep Tayyip Erdoğan, a Turquia começou realizando muitas reformas liberalizantes na década de 2000, inclusive dando mais direitos para minorias, como os curdos. À medida que foi se tornando cada vez mais autoritário, após ser desafiado pelos protestos de Gezi, em 2013, em Istambul, e pelo golpe fracassado de 2016, o governo adotou um tom mais nacionalista e recorreu à repressão contra curdos e outras minorias. Da mesma forma, a Rússia sob Vladimir Putin tem feito questão de se diferenciar do Ocidente e destacado o interesse nacional em uma política militar revisionista em relação a seus vizinhos, incluindo a invasão da Geórgia, em 2008, e da Ucrânia, em 2014 e 2022. Como a hegemonia do Ocidente após a Guerra Fria vinculou o domínio ocidental à democracia liberal, o nacionalismo tornou mais fácil justificar o autoritarismo como um contrapeso à influência do Ocidente.

É o populismo, no entanto, que pode proporcionar a ligação mais plausível entre nacionalismo e autoritarismo. Semelhante ao nacionalismo, o populismo é uma ideologia versátil, que procura representar "o povo" contra uma elite que pode ser entendida como política ou econômica, ou ainda uma elite estrangeira, que domina. Assim, promove o majoritarismo e rejeita as instituições que restringem a suposta vontade da maioria.[11] O populismo, em si, consegue aceitar todas as ideologias políticas. À esquerda, movimentos de base como o Podemos, na Espanha, e a coalizão de esquerda radical, que mais tarde se tornaria o partido Syriza, na Grécia, adotaram políticas e uma retórica populistas. Na América Latina, também há uma longa tradição de movimentos populistas e de esquerda – do peronismo, na Argentina, a Hugo Chávez, na Venezuela – que evocam as grandes desigualdades sociais. Da mesma forma, escritores como Chantal Mouffe afirmaram que a esquerda política deveria adotar estratégias populistas.[12]

O NOVO NACIONALISMO E O POPULISMO

Se os populistas definem o povo em termos nacionais, populismo e nacionalismo geram uma simbiose, no que poderia ser descrito como etnopopulismo.[13] Nesse caso, a "elite corrupta" pode ser uma minoria acusada de deter poder político ou econômico (comum em estratégias antissemitas ou antichinesas) ou a elite é acusada de servir a interesses estrangeiros. Esse discurso também pode ser direcionado contra uma elite estrangeira, como aconteceu com o nacional-socialismo (nazismo) e seus precursores nacionalistas e antissemitas, refletido na alegação de uma conspiração judaica global, como os *Protocolos dos sábios de Sião*, conforme discutido anteriormente. Motivos semelhantes surgiram no discurso de populistas europeus contra uma elite "globalista". Os alvos incluem membros de uma elite econômica global, por exemplo, Bruxelas representando a UE como uma elite distante e antidemocrática, ou indivíduos, como George Soros. A campanha contra Soros tornou-se uma característica central de grupos populistas na Europa e nos Estados Unidos, já que o bilionário húngaro radicado nos Estados Unidos combina características que fazem dele o alvo ideal. Rico e liberal, banqueiro e judeu, com forte engajamento filantrópico global, ele pode ser um alvo por todos esses aspectos. Em 2017, o governo húngaro, por exemplo, lançou uma campanha contra Soros, com *outdoors* mostrando o slogan "Não deixe Soros rir por último", que o acusava de conspirar para organizar a imigração em massa para a Hungria (uma alegação espúria). Vários outros partidos, políticos e grupos nacionalistas e populistas têm Soros como alvo – do governo da Macedônia ao presidente Trump.[14]

Para além de Soros, o populismo visa à suposta elite global, suspeita por sua falta de identidade nacional. A elite global atrai uma combinação de críticas de esquerda ao capitalismo global com críticas nacionalistas sobre cidadãos globais desleais e desconectados. A primeira-ministra britânica Theresa May adotou essa visão em um ataque que fez à elite global durante uma conferência do Partido Conservador, em outubro de 2016, observando: "Se você acredita que é cidadão do

243

mundo, você não é cidadão de lugar nenhum. Você não entende o que significa a própria palavra 'cidadania'".[15] A dicotomia entre uma "elite global", que não aprecia a cidadania do Estado-nação, e a "população autêntica" evoca temas antielitistas e antiglobalistas, e atiça o povo contra uma suposta elite distante e desconectada.

Embora os populistas não sejam necessariamente autocratas, o desgaste implícito dos freios e contrapesos e a visão de mundo maniqueísta do populismo se prestam como estratégia de legitimação para autocratas. Além disso, e mais importante, os populistas geralmente se inclinam ao autoritarismo no poder e, na melhor das hipóteses, são contidos por instituições democráticas fortes e resilientes. O populismo também rejeita a legitimidade política de outros partidos, pois estes não representariam o povo, uma pretensão monopolista dos populistas de falar pela maioria, muitas vezes "silenciosa". É importante tratar essas pretensões de forma crítica. Como disse um importante estudioso do populismo, "os ditos 'nacionalistas' são, na verdade, líderes que posam de populistas e conquistaram apoio ao recorrer à retórica e ao imaginário do nacionalismo".[16] Essa caracterização se aplica a um leque mais amplo do que os nacionalistas recentes. Como vimos em capítulos anteriores, os líderes nacionalistas muitas vezes dizem falar em nome da nação, mas isso não significa que tenham o apoio da maioria de seu suposto público. Embora os populistas etnonacionalistas, como podem ser chamados, afirmem ter legitimidade com base em uma nação excludente, incluindo Narendra Modi, na Índia, Jair Bolsonaro, no Brasil, e Donald Trump, nos Estados Unidos, sua base de apoio é consideravelmente mais estreita e muitas vezes motivada por considerações que vão além do que sugerem suas afirmações. Portanto, o sucesso eleitoral de políticos com antecedentes nacionalistas não é automaticamente uma medida do sentimento nacionalista. Muitas vezes, é uma estratégia de legitimação. A vitória eleitoral não se baseou na popularidade de suas afirmações, e sim, com frequência, na fragilidade dos adversários políticos, inclusive na Hungria, em 2010, no Japão, em 2012, nos Estados

Unidos, em 2016, e no Brasil, em 2018. A corrupção e a desaceleração econômica, como na Hungria em 2010 ou na Índia em 2014, foram as questões centrais que deram a vitória eleitoral a Orbán e Modi.

Por exemplo, Narendra Modi foi eleito com uma vitória esmagadora na chapa nacionalista do Partido Bharatiya Janata (BJP) nas eleições gerais indianas de 2014 e vem mantendo sua popularidade, mas esse apoio tem se baseado mais em sua plataforma econômica e social do que no nacionalismo hindu de seu partido. A campanha eleitoral foi marcada por uma mudança deliberada no discurso do BJP, afastando-se do nacionalismo hindu anterior.[17] Além disso, a vitória eleitoral veio após uma ampla redução nos tumultos no país.[18] Os cidadãos viram as políticas do partido sobre relações entre as comunidades e as relações com o Paquistão de forma menos positiva do que as outras políticas.[19] Isso sugere que a popularidade se baseia na política econômica e não no apoio ao nacionalismo. Ao buscar a reeleição em 2019, Modi evocou mais explicitamente um estreito nacionalismo hindu.[20] É claro que os partidos nacionalistas costumam moderar sua retórica, sabendo que o eleitorado mais nacionalista votaria neles de qualquer maneira e poderia ser atraído por meio dos chamados "apitos de cachorro", ou seja, símbolos e frases que têm pouco sentido para a maioria, mas apelam a um núcleo nacionalista. Por exemplo, políticos do Partido da Liberdade da Áustria, de extrema direita, usam regularmente centáureas azuis na lapela. A maioria dos eleitores presta pouca atenção a esse símbolo, característico dos nacionalistas alemães do século XIX e dos nacional-socialistas (nazistas) clandestinos na década de 1930, mas o núcleo de extrema direita leal ao partido o reconhece.

Além disso, o apoio de partidos políticos conservadores tradicionais costuma ser essencial para o sucesso de partidos e candidatos de extrema direita. Eles funcionam como parceiros em coalizões ou se tornam veículos de candidatos etnopopulistas, como o Partido Republicano nos Estados Unidos. Por fim, se são reeleitos em sistemas democráticos frágeis, nos quais os freios e contrapesos institucionais são menos desenvolvidos, a manipulação eleitoral contribui para que se mantenham no poder, como tem sido o caso, através da alteração de distritos e mudanças no sistema, na Hungria e na Turquia.

Embora os partidos e candidatos etnopopulistas tenham tido uma aparente onda de êxitos nos últimos anos, não há uma explicação universal ou simples para isso. Conforme observado ao longo deste livro, o nacionalismo não é novo nem esteve ausente nas últimas décadas. Em alguns países, ele pode ter sido menos excludente, tendo uma força política latente, mas, em eleições importantes, os candidatos que concorreram em chapas populistas baseadas no nacionalismo excludente e virulento venceram ou tiveram fortes avanços. Assim, em vez de procurar explicar uma espécie de "novo nacionalismo", é mais produtivo entender a mudança vivenciada pelo nacionalismo para se tornar mais presente na vida pública e exibir características mais excludentes.

IDENTIFICANDO TENDÊNCIAS NACIONALISTAS

Captar atitudes nacionalistas é difícil, principalmente em escala global. O nacionalismo tem conotações normativas muito diferentes no mundo. Enquanto poucas pessoas se identificariam como nacionalistas na Europa, o nacionalismo costuma ser visto de forma mais positiva em regiões onde a construção de uma identidade nacional abrangente é tida como uma alternativa desejável para identidades étnicas ou religiosas mais estreitas ou memórias não tão distantes de domínio imperial. Também não é possível traduzir da mesma forma substitutos do nacionalismo em diferentes contextos. Embora o sentimento anti-imigrantes e o nacionalismo estejam intimamente interligados na América do Norte e na Europa, em muitos países da América Latina, da África e da Ásia, a migração não é um tema central do nacionalismo. Entre as questões levantadas em pesquisas globais, que oferecem alguma visão sobre as atitudes nacionalistas, estão orgulho da nacionalidade, ou seja, da cidadania, baixo nível de confiança em pessoas de outra nacionalidade, não se ver como cidadão do mundo e apoiar a solução dos problemas pelos próprios países. Há uma grande variação em todo o mundo, sem um padrão único nem uma clara divisão norte-sul, e os cidadãos de países menores tampouco exibem atitudes diferentes dos de Estados maiores. É importante ressaltar que, ao examinar a tendência nas pesquisas nos últimos 15 a 20 vinte anos, não há um aumento global visível de inclinações nacionalistas e isolacionistas.[21] Essa tendência sugere que a ascensão da política de cunho nacionalista em muitos países tem outras causas que não uma mudança de atitudes ou que a expressão política e social do nacionalismo não é consequência de mudanças de atitudes, mas sim da mobilização mais visível e efetiva de sentimentos nacionalistas já existentes.

Tem havido uma tendência de longo prazo de crescimento dos partidos nacionalistas na Europa, perceptível na Europa Ocidental desde a década de 1980.[22] Eleições e referendos realizados em 2016 a 2017 sugerem a força de partidos, candidatos e propostas nacionalistas, mas também mostram que não há um aumento universal e progressivo do apoio a esses partidos.[23]

Em geral, os partidos de extrema direita obtiveram ganhos significativos na Europa nos últimos anos. Em 2016, o candidato de extrema direita do Partido da Liberdade, Norbert Hofer, teve 46,2% dos votos nas eleições presidenciais austríacas, e Marine Le Pen, da Frente Nacional (FN) – rebatizada como Reunificação Nacional (*Rassemblement National*, RN) – recebeu 33,9% no segundo turno das eleições presidenciais francesas em maio de 2017. Da mesma forma, a Alternativa para a Alemanha (*Alternative für Deutschland*, AfD), de extrema direita, entrou no *Bundestag* com 12,6% dos votos em setembro de 2017, pela primeira vez na Alemanha do pós-guerra. A Liga do Norte (*Lega Nord*, LN), um partido com uma plataforma de extrema direita, concorrendo como parte de uma coalizão de centro-direita na eleição italiana sob a liderança de Matteo Salvini, surgiu como o terceiro maior partido isolado no Parlamento, com 17,37% do voto popular. Mas essa tendência não foi igual em todos os lugares. No Reino Unido, o partido nacionalista UKIP foi o que mais perdeu apoio, tendo apenas 1,8% dos votos e nenhum deputado, enquanto na Holanda, em 2017, o Partido para a Liberdade (*Partij voor de Vrijheid*, PVV) de Geert Wilders tornou-se o segundo maior, mas seus ganhos foram menores do que a maioria esperava. Tendências semelhantes apareceram nas eleições para o Parlamento Europeu, em maio de 2019. Embora partidos de extrema direita e etnopopulistas tenham se saído bem em alguns países, como França, Itália e Hungria, não existe uma clara onda europeia de partidos etnopopulistas. Em vez disso, houve uma normalização na qual eles, ou seus programas, foram sendo cooptados pelos partidos tradicionais.

O aumento do apoio a partidos ou candidatos nacionalistas e a ausência de uma grande mudança de atitude parecem contraditórios à primeira vista, mas há dois aspectos a serem considerados. Primeiro, as atitudes nacionalistas não cresceram globalmente – a ascensão de partidos e candidatos nacionalistas foi regional, concentrada principalmente na Europa e nos Estados Unidos. Em segundo lugar, mesmo considerando apenas esses países, não se observa uma mudança de longo prazo em direção a atitudes mais nacionalistas. Em países com o nacionalismo em ascensão no meio político, foram a polarização e a priorização que resultaram no apoio a candidatos nacionalistas.

Tanto fatores estruturais quanto de atitude contribuem para a base eleitoral dos partidos nacionalistas. Em sociedades pós-industriais desenvolvidas – muitas vezes, de classe trabalhadora e média-baixa –, os eleitores desses partidos geralmente têm menos educação formal e pertencem à comunidade majoritária. Passam por incertezas econômicas e sociais, com frequência combinadas com reversão de sua condição e marginalização, sejam reais ou percebidas. Isso pode ser associado ao racismo latente, ao autoritarismo e ao anseio por um passado que já não existe há muito tempo (ou que nunca existiu).[24] O apoio aos partidos nacionalistas pode ser explicado tanto por uma reação cultural (ou seja, ansiedade com relação à posição na sociedade e à mudança cultural) quanto por migração, melhoria na condição das minorias – sejam elas sexuais ou étnicas – ou ainda por causas econômicas, como a precária condição daqueles eleitores que são particularmente suscetíveis a apoiar candidatos e partidos etnopopulistas.[25] Embora seja interessante entender a relevância de um fator em relação ao outro, eles estão intimamente interligados e apontam para incerteza e perda de influência, tanto real quanto percebida, que facilitam a ascensão de populistas etnonacionalistas.

Nos Estados Unidos, a classe trabalhadora branca, que apoiou Trump de forma desproporcional nas eleições de 2016, é mais autoritária (64% têm esse tipo de orientação) do que a população média, inclusive apoiando um líder que descumpre regras. Existe uma forte crença de que o "estilo de vida americano" se deteriorou desde a década de 1950 (65%) e há um medo de que o país esteja perdendo sua identidade e suas culturas (68%). No entanto, a perda de *status* social ou econômico entre esses eleitores brancos de classe trabalhadora não têm correlação com o apoio a Trump. O apoio foi mais forte devido a atitudes específicas, como discriminação percebida contra estadunidenses brancos, atitudes anti-imigrantes e uma ameaça representada por culturas estrangeiras.[26] Os eleitores de Marine Le Pen exibem características comparáveis, sendo principalmente de origem operária, com educação limitada e um alto nível de insatisfação com a democracia.[27]

O apoio a partidos da direita radical não se baseia apenas nas visões nacionalistas dos eleitores, como posições contrárias à União Europeia e à imigração, mas também em razões econômicas, como uma condição percebida como negativa, bem como dificuldades econômicas em nível de país e preferência por políticas redistributivas.[28] Pesquisas mostram que grupos que vivenciam declínio e vulnerabilidade reais ou percebidos, assim como marginalização social, são mais propensos a apoiar políticas nacionalistas.[29] Os membros de grupos que passam por uma inversão em sua condição são especialmente vulneráveis. Isso pode ser bem identificado na Alemanha Oriental, pois permite comparar com a população da Alemanha Ocidental com a qual compartilha muitas características, incluindo o idioma e o sistema político atual. Na região em que ficava a Alemanha Oriental, o voto em partidos nacionalistas e a violência nacionalista (como os ataques anti-imigrantes), não são necessariamente um indicador de atitudes sociais mais amplas. Assim, enquanto a violência contra imigrantes é maior na Alemanha Oriental do que na Ocidental, a variação nas atitudes anti-imigrantes não é significativa.

Um estudo longitudinal realizado na Alemanha sobre atitudes em relação a autoritarismo, antissemitismo, sentimentos anti-imigrantes e o período nazista mostra que as atitudes antissemitas, anti-imigrantes e autoritárias em geral não aumentaram na última década; na verdade, declinaram em termos gerais. Ao mesmo tempo, aumentou a polarização e a radicalização social, ou seja, a vontade de usar a força.[30] Assim, outros fatores têm que explicar a variação no voto e na violência, como a sociedade civil (vida em sociedade) mais frágil e a sensação de maior "privação relativa fraterna". Esse conceito descreve o descontentamento decorrente da desvantagem percebida por ser membro de um determinado grupo, em comparação com outros, sejam eles migrantes, alemães ocidentais ou elites. Uma importante causa estrutural do nacionalismo é um sentimento multidimensional de marginalização. Um estudo sobre a Alemanha Oriental concluiu que as dinâmicas locais que facilitaram o apoio à extrema direita e sua violência incluíam o contraste entre áreas rurais (ou semirrurais) e centros urbanos mais privilegiados, a sensação de marginalização dos alemães orientais em relação aos ocidentais e, por fim, a sensação de estar em desvantagem, como alemães em relação aos estrangeiros, principalmente os refugiados. Além disso, o estudo conclui que são muito importantes as visões de mundo autoritárias e etnocêntricas oriundas do período socialista e de um ambiente despolitizado.[31]

250

Ademais, as características estruturais de longo prazo são importantes. Na Alemanha, o partido populista de extrema direita AfD teve desempenho superior em municípios onde os nacional-socialistas haviam sido bem votados nas eleições de 1933. Isso parece ser um indicador melhor do que a exposição à migração, o tema central do partido. Como muitos dos apoiadores do AfD não costumavam votar antes disso, o partido parece ter despertado apoio entre cidadãos que não eram politicamente engajados, mas viviam em ambientes estruturalmente conservadores e nacionalistas. Considerando o tempo de 80 anos transcorrido entre o apoio ao NSDAP e ao AfD, o padrão não é baseado nos mesmos eleitores, e sim na transmissão por meio das famílias e do ambiente local.[32]

Como um todo, não há uma razão única para o sucesso dos partidos etnopopulistas. Em primeiro lugar, a fraqueza das alternativas políticas e outras questões podem ser importantes para explicá-lo. Em segundo, o apoio eleitoral inclui fatores econômicos, culturais e estruturais interligados.

Ainda assim, os partidos nacionalistas radicais raramente garantem cargos eletivos sozinhos. Na melhor das hipóteses, participam de coalizões de governo. No entanto, a ascensão de partidos e candidatos nacionalistas pode mudar as políticas dos partidos tradicionais, bem como debates e atitudes sociais mais amplos. Os populistas etnonacionalistas podem alterar o debate, mesmo sem uma ampla base de apoio. Existem práticas discursivas, ou seja, maneiras pelas quais se discutem em público tópicos específicos, como a própria nação, migrantes, minorias ou nações vizinhas. Essas mudanças ocorrem quando os tópicos são discutidos de forma diferente na mídia ou no debate público e podem resultar de políticas diretas de um partido no poder, como no caso de países mais autoritários, ou ser consequência de uma mudança mais gradual. Por exemplo, o debate na Europa passou (em graus variados) de discutir refugiados em termos de necessidades humanitárias para discuti-los como uma ameaça à segurança, associada ao terrorismo e à violência sexual e criminosa.[33] Essa mudança pode ser entendida por meio da noção de uma *espiral de silêncio* que sugere que os indivíduos se calam sobre suas opiniões se percebem que elas não estão em sintonia com as ideias sociais dominantes em termos mais amplos.[34] Essa dinâmica pode silenciar visões nacionalistas ou xenófobas em um ambiente social que as desestimule. No entanto, se houver uma mudança discursiva nas opiniões publicadas ou manifestadas publicamente, aqueles que sustentam visões nacionalistas virulentas e excludentes podem ser estimulados a expressá-las, enquanto as posturas críticas podem ter uma necessidade cada vez maior de permanecer em silêncio.[35] Essa mudança ocorreu nos Estados Unidos e em grande parte da Europa como resultado de votações importantes (Trump e Brexit) ou momentos de crise (percebida), como o afluxo de um grande número de refugiados à Europa em 2015 e 2016.

NACIONALISMO NA POLÍTICA EXTERNA E CONEXÕES GLOBAIS

Além da mudança nacionalista no ambiente político doméstico de alguns países, o nacionalismo também é uma força importante da política externa. É claro que esta está intimamente ligada às políticas internas, pois as decisões podem ser tomadas por partidos nacionalistas no governo ou causadas por outros tipos de viradas nacionalistas domésticas. Por outro lado, a política externa pode ser usada para despertar o apoio nacionalista. Guerras e confrontos internacionais podem ser úteis na mobilização nacionalista, desde o efeito da Guerra das Malvinas sobre o público britânico até a resposta inicial dos Estados Unidos aos ataques terroristas de 11 de Setembro. Como observado anteriormente, os alvos preferidos de muitos grupos nacionalistas do mundo são as elites globais e as minorias internas e, em menor grau, outros Estados-nações. Na Europa, os partidos de extrema direita conseguiram formar uma importante facção no Parlamento Europeu pela primeira vez em 2015. A facção "Europa das Nações e da Liberdade" incluiu o Reagrupamento Nacional da França, a Liga italiana, o Partido pela Liberdade holandês e o Partido da Liberdade austríaco, entre outros.

Documento: Discurso da candidata à presidência da França Marine Le Pen, 2017

Discurso proferido em Lyon em 5 de fevereiro de 2017.[36]

Eu sou a candidata da França do povo [...]. Do resultado dependerá a continuidade da França como nação livre – e para quem, como nós, se sente francês acima de tudo, de nossa existência como povo [...]. Digo isso como algo grave: a escolha que teremos que fazer nesta eleição é entre civilizações. Nossos líderes optaram pela globalização desregulamentada; queriam que fosse algo feliz, e acabou sendo horrível. Baseando-se apenas na busca do hiperlucro por parte de alguns, ela se desenvolve em dois planos: globalização a partir de baixo, com imigração em massa e *dumping* social em nível global, e globalização a partir de cima, com a "financeirização" da economia. A globalização que foi real, com a multiplicação das trocas, eles a transformaram em ideologia: o globalismo econômico que recusa qualquer limitação, qualquer regulamentação da globalização e que, por isso, fragilizou as defesas imunológicas da Nação, despojando-a de seus elementos centrais – fronteira, moeda nacional, a autoridade de suas leis, condução da economia – permitindo assim que outra forma de globalismo nascesse e crescesse: o fundamentalismo islâmico [...]. Esses dois globalismos, atualmente, são a síntese: o globalismo financeiro e empresarial do qual a União Europeia, as finanças e a essência de uma classe política domesticada são servos dedicados, e o globalismo jihadista, que prejudica os nossos interesses vitais no exterior, mas também se implanta em nosso território nacional, em certos bairros, em certos lugares, em algumas mentes fracas. E ambos trabalham pelo desaparecimento de nossa nação, ou seja, da França em que vivemos e que amamos, razão pela qual os franceses têm um sentimento de privação. Essas duas ideologias querem subjugar nossos países. Uma em nome das finanças globalizadas, ou seja, a ideologia do comércio total, e a outra em nome de um islã radicalizado, isto é, a ideologia da religião total [...]. Diante desses dois totalitarismos que ameaçam nossas liberdades e nosso país, não temos mais tempo nem meios para angelismos, falsas desculpas, pequenos arranjos, grandes covardias [...].

Para avançar, os partidários dessas duas ideologias globalistas transmitem a ilusão de se basear em nossos princípios; na realidade, invocam falsamente a liberdade para instalar seu totalitarismo: é a liberdade da raposa no galinheiro [...]. Já que estamos em guerra contra o fundamentalismo islâmico, aplicaremos aos inimigos da França os dispositivos jurídicos do estado de guerra. [...] Sem soberania, nenhuma proteção é possível, nenhuma ação é possível. Sem soberania, um projeto se torna uma falsa promessa. Os meus adversários dizem controlar as fronteiras, voltar ao direito à terra, impedir a imigração, lutar contra a concorrência desleal. Eles mentem para vocês. [...]

Todos concordam que a União Europeia é um fracasso. É por isso que, uma vez eleita, anunciarei a organização de um referendo, nos primeiros seis meses do meu mandato, sobre a permanência ou saída da UE. A seguir, iniciarei conversações com os nossos parceiros – e, acreditem, eles têm aspirações semelhantes à soberania – para renegociar os termos do nosso contrato com esse sistema europeísta tirânico que já não é um projeto, e sim um parêntese histórico e, espero que um dia, apenas uma má recordação.

Estamos de braços abertos a todos aqueles que partilhem conosco o amor pela França e que desejem colocar o nosso país no caminho da recuperação nacional [...]. Essa clivagem já não opõe direita e esquerda, e sim patriotas e globalistas. Nesta eleição presidencial, representamos o campo dos patriotas [...]. Convidamos todos os patriotas, de direita ou de esquerda, a se unirem a nós. Cidadãos eleitos ou comuns, de onde quer que vocês venham, quaisquer que tenham sido seus compromissos, vocês têm um lugar ao nosso lado. Patriotas, sejam bem-vindos! Pois é possível que presidentes como Donald Trump não apenas sejam eleitos contra um sistema de coalizão, mas acima de tudo cumpram suas promessas e ajam de forma rápida e forte no interesse e no desejo de seu povo [...].

Este despertar dos povos é histórico. Marca o fim de um ciclo.

O vento da história virou, e nos leva ao topo. E, conosco, o nosso país, a França. Viva o povo! Viva a República! Vida longa à França!

Líderes europeus de extrema direita se reuniram várias vezes para sintonizar suas políticas, inclusive na Alemanha e na Áustria, em 2016 e 2017, no que se chamou de "Primavera Patriótica". Em 2016, Marine Le Pen argumentou que "estamos vivenciando o retorno dos Estados-nações".[37] A

O NOVO NACIONALISMO E O POPULISMO

proteção do legado e da história da Europa é tema recorrente no discurso de grupos nacionalistas que redirecionam as queixas mútuas históricas aos migrantes muçulmanos, à UE e às elites dominantes. É claro que existem pontos centrais de divergência, pois alguns nacionalistas reivindicam grupos com afinidades étnicas ou territórios (ou ambos) em Estados vizinhos. Por exemplo, sob o governo de Viktor Orbán, a Hungria tem concedido cidadania a húngaros que vivem em países vizinhos, incluindo Eslováquia, Romênia, Ucrânia e Sérvia, aumentando a tensão com esses países.

Outro exemplo que não é baseado em minorias, e sim na combinação de disputas territoriais não resolvidas e queixas históricas, é a tensa relação entre China e Japão. As disputas são baseadas em narrativas históricas conflitantes sobre a Segunda Guerra Mundial, duas potências concorrentes, particularmente com uma assertividade cada vez maior da China, e questões territoriais em aberto. Essas tensões na política externa dos países também se refletem no sentimento popular. Portanto, em 2016, 91,6% dos japoneses e 76,7% dos chineses tinham uma impressão desfavorável ou relativamente desfavorável da outra nação. Essas visões negativas do outro são visíveis em diversos campos, desde estereótipos sobre o suposto caráter nacional até os sistemas políticos atual e passado.[38]

No entanto, elas são altamente voláteis e dependem principalmente de eventos desencadeantes. Em 2013, chegou-se a um pico de visões negativas mútuas durante o conflito entre os dois países pelas ilhas Senkaku/Diaoyu. Quando ocorre essa escalada, os governos, inclusive em regimes mais autocráticos, podem ficar sujeitos a grupos de pressão nacionalistas.[39] Assim, as políticas externas são resultado do sentimento nacionalista, muitas vezes incentivado deliberadamente por governos e a mídia, ao mesmo tempo em que influenciam a percepção pública.

Mesmo quando os populistas chegam ao poder sem fazer muita referência ao nacionalismo, ele pode ser um recurso útil e facilmente evocado. A virada eleitoral e o governo de Rodrigo Duterte nas Filipinas, desde 2016, foram marcados pelo populismo e não pelo nacionalismo. Duterte usou seu estilo de falar grosseiro contra a criminalidade e os adversários

255

políticos para promover uma agenda nacionalista.[40] No entanto, o populismo é facilmente redirecionado para um inimigo nacionalista, seja por reivindicações conflitantes com a China ou laços com os Estados Unidos.

As políticas nacionalistas adotadas por governos podem não apenas gerar conflito e instabilidade no entorno, mas também servir como um modelo maior e um fator de legitimação para movimentos nacionalistas, como destaca o caso da Rússia. Desde que assumiu o cargo, Vladimir Putin vem construindo sua legitimidade doméstica com base no nacionalismo, combinado com o controle autocrático e o restabelecimento do poder de Estado após uma década de fragilidade como resultado do colapso da União Soviética. Essa agenda nacionalista tomou forma na segunda guerra da Chechênia e foi, a princípio, direcionada principalmente à arena doméstica. No entanto, a guerra com a Geórgia, em 2008, bem como o aumento da oposição após as eleições de 2011, levou a uma política mais nacionalista e a um confronto com o Ocidente, culminando na anexação da Crimeia pelos russos em 2014 e na guerra com a Ucrânia.

Assim como os Estados Unidos e a União Europeia, que têm apoiado a democracia e o Estado de Direito nas últimas duas décadas, a Rússia parece ter emergido como defensora do nacionalismo global. Sob Putin, a Rússia se tornou um ator importante na promoção de grupos e atores nacionalistas da extrema direita global, principalmente na Europa e nos Estados Unidos. Primeiro, o país serve de modelo para grupos de extrema direita. Como afirmou Marine Le Pen: "o modelo defendido por Vladimir Putin, de protecionismo racional, zelando pelos interesses de seu próprio país, defendendo sua identidade, é do meu agrado, desde que eu possa defender esse modelo em meu próprio país".[41] A Rússia de Putin encarna a combinação de nacionalismo, autoritarismo e populismo que muitos grupos nacionalistas de extrema direita aspiram emular. Nos últimos anos, o país também rejeitou claramente políticas multiculturais e a proteção de minorias sexuais e se alinhou politicamente à extrema direita. Em segundo lugar, muitos partidos etnopopulistas tentaram estabelecer laços formais com a Rússia, Putin e o partido governante Rússia

Unida (*Yedinaya Rossiya*), incluindo o Reagrupamento Nacional francês e o Partido da Liberdade austríaco. Em terceiro lugar, a Rússia deu ajuda a esses movimentos, tanto em termos financeiros, como um crédito bem documentado à Frente Nacional por meio de um banco tcheco apoiado pela Rússia, quanto em apoio de mídia nos órgãos do governo russo, como RT e Sputnik.[42] Além disso, pode estar dando apoio ilícito a esses grupos e candidatos, como foi alegado com relação à interferência em eleições nos Estados Unidos, na França e em outros lugares.

No entanto, como ator político que promove partidos nacionalistas, a Rússia não é suficiente para explicar a ascensão deles. Embora a mídia russa possa ter servido como caixa de ressonância para as ideias que os partidos promovem e para mensagens etnopopulistas, e o país possa ter dado uma sustentação importante, isso não gerou muito apoio substancial a esses partidos.

A rejeição ao livre comércio e a nacionalização de indústrias ou recursos costumam ser associadas ao nacionalismo, e têm sido uma marca dos movimentos anticoloniais. Na América Latina, esse movimento foi forte nos anos 2000, com governos populistas de esquerda que construíram sua base de poder na oposição à intervenção externa e no anti-imperialismo, como aconteceu na Venezuela, na Bolívia e na Argentina. A virada autoritária, como na Venezuela, ou crises econômicas e de legitimidade enfraqueceram esses regimes, mesmo que alguns tenham se tornado mais virulentos em sua retórica. No entanto, ainda que esses movimentos e governos tenham combinado nacionalismo com populismo de esquerda, o nacionalismo era baseado em queixas legítimas com relação à intervenção estrangeira e ao domínio econômico, principalmente por parte dos Estados Unidos. A vertente econômica do nacionalismo mostra que, como ideologia versátil, ele pode ser associado à esquerda e à direita políticas. O nacionalismo de esquerda, muito difundido na América Latina, costuma ser direcionado contra um "Outro" externo, sejam os Estados Unidos ou uma determinada empresa multinacional. Esse movimento teve sua onda principal bem antes da crise econômica global e foi alimentado, em grande parte, pelo fracasso das políticas econômicas neoliberais de governos anteriores.[43]

CONCLUSÕES

Embora haja boas razões para cautela antes de aceitarmos a narrativa de que há uma nova onda nacionalista global, o nacionalismo continua importante e não há evidências que sugiram seu declínio iminente, nem mesmo uma alternativa clara para estruturar relações sociais e o sistema político global. No passado, impérios, cidades-Estados e teocracias representaram formas alternativas de organizar um sistema de governo. Hoje, os Estados-nações, ou pelo menos aqueles que afirmam sê-lo, são onipresentes. Os Estados que não governam em nome dos cidadãos vinculados à ideia de autogoverno e cidadania comum são raras exceções, como o Vaticano ou o transitório e não reconhecido Estado Islâmico. Isso não significa que o Estado-nação não seja contestado nem que os Estados não possam existir sem uma nação. Alguns estudiosos das relações internacionais chamaram a atual ordem internacional de "neomedievalismo", ou seja, o surgimento de múltiplas camadas sobrepostas de autoridade política e econômica. Considerando as organizações internacionais, os tratados que vinculam muitos países e o poder de atores não estatais destacam que o Estado-nação está longe de ser o único elemento na construção do sistema global. Na verdade, foi o surgimento desses desafios ao Estado-nação que contribuiu para movimentos e partidos nacionalistas antiglobalistas. Alguns deles foram impulsionados pela ascensão do sistema econômico neoliberal global; outros, por tentativas de regulá-los, como, nos últimos anos, a Parceria Transatlântica de Comércio e Investimento (TIIP, na sigla em inglês) entre os Estados Unidos e a Europa ou o Acordo de Livre Comércio da América do Norte (Nafta) (substituído pelo Acordo Estados Unidos-México-Canadá [USMCA] em 2018).

A tentativa mais sofisticada e avançada de restringir o Estado-nação foi o projeto de integração europeia, desde seu estabelecimento como Comunidade Europeia do Carvão e do Aço, em 1952. Embora a iniciativa tenha partido de Estados-nações, eles restringiram deliberadamente sua capacidade de decidir de forma autônoma sobre questões importantes e deram poderes às organizações estabelecidas no marco da integração europeia, como o Tribunal de Justiça da União Europeia. O referendo do Brexit, em 2016, em que 52% dos eleitores britânicos participantes apoiaram a saída da União Europeia, destacou a crise do projeto, bem como o alto nível de integração e enredamento supranacional que o Estado alcançara. O resultado do referendo desencadeou uma mudança política radical, baseada em fortes reivindicações nacionalistas, como "retomar o controle", com fortes conotações anti-imigrantes. Apesar do resultado apertado do referendo, os apoiadores do Brexit estigmatizaram os oponentes como traidores e deram mais peso à saída da UE do que a outras questões políticas, incluindo a preservação da União, à medida que, na Irlanda do Norte, o Acordo de Paz da Sexta-feira Santa era ameaçado e, na Escócia e, em menor grau, no País de Gales, os partidos favoráveis à independência cresceram. Ironicamente, a votação do Brexit, com fortes conotações nacionalistas, arriscou destruir o Reino Unido. A dificuldade do Reino Unido de se desenredar da densa teia de vínculos com a União Europeia demonstrou até que ponto a soberania dos Estados se tornou integrada e entrelaçada.

A UE não procura substituir o nacionalismo, uma vez que a cidadania e a identidade europeias evoluíram para complementar a identidade e a cidadania nacionais. No entanto, ao fazer isso, restringiu o nacionalismo, razão pela qual os partidos de extrema direita e etnopopulistas dão tanta ênfase em tentar limitar os poderes de "Bruxelas". Essa restrição da nação se baseia no compromisso voluntário de seus membros, e pode ser desfeita ou transformada segundo a vontade do Estado e de seus cidadãos. Essa restrição autoimposta sofreu pressão em função das múltiplas crises enfrentadas pela UE, incluindo a econômica e monetária, o Brexit e a migração, bem como o declínio da democracia liberal. Ao mesmo tempo, a UE desfruta de apoio contínuo e crescente, em grande parte devido ao tratamento desastroso dado ao Brexit no Reino Unido. Além disso, um número recorde de cidadãos do bloco se identifica como europeu. Embora não mais uma pequena minoria se identifique apenas com essa condição (2%, segundo o Eurobarômetro de 2018), o número de europeus é mais ou menos o mesmo dos gregos ou tchecos na UE, e é maior do que o de cidadãos de 16 Estados-membros. Sendo possível ter múltiplas identidades, a maioria dos europeus se vê como cidadão de seu país e da União Europeia, e essas tendências aumentaram durante um período considerado basicamente de crescimento do nacionalismo.[44] Isso não significa que a europeidade esteja substituindo o nacionalismo, mas é uma importante tendência a contrabalançá-lo. Apesar da existência de organizações internacionais que emulam a UE, como a União Africana, nenhum outro projeto supranacional de integração política deu frutos até hoje. Não quer dizer que não haja alternativas às nações e aos nacionalismos fora da UE. De acordo com a Pesquisa Mundial de Valores (2010-2014), nos países pesquisados, a maioria também se considerava cidadão do mundo, com índices especialmente altos em países tão diferentes quanto Equador, Gana, Nigéria e Catar.[45] Esses números não sugerem que os entrevistados não estejam ligados às suas identidades nacionais ou subnacionais, mas apontam para a multiplicidade de pertencimentos que as pessoas podem escolher. A importância do pertencimento nacional é circunstancial, e não absoluta. A insegurança, o medo cultural ou econômico, reforçados por um ambiente político e social favorável, conferem maior importância ao pertencimento nacional do que a ser cidadão de uma determinada cidade ou do mundo, mulher ou trabalhador, homossexual ou idoso, e os muitos outros atributos dentre os quais os indivíduos escolhem. O nacionalismo pressupõe a subordinação desses outros marcadores de identidade. Como resultado, o nacionalismo virulento é cíclico e circunstancial e requer a presença sutil de uma nação latente na qual se basear.

260

O NOVO NACIONALISMO E O POPULISMO

PENSANDO
SOBRE NAÇÕES

Pensar sobre nações e nacionalismo continua sendo uma tarefa para historiadores? Tem quem ache que sim. Recentemente, a importante historiadora estadunidense Jill Lepore disse que a História nacional e, portanto, a escrita sobre a nação deveria ser resgatada pelos historiadores: "Quando os historiadores abandonam o estudo da nação, quando os estudiosos param de tentar escrever uma História comum para um povo, o nacionalismo não morre. Ele engole o liberalismo".[46] Seu argumento sugere que os estudiosos não devem abandonar a tarefa de traçar a História das nações e, assim, influenciar as narrativas que a História nacional acarreta. Em essência, significa aceitar o marco da nação (e do Estado-nação) para os estudos acadêmicos e influenciá-lo ao mesmo tempo. No entanto, há o risco de isso se tornar nacionalismo metodológico, ou seja, aceitar e reproduzir as nações como principal marco de análise e, assim, reforçar a nação como principal unidade constitutiva da organização social. Histórias nacionais ou outras áreas de estudo que discutem nações costumam partir do pressuposto de que elas são as únicas unidades de análise, ou pelo menos as mais importantes. Embora, como este livro mostrou, possa ser esse o caso do mundo contemporâneo, as Histórias nacionais muitas vezes projetam esse marco no passado distante (ou recente), quando a nação não existia ou, pelo menos, não tinha tanta importância. Assim, elas sugerem que os Estados e sociedades pré-modernos são precursores diretos ou mesmo expoentes iniciais da nação contemporânea.

Levar a sério a nação e o nacionalismo e não os descartar como conceito passageiro ou atrasado é imperativo para os estudos acadêmicos. Ao mesmo tempo, deve-se evitar a suposição de que as nações são unidades fixas no tempo e no lugar, às quais um grupo predeterminado de pessoas pertence. De uma perspectiva normativa, o nacionalismo pode ser considerado inerentemente excludente e hierárquico e, portanto, conflitante com um entendimento cosmopolita que enfatiza valores universais compartilhados e a multiplicidade de identidades.[47] Por outro lado, o nacionalismo também pode ser visto como integrador e includente, pois proporciona identificação aos seus membros, independentemente de gênero ou classe, pelo menos em sua variante mais liberal.[48] Ambas as abordagens normativas têm seus méritos, mas enfatizam a mesma premissa de que o nacionalismo é uma questão de criar grupos que promovam a inclusão entre seus membros e a exclusão de outros. Os Estados contemporâneos se baseiam na premissa de uma comunidade de cidadãos que não precisam pertencer à mesma nação e, em muitos países, não pertencem. No entanto, para que seja legítimo e aceito aos olhos dos cidadãos, o governo – incluindo governante e regras de governo – precisa ser autodeterminado. Esse "auto" muitas vezes se refere a uma nação, indo desde a noção de "patriotismo constitucional",[49] no qual a qualidade do governo gera lealdade para com a comunidade que governa e por parte dela, até o nacionalismo virulento e excludente que governa jogando uns contra outros.

Como observou o teórico cultural britânico Stuart Hall (1932-2014), "a identidade se torna uma 'festa móvel': formada e transformada continuamente em relação às maneiras como somos representados ou tratados nos sistemas culturais que nos cercam. Dentro de nós existem identidades contraditórias que tracionam em direções diferentes, de modo que nossas identificações estão sendo deslocadas o tempo todo".[50] Como resultado, o nacionalismo está competindo e se entrelaçando com outras formas de identidade.

Embora possa ser onipresente, o nacionalismo também é versátil. Como este livro mostrou, ele não pode ser resumido a movimentos radicais de extrema direita. O nacionalismo latente é uma força importante na maioria das sociedades, em um amplo espectro político e social. Em vez de ser conceitualizado como força única e homogênea, assume uma infinidade de variações que costumam competir dentro de uma nação. Da visão excludente da nação, que busca expulsar as minorias, às concepções includentes, a maior parte das sociedades se depara com nacionalismos conflitantes. A forma que prevalece não é predeterminada nem estabelecida de modo permanente. Para a evolução histórica dos movimentos nacionais, conforme discutido ao longo deste livro, certamente é importante se a nação se baseou na inclusão de imigrantes ou se estabeleceu a partir da ascendência. Muitos exemplos também destacam que a autocompreensão original sobre onde estão os limites das nações muda e é renegociada. O "Outro" do qual as nações se distinguem nunca é o mesmo e pode variar de minorias a vizinhos, potências imperiais e coloniais ou alguma elite global. A natureza do outro contribui para o caráter excludente e virulento da nação. As nações não são sempre as mesmas, elas se tornaram o que são e podem ser transformadas e modificadas, tanto por aqueles que afirmam falar por elas como pela escolha de seus membros e até de outros, que alteram os seus limites.

Assim, as nações costumam ser definidas e redefinidas por nacionalismos conflitantes, que oferecem diferentes interpretações sobre a comunidade política compartilhada. Apesar de toda a sua diversidade interna, o nacionalismo também tem sido um importante mecanismo de homogeneização. Ele imagina a nação de uma maneira específica, e força ou estimula os membros da comunidade a aderir a essa visão. Isso pode ofuscar e descartar dinâmicas individuais de identidade muito mais complexas, que envolvem diversos idiomas, históricos familiares e tradições. Assim, o nacionalismo raramente respeita a complexidade da tradição e do passado e, em geral, impõe um espartilho no qual todos os seus membros devem caber. A rigidez dessa estrutura e sua imposição forçada variam de acordo com o tipo de nacionalismo. No final das contas, ele se tornou e continua sendo um poderoso elemento de simplificação e uma estrutura para as relações humanas que nega muito da complexidade humana e a organiza ao longo de uma única linha de diferenciação: a nação.

LEITURAS
COMPLEMENTARES E
UM GUIA PARA DEBATES
FUNDAMENTAIS

———————

Este livro traçou o surgimento e a ascensão das nações e do nacionalismo em todo o mundo, incluindo as diversas formas que o fenômeno pode assumir, do nacionalismo banal e cotidiano ao violento conflito étnico, das políticas e atitudes em relação à migração ao recente crescimento do nacionalismo. Embora sejam mencionados autores primordiais ao longo do livro, os capítulos não visam apresentar uma discussão sistemática sobre importantes debates ou teorias acerca do nacionalismo. Esta parte final servirá como guia para leituras complementares e debates fundamentais identificados nos capítulos anteriores, apontando os textos mais importantes da área para aprofundar

265

a leitura, bem como recursos da internet em termos de fontes primárias e repositórios de literatura secundária. Esses textos são apenas a ponta do iceberg, pois há uma literatura rica e ampla sobre nacionalismo em múltiplas disciplinas e em pesquisas interdisciplinares, incluindo uma perspectiva teórica e comparativa, além de numerosos estudos de caso.

Os estudiosos vêm tratando da questão das nações e do nacionalismo desde suas origens, no final do século XVIII e início do XIX. No início da década de 1800, muitos daqueles que escreviam sobre nações eram "inventores" ou, como viam a si próprios, descobridores de nações. Os primeiros estudos se concentravam em descrever as características de suas próprias nações, codificando línguas e histórias.

Essas contribuições são mais importantes como fontes primárias do que como desenvolvimento de uma visão acadêmica sobre o nacionalismo. Um dos primeiros estudiosos a discutir o nacionalismo com maior distanciamento crítico foi Ernest Renan, que, em uma palestra na Sorbonne, em 1882, sobre "O que é uma nação?" apresentou uma visão importante acerca da centralidade dos indivíduos e sua identificação com uma determinada nação.[1]

Os principais estudiosos dos campos da Sociologia e da História que contribuíram para o desenvolvimento inicial da pesquisa sobre nacionalismo foram Max Weber,[2] Karl Deutsch[3] e Hans Kohn,[4] refletindo uma perspectiva da Europa Central, moldada, em grande medida, pela herança alemã e judaica. Mais tarde, Elie Kedourie, ele próprio um historiador britânico de origem judaico-iraquiana, desenvolveu uma perspectiva mais global sobre o nacionalismo e o criticou de uma perspectiva conservadora.[5] Além disso, os historiadores escreveram Histórias nacionais, mas elas são principalmente narrativas, e poucos estudos oferecem uma perspectiva sistemática, teórica e comparativa.[6]

Um importante avanço nos estudos sobre o nacionalismo ocorreu no início da década de 1980, quando três estudiosos – o historiador britânico Eric Hobsbawm, o sociólogo, também britânico, Ernest Gellner e o cientista político estadunidense Benedict Anderson – publicaram três textos fundamentais sobre as origens e o desenvolvimento do nacionalismo. Os três afirmam que sua ascensão está intimamente ligada à modernização e à consolidação do Estado contemporâneo. Anderson deu mais ênfase às ferramentas que viabilizavam uma nação, como a língua vernácula, secular.[7] Hobsbawm, vindo de uma perspectiva marxista, inicialmente se concentrou nos aspectos de classe do nacionalismo, mas deu sua contribuição mais significativa ao defini-lo como uma ideologia e descrever os mecanismos pelos quais ele é entendido como invenção de nações.[8] Gellner atribui maior peso à industrialização e ao surgimento de um Estado contemporâneo, o que o situa firmemente em uma visão europeia de nação.[9] Anderson, por outro lado, apresentou uma perspectiva mais global e refletiu sobre como o nacionalismo se difundiu pelos impérios coloniais. Todos os três rejeitavam a noção de nações pré-modernas. Um autor menos destacado, mas ainda importante nessa onda de literatura nacionalista, é o britânico John Breuilly, que também contribuiu para a abordagem modernista e se concentrou no papel do Estado.[10] Além de desenvolver um amplo leque de explicações sobre a ascensão do nacionalismo no período contemporâneo, esses estudos também fizeram uma diferenciação conceitual entre nações e nacionalismo e exploraram sua relação causal.

Outros estudiosos, incluindo o historiador britânico Anthony Smith e o cientista político estadunidense Walker Connor, trataram das origens étnicas pré-modernas das nações e da importância dos símbolos e mitos em sua evolução. Embora não afirmem que as nações existiam antes da era moderna, eles apontam para continuidades históricas e a identidade étnica que precedeu a ascensão da nação contemporânea.[11]

Uma contribuição fundamental foi dada por Michael Billig em seu livro *Banal Nationalism*, no qual ele desloca o foco, passando da revolução e das perspectivas centradas nos conflitos sobre o nacionalismo para sua manifestação banal e cotidiana.[12] Com essa obra, o autor abriu um grande campo de pesquisa sobre o nacionalismo cotidiano, destacando as práticas que os Estados-nações e as sociedades promovem para estabelecer um sentimento de pertencimento nacional. Esse também é o foco do trabalho de Siniša Malešević, que afirma que o nacionalismo não é um fenômeno marginal nem sujeito a crescimentos repentinos, e sim está enraizado e incorporado na estrutura das sociedades e dos Estados contemporâneos.[13] Essa visão é complementada por uma perspectiva construtivista, como a do sociólogo estadunidense Rogers Brubaker, que chama a atenção para o fato de que as nações e o nacionalismo não apenas são produtos de processos e atores anteriores, mas exigem reafirmação e, portanto, são construídos e reconstruídos o tempo todo.[14] Consequentemente, essa visão tem se preocupado menos com o surgimento do nacionalismo e sua evolução histórica e mais com os mecanismos de como ele continua importante quando o Estado-nação passa a existir.

Outra vertente da literatura nacionalista sustenta que o nacionalismo está intimamente ligado à democracia e à comunidade contemporânea e, portanto, poderia ser interpretado como uma força positiva que cria laços de solidariedade na sociedade atual. Essa abordagem é representada por Liah Greenfeld, historiadora estadunidense,[15] e Yael Tamir, estudiosa e ex-política israelense.[16] Greenfeld enfatiza a ligação lógica entre nação e democracia, já que o nacionalismo cria uma comunidade de iguais. Da mesma forma, o sociólogo suíço Andreas Wimmer afirmou que a construção de nação, entendida como o processo de criação de uma comunidade política em torno de uma nação, é uma característica crucial dos Estados bem-sucedidos.[17]

Outros pesquisadores exploraram as interligações entre violência em massa e nacionalismo. O papel da limpeza étnica e da violência tem constituído um campo crescente, com contribuições importantes do sociólogo Michael Mann sobre as ligações entre democracia e violência étnica.[18] A limpeza étnica tem sido explorada como política de Estado pelos historiadores Norman Naimark,[19] estadunidense, e Philip Ther, alemão.[20] Ambos demonstram que as expulsões em massa, sejam elas chamadas de "limpeza étnica" ou "trocas populacionais", têm sido parte integrante da democratização e do nacionalismo, principalmente quando nações e Estados são incongruentes e as nações dominantes procuram afirmar seu domínio ou o consideram ameaçado.

Com o surgimento de uma perspectiva pós-colonial e uma crítica ao orientalismo, os estudiosos também abordaram a visão eurocêntrica do nacionalismo e até onde ele é, fora da Europa, uma simples imitação de tendências europeias.[21] O próprio Edward Said criticou a visão europeia sobre o Oriente e apontou seus vínculos com o colonialismo. Ao mesmo tempo, destacou a função positiva que o nacionalismo poderia ter nos movimentos de libertação nacional, inclusive no palestino, mas também se preocupou sobre como ele poderia descambar para o chauvinismo.[22]

Outros, como Homi K. Bhabha, um estudioso indiano-inglês, enfatizam a distribuição desequilibrada e desigual do poder global e o papel que a nação desempenha nela, explorando o mimetismo e a liminaridade.[23]

Além de uma perspectiva pós-colonial crítica, os Estudos feministas e de gênero deram importantes contribuições à pesquisa sobre o nacionalismo. Por muito tempo, os estudos sobre nacionalismo ignoraram sua dimensão de gênero. Isso mudou nas últimas décadas, à medida que os Estudos de gênero se concentraram no nacionalismo e nos papéis de gênero, com a sexualidade se tornando um tema de pesquisa cada vez mais importante. Nira Yuval-Davis, socióloga britânica, tem sido pioneira nesse campo ao afirmar que o nacionalismo muitas vezes pressupõe e reforça determinados papéis de gênero.[24] Outros estudiosos observaram que os movimentos feministas e o nacionalismo não são inerentemente contraditórios e coincidem com frequência, e que existe nacionalismo feminista.[25] Estudos recentes sobre a inter-relação entre sexualidade, gênero e nação enfatizam que a relação é complicada, já que movimentos nacionalistas podem se apropriar do feminismo ou dos direitos das minorias sexuais e incorporar visões divergentes de masculinidade.[26] Essa pesquisa também incorpora a orientação sexual e outros tipos de violência sexual como temas nos quais estudos de gênero e nacionalismo se cruzam.

O conflito étnico gerou seu próprio e extenso corpo de literatura, buscando explicar as causas e a dinâmica da violência relacionada à identidade. Um estudo abrangente e clássico sobre o conflito étnico, bem como suas causas, com foco no desenvolvimento desses conflitos na África e na Ásia, foi *Ethnic Groups in Conflict*, do cientista político e advogado estadunidense Donald Horowitz. Nele, Horowitz procura explicar por que alguns grupos se rebelam contra o Estado e como ocorre a polarização em sociedades etnicamente divididas.[27] A literatura subsequente sobre o assunto abordou diferentes temas e explicações relacionados à violência étnica.[28] Algumas obras enfatizaram queixas, como privação e privação relativa,[29] enquanto outras trataram do uso das emoções.[30] As abordagens baseadas na escolha racional, por outro lado, têm dado mais ênfase a oportunidades e estruturas que possibilitam o conflito,[31] como fatores e recursos econômicos, a composição demográfica de uma sociedade e a geografia como condições que contribuem, propostos por autores como os economistas Paul Collier e Anke Hoeffler[32] e o cientista político estadunidense David D. Laitin.[33]

Nos últimos anos, tem sido publicado um grande número de livros sobre populismo e extrema direita, bem como sobre o que tem sido chamado de "novo" nacionalismo.[34] Grande parte dessa literatura se concentra menos no nacionalismo em si e mais no nacionalismo ou no nativismo como um dos fatores que contribuem para o populismo ou o autoritarismo.[35] Outros têm procurado explorar a atividade política promovida por partidos de extrema direita na Europa e na América do Norte, como o cientista político holandês Cas Mudde.[36]

Uma infinidade de disciplinas e estudos culturais, historiadores, cientistas políticos, sociólogos, economistas, antropólogos, entre outros, deram contribuições importantes ao campo dos estudos do nacionalismo. Hoje em dia, as bibliotecas podem estar repletas de obras sobre o assunto, incluindo estudos de caso com foco em pequenas comunidades, cidades e regiões, Estados e nações, e continentes. Muitas vezes, os diálogos são tão diversos e estreitos que dificilmente há um debate único sobre nacionalismo, e sim muitos deles, o que é positivo, pois se reconhece a complexidade dos fenômenos, mas também se corre o risco de fragmentar a discussão em subseções cada vez mais especializadas, com pouca comunicação entre si.

Neste livro, observei muitas vezes a "nacionalidade" dos principais estudiosos a que me refiro. É um sinal para que o leitor destaque o contexto em que eles atuam, mas também um pequeno lembrete de como a nação pode se tornar um marcador importante, que provavelmente a maioria dos leitores mal percebe.

FONTES COMPLEMENTARES

Há vários textos que delineiam com eficácia os principais debates teóricos[37] e o desenvolvimento recente no campo dos estudos do nacionalismo.[38] Em termos de panoramas gerais e coletâneas de ensaios, destaca-se o *Oxford Handbook of the History of Nationalism*.[39] Não há compêndios recentes sobre nacionalismo, mas uma série de coleções de textos primários e secundários sobre o tema, publicados principalmente na década de 1990, continua relevante.[40]

As principais fontes na internet incluem "The State of Nationalism: An International Review", que oferece artigos atualizados, escritos por estudiosos importantes da área e fontes bibliográficas.[41] O "Nationalism Project" não é atualizado desde 2010, mas contém algumas fontes, incluindo definições e textos importantes.[42] H-Nationalism[43] e Ethnopolitics[44] são importantes, oferecendo listagens, resenhas de livros, debates e anúncios de conferências.

Os periódicos mais importantes na área incluem *Nations and Nationalism, Ethnopolitics, Nationalism and Ethnic Politics, Ethnic and Racial Studies, Nationalism and Ethnic Politics*, além de *Nationalities Papers* e *Studies in Ethnicity & Nationalism*.

Agradecimentos

O nacionalismo e a importância das nações me acompanham desde a infância, pois cresci no ambiente multilíngue e multinacional de Luxemburgo, onde era normal conviver com diferentes nações, bem como ouvir e falar vários idiomas. Lá eu me identifiquei como europeu, e continuo me identificando desde então, sabendo que essa identidade, em si, é heterogênea e enfrenta a persistência do nacionalismo. Foram o nacionalismo radical e as guerras travadas com base em reivindicações de nacionalidade que me permitiram compreender e explorar o espaço pós-iugoslavo. O que explica o nacionalismo e a violência em massa naquela região não é alguma espécie de ódio tribal e supostamente ancestral. Na verdade, a persistência do nacionalismo como força poderosa no mundo de hoje oferece uma explicação que se estende bem além do sudeste da Europa.

Sou grato à editora Bloomsbury e a Peter N. Stearns por me darem a oportunidade de fazer uma reflexão mais ampla sobre a ascensão das nações, tanto em termos de espaço quanto de tempo. Ao longo dos anos, a comunidade intelectual da Associação para o Estudo das

Nacionalidades (Association for the Study of Nationalities) foi muito importante para mim. As convenções, a revista *Nationalities Papers* (que tive o prazer de editar por quatro anos) e as trocas com os colegas têm sido uma inspiração e uma fonte de aprendizado contínuo.

Além disso, sou especialmente grato aos alunos que contribuíram para as aulas sobre nacionalismo que tive o prazer de ministrar nas Universidades de Graz, Centro-Europeia e de Cornell, bem como nas de Sarajevo e Belgrado. As perguntas e reflexões deles têm sido um excelente guia para tornar mais claro o meu pensamento sobre o nacionalismo.

Também sou grato à revista *Ethnopolitics* pela publicação de um simpósio sobre meu artigo "Is Nationalism on the Rise? Assessing Global Trends" (*Ethnopolitics* 17, n. 5 [2018]: 519-540), para o qual me baseio nos capítulos "Os primórdios do nacionalismo e das nações", "Introdução" e "O novo nacionalismo e o populismo", e nos comentários perspicazes de Erin Jenne, Zsuzsa Csergö e Siniša Malešević. Além disso, gostaria de agradecer a Paul Butcher pela revisão deste livro. Por fim, meus agradecimentos à Universidade de Graz pelo apoio financeiro.

É tentador e fácil desconsiderar o nacionalismo como sendo uma força retrógrada e negativa que causou considerável sofrimento humano nos últimos dois séculos, mas essa perspectiva ignoraria sua importância para muitos e a complexidade de sua história multifacetada. Neste livro, procuro compreender a onipresença das nações e o poder do nacionalismo, em vez de julgá-lo.

Notas

"Introdução"

1. Eric J. Hobsbawm, *Nations and Nationalism since 1780: Programme, Myth, Reality* (Cambridge: Cambridge University Press, 1990), 192. (Ed. brasileira: *Nações e nacionalismo desde 1780*, Rio de Janeiro: Paz e Terra, 2012.)

2. Anthony D. Smith, *The Nation in History: Historiographical Debates about Ethnicity and Nationalism* (Hanover, NH: University Press of New England), 76. (Ed. portuguesa: *Nações e nacionalismo numa era global*, Oeiras: Celta, 1999.)

3. Peter Alter, *Nationalism* (London: Hodder Education, 1994), 2.

4. Emmanuel Macron, "Discours du President de la Republique, Emmanuel Macron, à la ceremonie internationale du Centenaire de l'Armistice du 11 Novembre 1918 a l'Arc de Triomphe", *Élysée*, 12 nov. 2018, texto em francês disponível em: https://www.elysee.fr/emmanuelmacron/2018/11/12/discours-du-president-de-la-republique-emmanuelmacron-a-la-ceremonie-internationale-du-centenaire-de-lar-mistice-du-11-novembre-1918-a-larc-de-triomphe (Acesso em: 16 ago. 2019).

5. Andreas Wimmer, "Why Nationalism Works", *Foreign Affairs*, março/abril 2019, 27.

6. James Boswell, *Life of Johnson*, resumido e editado, com introdução de Charles Grosvenor Osgood (Project Gutenberg EBook, 2006).

7. Yael Tamir, "In Defense of Nationalism", *Project Syndicate*, 19 dez. 2018, texto em inglês disponível em: https://www.project-syndicate.org/commentary/nationalism-often-beneficial-by-yael-yuli-tamir-2018-12?barrier=accesspaylog (Acesso em: 16 ago. 2019).

8. Ver Umut Ozkırımlı, *Theories of Nationalism: A Critical Introduction* (New York: St. Martin's Press, 2000).

9. Mark Mazower, *No Enchanted Palace: The End of Empire and the Ideological Origins of the United Nations* (Princeton, NJ: Princeton University Press, 2009).

10. J. V. Stalin, *Marxism and the National Question* (1913), texto em inglês disponível em: https://www.marxists.org/reference/archive/stalin/works/1913/03a.htm (Acesso em: 16 ago. 2019).

11. Max Weber, *From Max Weber: Essays in Sociology* (Abingdon: Routledge, 2009), 172. (Ed. brasileira: *Ensaios de Sociologia*. Organização e Introdução: H. H. Gerth e C. Wright Mills, Rio de Janeiro: LTC, 1982.)

12. Karl Deutsch, *Nationalism and Social Communication* (Cambridge, MA: MIT Press, 1953), 101.

[13] Ernest Gellner, *Nations and Nationalism* (Ithaca, NY: Cornell University Press, 1983), 6-7. (Ed. brasileira: *Nações e nacionalismo*, São Paulo: Gradiva, 1997.)

[14] Andreas Wimmer, *Nation Building. Why Some Countries Come Together While Others Fall Apart* (Princeton, NJ: Princeton University Press, 2018).

[15] Rogers Brubaker, *Nationalism Reframed: Nationhood and the National Question in the New Europe* (Cambridge: Cambridge University Press, 1996), 6-7.

[16] Michael Billig, *Banal Nationalism* (London: Sage, 1994).

[17] Rogers Brubaker, *Ethnicity without Groups* (Cambridge, MA: Harvard University Press, 2004).

[18] A diferenciação feita por Kohn já foi criticada a partir de várias perspectivas. Ver, por exemplo, Stephen Shulman, "Challenging the Civic/Ethnic and West/East Dichotomies in the Study of Nationalism", *Comparative Political Studies* 35, no. 5 (2002): 554-585; Rogers Brubaker, "The Manichean Myth: Rethinking the Distinction between 'Civic' and 'Ethnic' Nationalism", in *Nation and National Identity*, orgs. Hanspeter Kriesi, Klaus Armington, Hannes Siegrist, and Andreas Wimmer (Chur: Verlag Rüegger, 1999), 55-71.

[19] Rogers Brubaker, *Citizenship and Nationhood in France and Germany* (Cambridge, MA: Harvard University Press, 1992).

[20] Cas Mudde, "Introduction to the Populist Radical Right", in *The Populist Radical Right. A Reader*, org. Cas Mudde (London: Routledge, 2017), 4.

[21] Fredrik Barth, "Introduction", in *Ethnic Groups and Boundaries. The Social Organization of Cultural Difference*, org. Fredrik Barth (Oslo: Universitetsforlaget, 1968), 15.

[22] Andreas Wimmer e Nina Glick Schiller, "Methodological Nationalism and Beyond: Nation-State Building, Migration and the Social Sciences", *Global Networks* 2, no. 4 (2002): 301-334.

"Os primórdios do nacionalismo e das nações"

[1] Ernest Renan, "Qu'est-ce qu'une nation?" (Paris: Presses-Pocket, 1992). Ernest Renan, "What is a Nation?", trad. Ethan Rundell, texto em inglês disponível em: http://ucparis.fr/files/9313/6549/9943/What_is_a_Nation.pdf (Acesso em: 16 ago. 2019).

[2] Hellenic Republic Ministry of Foreign Affairs, https://www.mfa.gr/en/fyrom-name-issue/ (Acesso em: 1 jan. 2019), removido após a ratificação do acordo sobre o nome entre a Grécia e a Macedônia do Norte.

[3] Ministry of Foreign Affairs of the Republic of Armenia, "Nagorno-Karabakh Issue", texto em inglês disponível em: https://www.mfa.am/en/nagornokarabakh-issue (Acesso em: 1 jan. 2019).

[4] Republic of Azerbaijan Ministry of Foreign Affairs, "Ancient History: Etymology, Territory and Borders", texto em inglês disponível em: http://www.mfa.gov.az/en/content/801 (Acesso em: 1 jan. 2019).

[5] Eric Hobsbawm e Terence Ranger, "Introduction", in *The Invention of Tradition*, org. Eric Hobsbawm e Terence Ranger (Cambridge: Cambridge University Press, 1983).

[6] Derek Hastings, *Nationalism in Modern Europe* (London: Bloomsbury, 2018), 59.

[7] Renan, "What is a Nation?".

[8] Anthony D. Smith, *Ethno-symbolism and Nationalism: A Cultural Approach* (London: Routledge, 2009).

[9] Adrian Hastings, *The Construction of Nationhood: Ethnicity, Religion and Nationalism* (Cambridge: Cambridge University Press, 1997), 5.

[10] Charles Tilly, *The Formation of Nation States in Western Europe* (Princeton, NJ: Princeton University Press, 1975), 42.

[11] Andreas Wimmer, *Nation Building. Why Some Countries Come Together While Others Fall Apart* (Princeton, NJ: Princeton University Press, 2018).

[12] Fonte: "Emmanuel-Joseph Sieyès, *What is the Third Estate?* (1789)", texto em inglês disponível em: https://pages.uoregon.edu/dluebke/301ModernEurope/Sieyes3dEstate.pdf (Acesso em: 24 jun. 2019).

[13] Benedict Anderson, *Imagined Communities, Reflections on the Origin and Spread of Nationalism*, edição revisada e ampliada (London: Verso, 1991).

[14] Nicholas Tackett, *The Origins of the Chinese Nation: Song China and the Forging of an East Asian World Order* (Cambridge: Cambridge University Press, 2017).

Notas

"A disseminação do nacionalismo e dos Estados-nações na Europa"

1. Fonte: Johann Gottlieb Fichte, "Addresses to the German Nation/Thirteenth Address", trad. Reginald Foy Jones, texto em inglês disponível em: https://en.wikisource.org/wiki/Addresses_to_the_German_Nation/Thirteenth_Address (Acesso em: 24 jun. 2019).

2. Derek Hastings, *Nationalism in Modern Europe* (London: Bloomsbury, 2018), 28-49.

3. Ernest Gellner, *Nations and Nationalism* (Ithaca, NY: Cornell University Press, 1983), 55.

4. Jurgen Osterhammel, *The Transformation of the World: A Global History of the Nineteenth Century* (Princeton, NJ: Princeton University Press, 2015).

5. John Stuart Mill, *Considerations on Representative Government*, texto em inglês disponível em: https://www.gutenberg.org/files/5669/5669-h/5669-h.htm (Acesso em: 17 ago. 2019). (Ed. brasileira: *Considerações sobre o governo representativo*, Porto Alegre: L&PM Pocket, 2018.)

6. Charles L. Killinger, *The History of Italy* (Westport, CT: Greenwood Press, 2002), 1.

7. Graham Robb, *The Discovery of France: A Historical Geography from the Revolution to the First World War* (New York: Norton, 2007), 10-15.

8. David A. Bell, *The Cult of the Nation in France: Inventing Nationalism, 1680-1800* (Cambridge, MA: Harvard University Press, 2001), 208.

9. Eugene Weber, *Peasants into Frenchmen. The Modernization of Rural France* (Stanford, CA: Stanford University Press, 1976), 485.

10. Andreas Wimmer, *Nation Building: Why Some Countries Come Together While Others Fall Apart* (Princeton, NJ: Princeton University Press, 2018), 45-68.

11. Tara Zahra, "Imagined Noncommunities: National Indifference as a Category of Analysis", *Slavic Review* 69, no. 1 (2010): 98.

12. Ernest Renan, *Qu'est-ce qu'une nation?* (Paris, Presses-Pocket, 1992). Ernest Renan, "What is a Nation?", trad. Ethan Rundell, texto em inglês disponível em: http://ucparis.fr/files/9313/6549/9943/What_is_a_Nation.pdf (Acesso em: 16 ago. 2019).

13. Miroslav Hroch, *Social Preconditions of National Revival in Europe* (Cambridge: Cambridge University Press, 1985).

14. Voltaire, "Essai sur les moeurs et l'esprit des nations", in *Oeuvres completes de Voltaire*, organizado por by Louis Moland, vol. 11 (Paris: Garnier, 1877-1885), 542, texto em francês disponível em: https://fr.wikisource.org/wiki/Essai_sur_les_m%C5%93urs (Acesso em: 17 ago. 2019).

15. Luciano Monzali, *The Italians of Dalmatia: From Italian Unification to World War* (Toronto: University of Toronto Press, 2009).

16. Otto Bauer, *The Question of Nationalities and Social Democracy* (Minneapolis: University of Minnesota Press, 2000).

17. Andreas Kappeler, *The Russian Empire: A Multi-ethnic History* (Abingdon: Routledge, 2001).

18. Nicholas Mansergh, *The Irish Question, 1840-1921* (London: Allen & Unwin, 1965).

19. Robert Lansing, *The Peace Negotiations. A Personal Narrative* (Boston, MA: Houghton Mifflin Company, 1921), 97.

20. Robert O. Paxton, *The Anatomy of Fascism* (New York: Vintage, 2004).

21. Ion S. Munro, *Through Fascism to World Power. A History of the Revolution in Italy* (London: Alexander Maclehose, 1933), 303-304, 307-308.

22. Joseph Goebbels, "Nun, Volk steh auf, und Sturm brich los! Rede im Berliner Sportpalast", in *Der steile Aufstieg* (Munich: Zentralverlag der NSDAP, 1944), 167-204, texto em inglês disponível em: https://research.calvin.edu/german-propaganda-archive/goeb36.htm (Acesso em: 17 ago. 2019).

23. Paul Hanebrink, *A Specter Haunting Europe: The Myth of Judeo-Bolshevism* (Cambridge, MA: Belknap Press, 2018).

24. Vladimir Ilyich Lenin, "The Right of Nations to Self-Determination", in Vladimir Ilyich Lenin, *Collected Works*, vol. 20 (Moscow: Progress Publishers, 1972), 393-454, texto em inglês disponível em: https://www.marxists.org/archive/lenin/works/1914/self-det/ch05.htm (Acesso em: 17 ago. 2019).

25. Em 2010, menos de 1% dos 176.558 habitantes eram judeus.

"A disseminação global do nacionalismo e a descolonização"

[1] Partha Chatterjee, *The Nation and its Fragments. Colonial and Postcolonial Histories* (Princeton, NJ: Princeton University Press, 1993), 5.

[2] Idem, 6.

[3] Anne McClintock, *Imperial Leather. Race, Gender and Sexuality in the Colonial Contest* (London: Routledge, 1995), 5.

[4] Benedict Anderson, *Imagined Communities Reflections on the Origin and Spread of Nationalism*, 2. ed. (London: Verso, 1991), 4.

[5] Michael Hechter, *Internal Colonialism: Celtic Fringe in British National Development, 1536-1966* (Berkeley: University of California Press, 1975). Na França, a Córsega cumpriu um papel semelhante como franja celta, mas também foi uma fonte privilegiada de colonos e administradores, o que fez dela uma região colonizada e colonizadora. Robert Aldrich, "Colonialism and Nation-Building in Modern France", in *Nationalizing Empires*, orgs. Stefan Berger e Alexei Miller (Budapest: CEU Press, 2015), 135-194.

[6] *All African People's Conference*, Accra, 1958, texto em inglês disponível em: http://credo.library.umass.edu/view/pageturn/mums312-b148-i017/#page/1/mode/1up (Acesso em: 17 ago. 2019).

[7] Fonte: United Nations, "The United Nations and Decolonization", texto em inglês disponível em: https://www.un.org/en/decolonization/declaration.shtml (Acesso em: 24 jun. 2019).

[8] Immanuel Wallerstein, *Africa: The Politics of Independence and Unity* (Lincoln: University of Nebraska Press, 2005), 88.

[9] M. S. Golwalkar, *We or Our Nationhood Defined* (Nagpur: Bharat Publications, 1939), 94.

[10] Mohammad Ali Jinnah, *Address by Quaid-i-Azam Mohammad Ali Jinnah at Lahore Session of Muslim League, March, 1940* (Islamabad: Directorate of Films and Publishing, Ministry of Information and Broadcasting, Government of Pakistan, 1983), 5-23, texto em inglês disponível em: http://www.columbia.edu/itc/mealac/pritchett/00islamlinks/txt_jinnah_lahore_1940.html (Acesso em: 17 ago. 2019).

[11] Fonte: Jawaharlal Nehru, "A Tryst with Destiny", *The Guardian*, 1 mai. 2007, texto em inglês disponível em: https://www.theguardian.com/theguardian/2007/may/01/greatspeeches (Acesso em: 24 jun. 2019).

[12] Zhaoguang Ge, *What is China? Territory, Ethnicity, Culture, and History* (Cambridge, MA: The Belknap Press of Harvard University Press, 2018).

[13] Chalmers A. Johnson, *Peasant Nationalism and Communist Power: The Emergence of Revolutionary China 1937-1945* (Stanford, CA: Stanford University Press, 1962), 5.

[14] *Fonte:* World Intellectual Property Agency, "The Constitution Law of People's Republic of China", texto em inglês disponível em: https://www.wipo.int/edocs/lexdocs/laws/en/cn/cn147en.pdf (Acesso em: 24 jun. 2019).

[15] Kevin M. Doak, *A History of Nationalism in Modern Japan* (Leiden: Brill, 2007), 83.

[16] Idem, 11-15.

[17] Nigel Eltringham, "'Invaders Who Have Stolen the Country': The Hamitic Hypothesis, Race and the Rwandan Genocide", *Social Identities* 12, no. 4 (2006): 425-446.

[18] Peter Uvin, "Ethnicity and Power in Burundi and Rwanda: Different Paths to Mass Violence", *Comparative Politics* 31, no. 3 (1999): 253-271.

[19] William D. Davies e Stanley Dubinsky, *Language Conflict and Language Rights. Ethnolinguistic Perspectives on Human Conflict* (Cambridge: Cambridge University Press, 2018), 105-116.

[20] Eduard Miguel, "Tribe or Nation? Nation Building and Public Goods in Kenya versus Tanzania", *World Politics* 56, no. 3 (2004): 327-362.

[21] Matthijs Bogaards, Matthias Basedau e Christof Hartmann, "Ethnic Party Bans in Africa: An Introduction", *Democratization* 17, no. 4 (2010): 599-617.

[22] Jan Smuts, "The White Man's Task", *South African History Online*, 22 maio 1917, texto em inglês disponível em: https://www.sahistory.org.za/archive/white-man's-task-jan-smuts-22-may-1917 (Acesso em: 17 ago. 2019).

[23] Eugene Rogan, *The Arabs. A History* (New York: Basic Books, 2009), 326-331, 393-395.

[24] Michel Aflaq, "Our Task Is to Struggle to Safeguard the Aims of the Arabs", *Al-Baath*, 29 dez. 1949, texto em inglês disponível em: http://albaath.online.fr/English/Aflaq-01-arab_unity.htm (Acesso em: 17 ago. 2019).

NOTAS

25 Fouad Ajami, "The End of Pan-Arabism", *Foreign Affairs* 57, no. 18 (1978/9).

26 Neil MacFarquhar, "Tahseen Bashir, Urbane Egyptian Diplomat, Dies at 77", *The New York Times*, 14 jun. 2002.

27 Ver Andreas Wimmer, *Nation Building: Why Some Countries Come Together While Others Fall Apart* (Princeton, NJ: Princeton University Press, 2018).

"O nacionalismo após o estabelecimento do Estado-nação"

1 Michael Billig, *Banal Nationalism* (London: Sage, 1995).

2 Sammy Smooha, "Types of Democracy and Modes of Conflict Management in Ethnically Divided Societies", *Nations and Nationalism* 8, no. 4 (2002): 423-431.

3 Mitchell Bard, "Understanding Israel's Nation State Law", in *Israel's Basic Laws: Israel – The Nation State of the Jewish People* (Chevy Chase, MD: Jewish Virtual Library, 2018), texto em inglês disponível em: https://www.jewishvirtuallibrary.org/understanding-israel-s-nation-state-law (Acesso em: 17 ago. 2019).

4 United Nations, *Principles and Recommendations for Population and Housing Censuses*, Statistical Papers Series M, no. 67/Rev. 2 (New York: Department of Economic and Social Affairs, Statistics Division, 2008), 23.

5 Benedict Anderson, *Imagined Communities: Reflections on the Origin and Spread of Nationalism*, 2. ed. (London: Verso, 1991), 164-166.

6 Ver David I. Kertzer e Dominique Arel (orgs.), *Census and Identity. The Politics of Race, Ethnicity, and Language in National Censuses* (Cambridge: Cambridge University Press, 2002).

7 Fonte: French Ministry for Europe and Foreign Affairs, "The Marseillaise", texto em inglês disponível em: https://www.diplomatie.gouv.fr/en/coming-to-france/france-facts/symbols-of-the-epublic/article/themarseillaise (Acesso em: 24 jun. 2019).

8 Fonte: nationalanthems.info, "Italy", texto em inglês disponível em: http://www.nationalanthems.info/it.htm (Acesso em: 24 jun. 2019).

9 Timothy Aeppel, "Americans want U.S. Goods, But Not Willing to Pay More: Reuters/Ipsos Poll", *Reuters*, 18 jul. 2017, texto em inglês disponível em: https://www.reuters.com/article/us-usa-buyamerican-pollidUSKBN1A3210 (Acesso em: 17 ago. 2019).

10 Ver Zala Volcic e Mark Andrejevic (orgs.), *Commercial Nationalism: Selling the Nation and Nationalizing the Sell* (New York: Palgrave Macmillan, 2016).

11 Benedict Anderson, *Imagined Communities: Reflections on the Origin and Spread of Nationalism*, 2. ed. (London: Verso, 1991).

12 Graham Robb, *The Discovery of France: A Historical Geography from the Revolution to the First World War* (New York: Norton, 2007).

13 Stefan Detchev, "Българска, но не точно шопска. За един от кулинарните символи" [Búlgaro, mas não exatamente shopska: sobre um dos símbolos culinários], Български фолклор 36, no. 1 (2010): 125-140.

14 Jean Comaroff and John L. Comaroff, *Ethnicity, Inc.* (Chicago: University of Chicago Press, 2009); Ulrich Ermann e Klaus-Jurgen Hermaniek (orgs.), *Branding the Nation, the Place, the Product* (Abingdon: Routledge, 2018).

15 Sara R. Farris, *In the Name of Womens Rights. The Rise of Femonationalism* (Durham, NC: Duke University Press, 2017).

16 Koen Slootmaeckers, "Nationalism as Competing Masculinities: Homophobia as a Technology of Othering for Hetero-and Homonationalism", *Theory and Society* 48, no. 2 (2019): 239-265, https://doi.org/10.1007/s11186-019-09346-4.

17 George L. Mosse, *Nationalism and Sexuality. Middle-Class Morality and Sexual Norms in Modern Europe* (Madison: University of Wisconsin Press, 1985).

18 J. Christopher Soper e Joel S. Fetzer, *Religion and Nationalism in a Global Perspective* (Cambridge: Cambridge University Press, 2018), 50.

19 David Goldberg, *Are We all Post-racial Yet?* (London: Polity, 2015); David Hollinger, *Postethnic America* (New York: Basic Books, 1995).

20 Astead W. Herndon, "Elizabeth Warren Stands by DNA Test. But Around Her, Worries Abound", *The New York Times*, 6 dez., 2018, texto em inglês disponível em: https://www.nytimes.com/192018/12/06/us/politics/elizabeth-warren-dna-test-2020.html (Acesso em: 17 ago. 2019).

[21] International Pasta Organisation, "History of Pasta", texto em inglês disponível em: http://www.internationalpasta.org/index.aspx?id=6 (Acesso em: 17 ago. 2019).

[22] Edward Said, *Orientalism* (New York: Pantheon, 1978).

[23] Daphne Psaledakis e Isabel Lohman, "Belgium's Africa Museum Reopens to Confront its Colonial Demons", *Reuters*, 8 dez. 2018, texto em inglês disponível em: https://www.reuters.com/article/us-belgiummuseum-africa-idUSKBN1O7003 (Acesso em: 17 ago. 2019).

"Conflito étnico"

[1] Eldar Saraljić, "Becoming Parents to Ourselves", *The New York Times*, 6 jun. 2019, texto em inglês disponível em: https://www.nytimes.com/2019/06/06/opinion/fathers-philosophy.html (Acesso em: 17 ago. 2019).

[2] Max Bergholz, *Violence as a Generative Force Identity, Nationalism, and Memory in a Balkan Community* (Ithaca, NY: Cornell University Press, 2016).

[3] Gabriele D'Annuzio, "Viennese! Get to Know the Italians! – Leaflet Dropped by an Aeroplane", [panfleto] 1918, texto em inglês disponível em: https://www.bl.uk/collection-items/viennese-get-to-know-italians-leaflet (Acesso em: 17 ago. 2019).

[4] Donald Horowitz, *The Deadly Ethnic Riot* (Berkeley: University of California Press, 2001).

[5] Rogers Brubaker, *Ethnicity Without Groups* (Cambridge, MA: Harvard University Press, 2006).

[6] Stuart J. Kaufman, *Modern Hatreds. The Symbolic Politics of Ethnic War* (Ithaca, NY: Cornell University Press, 2001).

[7] Nenad Stojanović, "When Non-Nationalist Voters Support Ethno-Nationalist Parties: The 1990 Elections in Bosnia and Herzegovina as a Prisoner's Dilemma Game", *Southeast European and Black Sea Studies* 14, no. 4 (2014): 607-606.

[8] Saul Newmann, "Does Modernization Breed Ethnic Political Conflict?", *World Politics* 43, no. 3 (1991): 451-478.

[9] Jack Snyder, *From Voting to Violence: Democratization and Nationalist Conflict* (New York: W. W. Norton, 2000).

[10] Ver James D. Fearon e David Laitin, "Ethnicity, Insurgency, and Civil War", *American Political Science Review* 97, no. 1 (fev. 2003): 75-90; Zeynep Taydas, Jason Enia e Patrick James, "Why Do Civil Wars Occur? Another Look at the Theoretical Dichotomy of Opportunity Versus Grievance", *Review of International Studies* 37, no. 5 (2011): 2627-2650.

[11] Amy Chua, *World on Fire* (New York: Doubleday, 2002).

[12] Protocol of the Learned Elders of Zion (Reedy, WV: Liberty Bell Publications, s. d.), 24.

[13] Roger Petersen, *Understanding Ethnic Violence: Fear, Hatred, and Resentment in Twentieth-Century Eastern Europe* (Cambridge: Cambridge University Press, 2002).

[14] Anthony Oberschall, *Conflict and Peace Building in Divided Societies Responses to Ethnic Violence* (London: Routledge, 2007).

[15] Philip Ther, *The Dark Side of Nation States: Ethnic Cleansing in Modern Europe* (New York: Berghahn Press, 2014); Michael Mann, *The Dark Side of Democracy. Explaining Ethnic Cleansing* (Cambridge: Cambridge University Press, 2005).

[16] Art. II, Convenção para a Prevenção e a Repressão do Crime de Genocídio (1948).

[17] Caroline A. Hartzell e Matthew Hoddie, *Crafting Peace: Power-Sharing Institutions and the Negotiated Settlement of Civil Wars* (University Park: Pennsylvania State University Press, 2007).

[18] Fonte: Genocide Archive of Rwanda, "A Testimony of Gilbert Masengo Rutayisire", texto em inglês disponível em: http://genocidearchiverwanda.org.rw/index.php?title=Kmc00006-sub1-engglifos&gsearch= (Acesso em: 26 jun. 2019).

[19] Fonte: Office of the High Representative, "Constitutions", texto em inglês disponível em: http://www.ohr.int/?page_id=68220 (Acesso em: 26 jun. 2019).

[20] Monty G. Marshall, *Major Episodes of Political Violence and Conflict Regions, 1946-2015* (Vienna, VA: Centre for Systemic Peace, 2017), texto em inglês disponível em: http://www.systemicpeace.org/inscr/MEPVcodebook2016.pdf (Acesso em: 17 ago. 2019).

NOTAS

"A migração e a política da diversidade"

[1] Cas Mudde, *Populist Radical Right Parties in Europe* (Cambridge: Cambridge University Press, 2007), 19.

[2] "The New Orleans Affair", *The New York Times*, 16 mar. 1891, 4, texto em inglês disponível em: https://timesmachine.nytimes.com/timesmachine/1891/03/16/103299119.pdf (Acesso em: 17 ago. 2019).

[3] Fonte: Zabdiel Sidney Sampson, *The Immigration Problem* (New York: Appleton, 1892), texto em inglês disponível em: https://catalog.hathitrust.org/Record/012510639 (Acesso em: 26 jun. 2019).

[4] Lute Pease cartoon, *Newark News* (Newark, NJ), 1921, apud Wayne Moquin (org.), *Makers of America*, vol. 8 (Encyclopedia Britannica, 1971), 18, texto em inglês disponível em: http://digitalexhibits.libraries.wsu.edu/items/show/7984 (Acesso em: August 20, 2019).

[5] Michael Goebel, "Immigration and National Identity in Latin America, 1870-1930", *Oxford Research Encyclopedia of Latin American History* (maio 2016), doi: 10.1093/acrefore/9780199366439.013.288.

[6] Fonte: Australian Government, Federal Register of Legislation, "Immigration Restriction Act", 1901, texto em inglês disponível em: https://www.legislation.gov.au/Details/C1901A00017 (Acesso em: 26 jun. 2019).

[7] Arthur Calwell, *Commonwealth Parliamentary Debates, House of Representatives*, August 2, 1945, apud Ingeborg van Teeseling, "Post-War Migration", Australia Explained, 10 set. 2016, texto em inglês disponível em: https://australia-explained.com.au/history/post-warmigration (Acesso em: 17 ago. 2019).

[8] "Enoch Powell's 'Rivers of Blood' speech", *Daily Telegraph*, 6 nov. 2007, texto em inglês disponível em: https://www.telegraph.co.uk/comment/3643823/Enoch-Powells-Rivers-of-Blood-speech.html (Acesso em: 17 ago. 2019).

[9] Rita Chin, *The Crisis of Multiculturalism in Europe. A History* (Princeton, NJ: Princeton University Press, 2017), 124-125.

[10] Idem, 141.

[11] "Bush: 'You Are Either With Us, Or With the Terrorists'", *Voice of America*, 21 set., 2001, texto em inglês disponível em: https://www.voanews.com/a/a-13-a-2001-09-21-14-bush-66411197/549664.html (Acesso em: 17 ago. 2019).

[12] Sarah El Deeb, "In Lebanon, Syrian Refugees Face New Pressure to Go Home", *Associated Press*, 20 jun. 2019.

[13] Pierre Elliott Trudeau, "Multiculturalism", House of Commons, 8 out. 1971, texto em inglês disponível em: http://www.canadahistory.com/sections/documents/Primeministers/trudeau/docsonmulticulturalism.htm (Acesso em: 17 ago. 2019).

[14] Canadian Radio-television and Telecommunications Commission, "Offering Cultural Diversity on TV and Radio", Government of Canada, 2017, texto em inglês disponível em: https://crtc.gc.ca/eng/info_sht/b308.htm (Acesso em: 17 ago. 2019).

[15] Will Kymlicka, *Multicultural Citizenship: A Liberal Theory of Minority Rights* (Oxford: Oxford University Press, 1995).

[16] Angela Merkel, "Speech at CDU Party Congress", Dresden, 27 nov. 2016, texto em alemão disponível em: https://www.kas.de/c/document_library/get_file?uuid=cf70cbbd-5ff1-63c9-1f80-737ac533963e&groupId=252038 (Acesso em: 17 ago. 2019).

[17] David Cameron, "PM's speech at Munich Security Conference", 5 nov. 2011, texto em inglês disponível em: https://www.gov.uk/government/speeches/pms-speech-at-munich-security-conference (Acesso em: 17 ago. 2019).

[18] AFP, "North African Name 'still hurts job chances' in France", *The Local*, 13 dez. 2016, texto em inglês disponível em: https://www.thelocal.fr/20161213/north-african-name-still-hurts-job-chances-in-france (Acesso em: 17 ago. 2019); Vikram Dodd, "Ethnic Minority Women Face Jobs Crisis", *The Guardian*, 7 dez. 2012, texto em inglês disponível em: https://www.theguardian.com/world/2012/dec/07/ethnic-minoritywomen-jobs-crisis?INTCMP= (Acesso em: 17 ago. 2019).

[19] Michael Palairet, "The 'New' Immigration and the Newest: Slavic Migrations from the Balkans to America and Industrial Europe since the Late Nineteenth Century", in T.C. Smout (org.), *The Search for Wealth and Stability. Essays in Economic and Social History Presented to M.W. Flinn* (London: Macmillan Press, 1979), 49.

[20] Celik Cetin, "'Having a German Passport Will Not Make Me German': Reactive Ethnicity and Oppositional Identity Among Disadvantaged Male Turkish Second-Generation Youth in Germany", *Ethnic and Racial Studies* 38, no. 9 (2015): 1646-1662.

[21] Viktor Orbán, "Prime Minister Viktor Orbán's Speech at the 29th Balvanyos Summer Open University and Student Camp", 29 jul. 2018, texto em inglês disponível em: http://www.kormany.hu/en/the-primeminister/the-prime-minister-s-speeches/prime-minister-viktor-orbans-speech-at-the-29th-balvanyos-summer-open-university-andstudent-camp (Acesso em: 17 ago. 2019).

[22] Renaud Camus, *Le Grand Remplacement* (Paris: David Reinharc, 2011).

"O novo nacionalismo e o populismo"

[1] Karl Polanyi, *The Present Age of Transformation: Five Lectures by Karl Polanyi Bennington College, 1940*, 1 mar. 2017, texto em inglês disponível em: http://www.primeeconomics.org/publications/the-presentage-of-transformation.

[2] David Held, Anthony McGrew, David Goldblatt e Jonathan Perraton, *Global Transformations: Politics, Economics and Culture* (Cambridge: Polity Press 1999), 14.

[3] Benjamin Barber, *Jihad vs. McWorld* (New York: Ballentine Books, 2001).

[4] Arjun Appadurai, *Modernity at Large. Cultural Dimensions of Globalization* (Minneapolis: University of Minneapolis Press, 1996).

[5] "Whither Nationalism?", *The Economist*, 19 dez. 2017, texto em inglês disponível em: https://www.economist.com/christmasspecials/2017/12/19/whither-nationalism (Acesso em: 18 ago. 2019); "League of Nationalists", *The Economist*, 19 nov. 2016, texto em inglês disponível em: https://www.economist.com/international/2016/11/19/league-of-nationalists (Acesso em: 18 ago. 2019); Ian Bremmer, "The Wave to Come", *Time*, 11 maio 2017, texto em inglês disponível em: http://time.com/4775441/the-wave-to-come/ (Acesso em: 17 ago. 2019).

[6] Quint Forgey, "Trump: 'I'm a Nationalist'", *Politico*, 20 out. 2018, texto em inglês disponível em: https://www.politico.com/story/2018/10/22/trumpnationalist-926745 (Acesso em: 17 ago. 2019).

[7] Fonte: White House, "Remarks by President Trump to the 73rd Session of the United Nations General Assembly | New York, NY", 25 set. 2018, texto em inglês disponível em: https://www.whitehouse.gov/briefingsstatements/remarks-president-trump-73rd-session-unitednations-general-assembly-new-york-ny/(Acesso em: 24 jun. 2019).

[8] Steven Levitsky e Lucan A. Way, *Competitive Authoritarianism. Hybrid Regimes after the Cold War* (Cambridge: Cambridge University Press, 2010).

[9] Jack Snyder e Karen Ballentine, "Nationalism and the Marketplace of Ideas", *International Security* 21, no. 2 (1996): 5-40; Marc Helbing, "Nationalism and Democracy: Competing or Complementary Logics?", *Living Reviews in Democracy* (2009), texto em inglês disponível em: https://ethz.ch/content/dam/ethz/specialinterest/gess/cis/cis-dam/CIS_DAM_2015/WorkingPapers/Living_Reviews_Democracy/Helbling_updated.pdf (Acesso em: 18 ago. 2019).

[10] W. Eckhardt, "Authoritarianism", *Political Psychology* 12, no. 1 (1991): 97-124; Bojan Todosijević, "Relationships between Authoritarianism and Nationalist Attitudes", in *Authoritarianism and Prejudice. Central European Perspectives*, ed. Zsolt Enyedi and F. Eros (Budapest: Osiris, 1998), 54-88.

[11] Cas Mudde e Cristobal Rovira Kaltwasser, *Populism. A Very Short Introduction* (Oxford: Oxford University Press, 2017), 6.

[12] Chantal Mouffe, *For a Left Populism* (London: Verso, 2018).

[13] Erin K. Jenne, "Is Nationalism or Ethnopopulism on the Rise Today?", *Ethnopolitics* 17, no. 5 (2018): 546-552.

[14] Na verdade, Soros vem sendo alvo comum dos partidos nacionalistas na Europa Central e do sudeste desde a década de 1990. Kenneth P. Vogel, Scott Shane e Patrick Kingsley, "How Vilification of George Soros Moved From the Fringes to the Mainstream", *The New York Times*, 31 out. 2018, texto em inglês disponível em: https://www.nytimes.com/2018/10/31/us/politics/george-soros-bombs-trump.html (Acesso em: 17 ago. 2019).

[15] "Theresa May's Keynote Speech at Tory Conference in Full", *The Independent*, 5 out. 2016, texto em inglês disponível em: https://www.independent.co.uk/news/uk/politics/theresa-may-speech-toryconference-2016-in-full-transcript-a7346171.html (Acesso em: 17 ago. 2019).

Notas

[16] Jan-Werner Muller, "False Flags", *Foreign Affairs*, mar./abr. 2019, 35.

[17] Paula Chakravartty and Srirupa Roy, "Mr. Modi Goes to Delhi: Mediated Populism and the 2014 Indian Elections", *Television & New Media* 16, no. 4 (2015): 311-322.

[18] Ashutosh Varshney, "India's Watershed Vote: Hindu Nationalism in Power?", *Journal of Democracy* 25, no. 4 (2014): 34-45.

[19] Bruce Stokes, "The Modi Bounce", *Pew Research Centre*, 17 set. 2015, texto em inglês disponível em: http://www.pewglobal.org/2015/09/17/the-modi-bounce/ (Acesso em: 17 ago. 2019).

[20] Chandrima Chakraborty, "Narendra Modi's Victory Speech Delivers Visions of a Hindu Nationalist Ascetic", *The Conversation*, 26 mai. 2019, texto em inglês disponível em: https://theconversation.com/narendramodis-victory-speech-delivers-visions-of-a-hindu-nationalistascetic-117802 (Acesso em: 17 ago. 2019).

[21] Para uma discussão mais detalhada, ver Florian Bieber, "Is Nationalism on the Rise? Assessing Global Trends", *Ethnopolitics* 17, no. 5 (2018): 519-540.

[22] Filip Milačić e Ivan Vuković, "The Rise of the Politics of National Identity: New Evidence from Western Europe", *Ethnopolitics* 17, no. 5 (2018): 443-460.

[23] Gregor Aisch, Adam Pearce e Bryant Rousseau, "How Far Is Europe Swinging to the Right?", *The New York Times*, 20 mar. 2017, texto em inglês disponível em: https://www.nytimes.com/interactive/2016/05/22/world/europe/europe-right-wing-austriahungary.html?_r=0 (Acesso em: 17 ago. 2019).

[24] Daniel Cox, Rachel Lienesch e Robert P. Jones, "Beyond Economics: Fears of Cultural Displacement Pushed the White Working Class to Trump", *PRRI/The Atlantic Report*, 9 maio 2017, texto em inglês disponível em: https://www.prri.org/research/white-workingclass-attitudes-economy-trade-immigration-election-donald-trump/ (Acesso em: 17 ago. 2019). Estudos sobre os resultados das eleições nos Estados Unidos sugerem que posturas racistas têm maior valor explicativo do que o autoritarismo. Ver Thomas Wood, "Racism Motivated Trump Voters More Than Authoritarianism", *Monkey Cage, Washington Post Online*, 17 abr. 2017, texto em inglês disponível em: https://www.washingtonpost.com/news/monkey-cage/wp/2017/04/17/racismmotivated-trump-voters-more-than-authoritarianism-or-incomeinequality/?utm_term=.59c256b5cd (Acesso em: 17 ago. 2019).

[25] Pippa Norris and Ronald Inglehart, *Cultural Backlash. Trump, Brexit, and Authoritarian Populism* (Cambridge: Cambridge University Press, 2019).

[26] Cox, Lienesch e Jones, "Beyond Economics".

[27] Daniel Stockemer e Abdelkarim Amengay, "The Voters of the FN under Jean-Marie Le Pen and Marine Le Pen: Continuity or Change?", *French Politics* 13 (2015): 370-390.

[28] Jungmin Song, "Who Supports Radical Right Parties and Where Do Radical Right Parties Succeed: Multi-level Analysis of Radical Right Parties' Success", *2016WPSA Annual Meeting*, texto em inglês disponível em: https://wpsa.research.pdx.edu/papers/docs/Jungmin%20Song%20-%20Who%20Supports%20Radical%20Right%20Parties%202016%20WPSA.pdf (Acesso em: 17 ago. 2019).

[29] Johannes Hilije, "Die Ruckkehr zu den politisch Verlassenen. Studie in rechtspopulistischen Hochburgen in Deutschland und Frankreich", *Das Progressive Zentrum*, Working Paper, 2018, texto em inglês disponível em: https://www.progressives-zentrum.org/wp-content/uploads/2018/03/Ru%CC%88ckkehr-zu-den-politisch-Verlassenen_500-Gespra%CC%88che-in-rechtspopulistischen-Hochburgen-in-Deutschland-und-Frankreich_Studie-von-Johannes-Hillje_Das-Progressive-Zentrum.pdf (Acesso em: 20 ago. 2019).

[30] Oliver Decker, Johannes Kiess e Elmar Brahler, "Die enthemmte Mitte Autoritare und rechtsextreme Einstellung in Deutschland", *Die Leipziger "Mitte"-Studien*, 2016, texto em alemão disponível em: https://www.boell.de/de/2016/06/15/die-enthemmte-mitte-studie-leipzigthislinkworks (Acesso em: 20 ago. 2019).

[31] Danny Michelsen, Marika Przybilla-Vos, Michael Luhmann, Martin Grund, Hannes Keune e Florian Finkbeiner, "Rechtsextremismus und Fremdenfeindlichkeit in Ostdeutschland Ursachen - Hintergrunde - regionale Kontextfaktoren", *Göttinger Institut für Demokratieforschung*, 2017.

[32] Davide Cantoni, Felix Hagemeister e Mark Westcott, "Persistence and Activation of Right-Wing Political Ideology", *Rationality and Competition*, Discussion Paper no. 143, 27 fev. 2019, texto em inglês disponível em: https://epub.ub.uni-muenchen.de/60795/1/Cantoni_Hagemeister_Persistence_and_Activation_of_Right-Wing_Political_Ideology.pdf (Acesso em: 17 ago. 2019).

33 Bastian Vollmer e Serhat Karakayali, "The Volatility of the Discourse on Refugees in Germany", *Journal of Immigrant & Refugee Studies* 16, no. 1-2 (2017): 118-139.

34 Elisabeth Noelle-Neumann e Thomas Petersen, "The Spiral of Silence and the Social Nature of Man", in Lynda Lee Kaid (ed.), *Handbook of Political Communication* (Mahwah, NJ: Erlbaum, 2004), 339-356.

35 Leonardo Bursztyn, Georgy Egorov e Stefano Fiorin, "From Extreme to Mainstream: How Social Norms Unravel", *NBER Working Paper* no. 23415, maio de 2017, texto em inglês disponível em: http://www.nber.org/papers/w23415 (Acesso em: 17 ago. 2019).

36 Fonte: Marine Le Pen, "Assises presidentielles de Lyon: Discours de Marine Le Pen", 5 fev. 2017, texto em francês disponível em: https://rassemblementnational.fr/videos/assises-presidentielles-de-lyondis-cours-demarine-le-pen/ (Acesso em: 26 jun. 2019); e tradução de Nkenganyi N'Mandela Atabong, "Immigration and the Revival of Nationalist Sentiments in France: A Nationalistic Rhetoric of Marine Le Pen", dissertação de mestrado, University of Jyvaskyla, 2018, texto em inglês disponível em: https://jyx.jyu.fi/bitstream/handle/123456789/58696/URN%3ANBN%3Afi%3Ajyu-201806213316.pdf?sequence=1 (Acesso em: 26 jun. 2019).

37 "Marine Le Pen Hails Patriotism as the Policy of the Future", *BBC News*, 21 jan. 2017, texto em inglês disponível em: https://www.bbc.com/news/world-europe-38705176 (Acesso em: 17 ago. 2019).

38 "The 12th Japan-China Joint Opinion Poll Analysis Report on the Comparative Data", Genron NPO, setembro de 2016, texto em inglês disponível em: http://www.genron-npo.net/pdf/2016forum_en.pdf (Acesso em: 17 ago. 2019).

39 Lotus Ruan, "The New Face of Chinese Nationalism", *Foreign Policy*, 25 ago. 2016, texto em inglês disponível em: http://foreignpolicy.com/2016/08/25/the-new-face-of-chinese-nationalism/ (Acesso em: 17 ago. 2019).

40 Nicole Curato, "Flirting with Authoritarian Fantasies? Rodrigo Duterte and the New Terms of Philippine Populism", *Journal of Contemporary Asia* 47, no. 1 (2017): 142-153.

41 Ronald Brownstein, "Putin and the Populists. The Roots of Russia's Political Appeal in Europe and the United States", *The Atlantic*, 6 jan. 2017, texto em inglês disponível em: https://www.theatlantic.com/international/archive/2017/01/putin-trump-le-pen-hungary-francepopulist-bannon/512303/ (Acesso em: 17 ago. 2019).

42 Fredrik Wesslau, "Putins Friends in Europe", *ECFR*, 19 out. 2016, texto em inglês disponível em: http://www.ecfr.eu/article/commentary_putins_friends_in_europe7153 (Acesso em: 17 ago. 2019).

43 Jean Grugel e Pia Riggirozzi, "Post-neoliberalism in Latin America: Rebuilding and Reclaiming the State after Crisis", *Development and Change* 43 (2012): 1-21.

44 European Commission, *Standard Eurobarometer 89: Spring 2018, Report, European Citizenship*, Feildwork, março de 2018, 35-37, texto em inglês disponível em: http://ec.europa.eu/commfrontoffi-ce/publicopinion/index.cfm/Survey/getSurveyDetail/instruments/STANDARD/surveyKy/218 (Acesso em: 17 ago. 2019).

45 Ronald Inglehart et al. (orgs.), *World Values Survey: Round Six – Country-Pooled Datafile* (Madrid: JD Systems Institute, 2014), texto em inglês disponível em: www.worldvaluessurvey.org/WVSDocumentationWV6.jsp (Acesso em: 17 ago. 2019).

46 Jill Lepore, "A New Americanism", *Foreign Affairs*, março/abril de 2019, 11.

47 Kwame Anthony Appiah, *Cosmopolitanism: Ethics in a World of Strangers* (New York: W. W. Norton, 2010).

48 Yael Tamir, *Liberal Nationalism* (Princeton, NJ: Princeton University Press, 1995).

49 Jan-Werner Muller, *Constitutional Patriotism* (Princeton, NJ: Princeton University Press, 2007).

50 Stuart Hall, "The Question of Cultural Identity", in *Modernity. An Introduction to Modern Societies*, org. Stuart Hall, David Held, Don Hubert e Kenneth Thompson (London: Blackwell, 1996), 598.

" Leituras complementares e um guia para debates fundamentais"

1 Ernest Renan, "Qu'est-ce qu'une nation?" (Paris, Presses-Pocket, 1992). Ernest Renan, "What Is a Nation?", trad. Ethan Rundell, texto em inglês disponível em: http://ucparis.fr/files/9313/6549/9943/What_is_a_Nation.pdf (Acesso em: 16 ago. 2019).

2 Robert Bellamy, "Liberalism and Nationalism in the Thought of Max Weber", *History of European Ideas* 14, no. 4 (1992): 499-507.

Notas

[3] Karl Deutsch, *Nationalism and Social Communication* (Cambridge, MA: MIT Press, 1952).

[4] Hans Kohn, *The Idea of Nationalism* (New York: Macmillan, 1944).

[5] Elie Kedourie, *Nationalism* (London: Hutchinson, 1960).

[6] Uma obra influente desse período foi Eugene Weber, *Peasants into Frenchmen* (Stanford, CA: Stanford University Press, 1976).

[7] Benedict Anderson, *Imagined Communities Reflections on the Origin and Spread of Nationalism*, 2. ed. (London: Verso, 1991).

[8] Eric Hobsbawm e Terence Ranger (orgs.), *The Invention of Tradition* (Cambridge: Cambridge University Press, 1983); Eric Hobsbawm, *Nations and Nationalism Since 1780: Programme, Myth, Reality*, 2. ed. (Cambridge: Cambridge University Press, 1992).

[9] Ernest Gellner, *Nations and Nationalism* (Ithaca, NY: Cornell University Press, 1983).

[10] John Breuilly, *Nationalism and the State* (Chicago: University of Chicago Press, 1985).

[11] Anthony D. Smith, *National Identity* (London: Penguin, 1991); Walker Connor, *Ethnonationalism: The Quest for Understanding* (Princeton, NJ: Princeton University Press, 1994).

[12] Michael Billig, *Banal Nationalism* (Los Angeles: Sage, 1994); Michael Skey e Marco Antonisch (orgs.), *Everyday Nationhood. Theorising Culture, Identity and Belonging after Banal Nationalism* (Basingstoke: Palgrave, 2017).

[13] Siniša Malešević, *Grounded Nationalism. A Sociological Analysis* (Cambridge: Cambridge University Press, 2019).

[14] Rogers Brubaker, *Ethnicity without Groups* (Cambridge, MA: Harvard University Press, 2004).

[15] Liah Greenfield, *Nationalism: Five Roads to Modernity* (Cambridge, MA: Harvard University Press, 1992).

[16] Yael Tamir, *Liberal Nationalism* (Princeton, NJ: Princeton University Press, 1995).

[17] Andreas Wimmer, *Nation Building: Why Some Countries Come Together While Others Fall Apart* (Princeton, NJ: Princeton University Press, 2018).

[18] Michael Mann, *The Dark Side of Democracy* (Cambridge: Cambridge University Press, 2004).

[19] Norman Naimark, *Fires of Hatred* (Cambridge, MA: Harvard University Press, 2002).

[20] Philip Ther, *The Dark Side of Nation-States: Ethnic Cleansing in Modern Europe* (Oxford: Berghahn Books, 2016).

[21] Parthia Chatterjee, *The Nation and its Fragments. Colonial and Postcolonial Histories* (Princeton, NJ: Princeton University Press, 1993).

[22] Edward Said, *Orientalism* (New York: Pantheon Books, 1978); ver Yi Li, "Edward Said's Thoughts and Palestinian Nationalism", *Journal of Middle Eastern and Islamic Studies (in Asia)* 5, no. 3 (2011): 105-120.

[23] Homi K. Bhabha, *The Location of Culture* (London: Routledge, 1994).

[24] Nira Yuval-Davis, *Gender & Nation* (Los Angeles: Sage, 1997). Ver, também, Joane Nagel, "Masculinity and Nationalism: Gender and Sexuality in the Making of Nations", *Ethnic and Racial Studies* 21, no. 2 (1998): 242-269.

[25] Lois A. West (org.), *Feminist Nationalism* (New York: Routledge, 1997).

[26] Jon Mulholland, Nicola Montagna e Erin Sanders-McDonagh (orgs.), *Gendering Nationalism. Intersections of Nation, Gender and Sexuality* (Basingstoke: Palgrave, 2018).

[27] Donald Horowitz, *Ethnic Groups in Conflict* (Berkeley: University of California, 1985).

[28] Um panorama geral sobre o conflito étnico, suas causas, soluções e intervenção internacional pode ser encontrado em Stefan Wolff, *Ethnic Conflict. A Global Perspective* (Oxford: Oxford University Press, 2008) e em Karl Cordell e Stefan Wolff, *Ethnic Conflict. Causes-Consequences-Responses* (Cambridge: Polity, 2010).

[29] Ted Robert Gurr, *Peoples versus States* (Washington, DC: United States Institute of Peace, 2000).

[30] Vamik Volkan, *Bloodlines: From Ethnic Pride to Ethnic Terrorism* (New York: Farrar Straus & Giroux, 1997); Roger Petersen, *Understanding Ethnic Violence: Fear, Hatred, and Resentment in Twentieth Century Eastern Europe* (Cambridge: Cambridge University Press, 2002).

[31] Russell Hardin, *One for All: The Logic of Group Conflict* (Princeton NJ: Princeton University Press, 1995).

[32] Paul Collier e Anke Hoeffler, "Greed and Grievance in Civil War", *Oxford Economic Papers* 56, no. 4 (2004): 563-595.

[33] David D. Laitin, *Nations, States, and Violence* (Oxford: Oxford University Press, 2007).

NAÇÕES E NACIONALISMOS

[34] Ver a seção especial sobre "New Nationalism" in *Foreign Affairs* 98, no. 2 (2019); Yael Tamir, *Why Nationalism* (Princeton, NJ: Princeton University Press, 2019).

[35] Pippa Norris e Ronald Inglehart, *Cultural Backlash Trump, Brexit, and Authoritarian Populism* (Oxford: Oxford University Press, 2019).

[36] Case Mudde, *Populist Radical Right Parties in Europe* (Cambridge: Cambridge University Press, 2007).

[37] Umut Ozkirimli, *Theories of Nationalism. A Critical Introduction*, 2. ed. (Basingstoke: Palgrave, 2010); Anthony D. Smith, *Nationalism. Theory, Ideology, History*, 2. ed. (Cambridge: Polity Press, 2010).

[38] Siniša Malešević e Tamara Pavasović-Trošt, "Nation-State and Nationalism", in *The Blackwell Encyclopedia of Sociology*, org. George Ritzer e Chris Rojek (London: Wiley Blackwell, 2018). Eric Storm, "A New Dawn in Nationalism Studies? Some Fresh Incentives to Overcome Historiographical Nationalism", *European History Quarterly* 48, no. 1 (2018): 113-129.

[39] John Breuilly (org.), *Oxford Handbook of the History of Nationalism* (Oxford: Oxford University Press 2013).

[40] Omar Dahbour e Micheline R. Ishay (orgs.), *The Nationalism Reader* (Amherst, NY: Humanity Books, 1995); e John Hutchinson e Anthony Smith (orgs.), *Nationalism* (Oxford: Oxford University Press, 1995) – reúne fontes primárias e leituras fundamentais. Philip Spencer e Howard Wollman (orgs.), *Nations and Nationalism: A Reader* (New Brunswick, NJ: Rutgers University Press, 2005) – reúne trechos de textos fundamentais em estudos sobre nacionalismo. Gopal Balakrishnan (org.), *Mapping the Nation* (London: Verso, 2012) – apresenta um importante panorama sobre o nacionalismo do ponto de vista de autores fundamentais, principalmente de uma perspectiva de esquerda.

[41] The State of Nationalism, "Home", 2019, texto em inglês disponível em: https://stateofnationalism.eu/ (Acesso em: 18 ago. 2019).

[42] The Nationalism Project, "The Nationalism Project: Nationalism Studies Information Clearinghouse", última atualização em 2 dez. 2009, texto em inglês disponível em: http://www.nationalismproject.org/ (Acesso em: 18 ago. 2019).

[43] Humanitites and Social Sciences Online, "H-Nationalism", Michigan State University Department of History, 1993-2019, texto em inglês disponível em: https://networks.h-net.org/h-nationalism (Acesso em: 18 ago. 2019).

[44] JISCM@il, "mail discussion lists for the UK Education and Research communities", JISC, s. d., texto em inglês disponível em: https://www.jiscmail.ac.uk/cgi-bin/webadmin?A0=ETHNOPOLITICS (Acesso em: 18 ago. 2019).

O autor

Florian Bieber é professor de História e Política do Sudeste Europeu e diretor do Centro de Estudos do Sudeste Europeu da Universidade de Graz, na Áustria. Atuou na Universidade de Cornell, nos EUA, no Remarque Institute da NYU, também nos EUA, e na London School of Economics, no Reino Unido. É presidente da Association for the Study of Nationalities (ASN), organização acadêmica dedicada à promoção do conhecimento e compreensão dos estudos de etnicidade, conflito étnico e nacionalismo, com foco na Europa Central, Leste e Sudeste Europeus, Rússia, Ucrânia, Cáucaso e Eurásia. É autor e editor de vários livros voltados sobre temas relacionados a construção de nações, minorias e democracia.

GRÁFICA PAYM
Tel. [11] 4392-3344
paym@graficapaym.com.br